JN117679

ストーリーと裁判例から知る

遺言無効主張の相談を受けたときの留意点

弁護士 **藤井伸介**

弁護士 **志和謙祐**

弁護士 **尾﨑由香**

弁護士 **山田和哉**

弁護士 **岡村峰子**

〔著〕

日本加除出版株式会社

推薦のことば

　厚生労働省の最近の調査などによれば，高齢者（65歳以上）の多くは，健康のこと，老後資金のこと，生活の自立，認知症のことなどを不安に感じておられるそうですが，一方で，こうした調査結果を見る限り，遺言や相続争いについてはあまり関心がないようです。高齢者にとっては目の前の生活が喫緊の問題であり，死後の世界まで心配していられないのかもしれません。

　しかし，相続人となる子世代にとって，相続はきわめて切実な問題です。といいますのも，高度成長期の恩恵にあずかった親世代と異なり，子世代はバブル崩壊等の洗礼を浴びて経済的余裕がなくなっているからです。そこで，子は親に遺言書を書いてくれるよう望みますが，親は，よほど切羽詰まらなければ遺言書を書いてくれません。こうして遺言書を作成する年齢も，必然的に高齢化します。

　日本人の平均寿命は，女性が87.32歳，男性が81.25歳ですが，これは平均値なので，実際には多くの高齢者が卒寿（90歳）を迎えられることでしょう。長寿はたいへん結構ですが，他方で，85歳から89歳の認知症有病率は40％，90歳から94歳の同有病率は60％を超えます。

　ご承知のように，認知症だと遺言できないというわけではありませんが，「80代以降の遺言者が作成する遺言は常に無効を疑われる運命にある」といっても過言ではありません。

　しかし，遺言無効確認の訴えは，きわめて専門的な訴訟です。

　遺言能力，遺留分侵害額請求，遺言執行などに関する正確な法律知識は当然として，それ以外に，認知症や介護認定など病気や介護の知識まで必要になるからです。当事者間の感情も先鋭に対立し，相談者の話が昭和の年代から始まっても，根気よく伺わなければなりません。見通しを誤れば隘路に入り込んでしまい，依頼人から恨まれる可能性さえあるので，相続分野の経験がない弁護士にとっては荷が重い事件類型といえるでしょう。これを克服するには，準備しかありません。

　本書は，はじめて遺言無効の相談を受けたときから訴訟における主張立証

の方法までを，ときには弁護士同士の打ち合わせをシミュレーションし，あるいは豊富な経験に基づくコラムを用いて，丁寧に教えてくれています。

　また，遺言能力の概念については，民法に明確な定義がないうえ裁判例でも微妙にニュアンスが異なりますので，類似の裁判例にあたって判断要素を抽出し，自分で判断しなければなりません。この点についても，本書は遺言無効確認の訴に関する最新の裁判例を網羅していますので，きっと，その作業を効率化してくれることでしょう。

　最後に，本書を読むうち，知らず知らずのうちに遺言無効のみならず高齢者の生活や心情を理解でき，相談案件全般についても造詣が深くなるという印象を持ちました。

　本書を手に取られたみなさまが，相続分野に関する深い知見を体得されることを願って，本書を推薦させていただきます。

2020 年 11 月

弁護士　藤井　薫

は し が き

　改正相続法のみならず遺言書保管法も既に施行され，新しい遺言ブームの到来が予想されます。遺言が有効であれば，遺言の内容を実現することによって相続手続を容易に進めることができる可能性も高まりますので，遺言制度を活用すること自体は，大変喜ばしいことです。

　しかしながら，遺言の内容を実現することは必ずしも容易なことであるとは限らず，今後においては遺言をめぐるトラブルが増える可能性も高くなります。「遺言をめぐるトラブル」には，「遺言執行をめぐるトラブル」のみならず，「遺言の有効性をめぐる紛争」もあり得ます。

　遺言が有効であるためには，遺言者が遺言をする際に，意思能力（遺言能力）を有することが必要です。この意思能力（遺言能力）との関係では，いわゆる「認知症」の問題が極めて重要です。

　令和2年版高齢社会白書によれば，我が国の総人口は，令和元（2019）年10月1日現在1億2,617万人，65歳以上人口は3,589万人，総人口に占める65歳以上人口の割合（高齢化率）は28.4％とされています。もっとも，高齢社会対策大綱（平成30年2月16日閣議決定）においては，「65歳以上を一律に「高齢者」と見る一般的な傾向は，現状に照らせばもはや，現実的なものではなくなりつつある。」とも指摘されています。他方，平成27年1月27日に策定された「認知症施策推進総合戦略（新オレンジプラン）」によれば，我が国の認知症高齢者の数は，2012（平成24）年で462万人と推計されており，2025（令和7）年には約700万人，65歳以上の高齢者の約5人に1人に達することが見込まれています。

　そうすると，遺言を作成する高齢者も，認知症高齢者である可能性が高くなり，認知症による意思能力（遺言能力）が不十分ないしは欠落した状態で遺言書が作成される可能性が高くなります。遺言書作成の経緯などを知らされておらず，かつ，当該遺言により不利益を被る推定相続人からすれば，遺言が無効だと主張したくなるのもむべなるかなというところです。「相続が開始し，遺言が見つかったものの，遺言者は認知症診断を受けていたはずだ

から，無効ではないか。」という素朴な疑問にどのように対応すべきか，という実務家としての問題意識に応えるためには，「実体法的側面」としての「意思能力や認知症などについての深い理解」と「手続的側面」としての諸問題について，深く理解しておく必要があります。

　いずれにしても，今後の遺言・相続をめぐる相談事例においては，「遺言無効主張」に関する相談が増える可能性が高いと思われます。

　さらに，遺言無効確認請求訴訟におけるメイン論点としても「認知症と遺言能力」の議論が極めて重要ですが，遺言無効確認請求訴訟における原告あるいは被告となるべき相続人資格者についても，既に認知症を発症しており施設に入所しているという状況もあり得ることを踏まえておく必要があります。したがって，成年後見制度についての理解が必要不可欠といえます。もっとも，本書においては，成年後見制度そのものをテーマとして取り上げるつもりではなく，一つの派生的な論点として触れるにとどめます。相続人資格者が行方不明の場合の不在者財産管理人選任などについても，同様の扱いとしています。

　さて，改正相続法関連の実務書は既に多数出版されていますが，遺言無効主張をメインとして取り扱った実務書は極めて少なく，法律実務家向けの法律雑誌に掲載された論文や判例データベースなどを参照するには，かなりの時間と労力を要するのが実情です。

　本書においては，遺言無効主張の相談を受けた時に，的確に対応できるための基礎的知識を踏まえ，かつ，具体的なイメージを抱きやすいように，実際の訴訟を念頭において，相談・訴訟の準備段階から訴訟終了（勝訴・敗訴両パターン）のみならず，それぞれの訴訟結果に応じた対応までの具体的な留意点を，ケースに当てはめて説明する形式を採用しました。

　また，現実に遺言無効確認請求訴訟を追行する場合だけでなく，「遺言無効主張の相談」において的確に対応するためには，過去の遺言無効確認請求訴訟における裁判例を研究することが必要不可欠ですが，遺言無効確認請求訴訟における審理についても10年以上前の裁判例と，5年前ぐらいの裁判例と，ここ数年（平成30年以降）における裁判例の傾向が異なってきている

実情を踏まえておく必要があると考えます。

　そのような趣旨で，「最近の裁判例の動向について」と題した論考を掲載するだけでなく，平成 30 年以降の裁判例を中心としたデータを掲載しましたので，是非とも，最近の裁判例について，当該事件の審理期間も踏まえて具体的に研究していただきたいと考えています。

　最後に，本書のテーマは，同様のテーマを直接取り上げた類書が見当たらないことから，むしろ，執筆者自身の研修という趣旨も含めて，あえて浅学菲才の身を顧みず，本書の出版に至った次第ですので，誤解している部分や間違っている部分もあるかもしれませんが，そのような不都合な点にお気づきの際には，是非ともご指摘・ご教示を賜りますようお願い申し上げます。

　2020 年 11 月　執筆者を代表して

弁護士　藤井伸介

執 筆 者

藤　井　伸　介　　のぞみ法律事務所
（大阪弁護士会所属）　弁護士

志　和　謙　祐　　志和・高橋綜合法律事務所
（大阪弁護士会所属）　弁護士

尾　﨑　由　香　　尾﨑由香法律事務所
（大阪弁護士会所属）　弁護士

山　田　和　哉　　法律事務所プリウス
（大阪弁護士会所属）　弁護士

岡　村　峰　子　　弁護士法人英知法律事務所
（大阪弁護士会所属）　弁護士

目　次

第 1 編

遺言の有効性を争う相談を受けるに当たって

第2編
最近の裁判例の動向について

第 1 編

遺言の有効性を争う相談を
受けるに当たって

1 遺言が無効になる場合

　遺言は本来，遺言者による自己の財産の自由な処分ができることを認めた制度です。しかし，一定の場合には遺言そのものが無効とされる場合があります。

　まず，遺言は，民法所定の方式に従って作成される必要があります（遺言の要式性）。したがって，方式に違反した遺言は原則として無効と判断されることになります。例えば，自筆証書遺言を作成する場合には，遺言者がその全文，日付及び氏名を自書し，これに印を押す必要がありますが（民法968条1項），氏名の自書を失念して書き忘れた場合，その遺言は無効となります。

　また，方式に違反をしていない場合でも，遺言が無効とされる場合があります。遺言は相手方のない単独行為であって，その性質上，遺言能力は財産法上の行為能力までは必要なく，満15歳に達した者は誰でも遺言することができるとされています（民法961条）が，民法上，遺言の無効が争われる代表的な例は，遺言をした人（遺言者といいます。）が遺言書作成当時に既に遺言をするだけの能力（遺言能力といいます。）が失われていた可能性があるとして，遺言能力の有無が相続人間で争いになる場合です。

　民法上，成年被後見人であっても，事理弁識能力が回復している限り医師2人以上の立会いの下に遺言をすることができるとされています（民法973条1項）。このように，成年被後見人であっても遺言書作成時点において，遺言の内容を理解して，遺言をすることに意欲を示していれば遺言能力があることになるわけですが，そのような能力もない中で行った遺言は無効とされるわけです。

　高齢化が急速に進む中，遺言能力が争点となる遺言無効紛争が今後ますます増加することは容易に想像されるところです。

2 遺言の無効を争う場合の手続の流れ

　遺言が無効になる場合があることは，前記1で述べたとおりです。では，遺言の無効を主張したい相続人がいた場合に，手続はどのような流れで捉えられるのでしょうか。

　ここで，例えば自筆証書遺言であるにもかかわらず，本文がパソコンで印

刷されていて，日付と署名しか自書されていないような，誰にでも分かる形式的な不備がある場合には，特に準備をしなくても，交渉で決着がつくことが想定され，仮に交渉で決着がつかなかった場合でも訴訟（遺言無効確認請求訴訟）を提起すれば遺言の無効を確認してもらうことができます（遺言の有効性の判断の前提知識となる遺言の種類や方式については，「第1章」で整理しています。）。

　しかしながら，例えば，遺言書を作成した当時には遺言者が認知症と診断されていたものの，コミュニケーションは一定程度図れているような事案等，遺言書を作成した当時に遺言者に遺言能力があったか否か判断が微妙な事案もあります。このような場合には，相続人間で「遺言は有効だ」「いや，遺言は無効だ」と言い争ってお互い譲らず，交渉で決着しないことが多いでしょうし，準備をしないまま訴訟提起をすれば，立証不十分で敗訴してしまう可能性が高まります。

　そのようなことにならないためには，事前の準備が非常に重要となってきます。まず，遺言者が遺言書を作成した当時やその前後の時期における遺言能力の有無を判断するための資料を集める必要があります。遺言者の遺言能力の有無を判断するための資料としては，介護認定調査に関する資料，病院のカルテ，介護事業者のサービス提供記録等が代表例です。資料を集めるためには，依頼者に集めてもらうものもあれば，代理人である弁護士が自ら集めることができるものもあります（資料の集め方の詳細は，第1章で整理しています。）。

　その後，集めてきた資料を十分に検討しなければなりません。実務的には，遺言能力の判断は諸般の要素を総合考慮して検討しているケースが多く，集めてきた資料から情報を拾い集めて判断をすることは決して簡単な作業とはいえません。他方で，遺産総額によっては相続税の申告期間（10か月）に間に合わせなければならない等，資料検討に長い時間をかけられないケースもあり，慎重かつ迅速な動きが要求されることも少なくありません。さらに，文書を検討するだけでは不十分で，担当医や介護関係者からも事情を聴く必要があるケースも想定されます（遺言能力の有無を判断するための資料検討の具体的プロセスは，「第2章」で整理しています。また，遺言無効を主張する場合の相続税申告については，「第3章のコラム」で整理しています。）。

遺言の有効性を争いたい相続人が資料検討の結果，「遺言は無効であった」という判断になった場合，遺言が有効であると主張をしている相続人と交渉を開始することになります。実務的には，受任通知を相手方に送付することになります。その後，双方が交渉の結果，遺言無効で合意した場合には，遺言は存在しなかったものとして，改めて遺産分割協議を行うことになります。逆に，遺言有効で合意したような場合には，遺言に従った執行がなされることになりますが，遺留分侵害額請求権の問題が残ることになります。遺留分侵害額請求権の時効は1年間とされているため，受任通知を送付する際に，予備的に遺留分侵害額請求の意思表示を内容証明郵便でしておくべきと考えられます（遺留分侵害額請求権については，「第4章」で整理しています。）。

　他方，交渉をしても，当事者間で遺言の有効性について合意ができなかった場合には，法的手続で解決が図られることになります。家事事件手続法244条，257条では調停前置主義がとられているため，いきなり遺言無効確認請求訴訟を提起した場合，職権で家事調停に付される可能性はありますが，裁判所が事件を調停に付することが相当でないと認めるときは，付されないことになっているため，そのまま訴訟の審理が進められることも多くあります。

　遺言無効確認請求訴訟では，訴訟前に集めてきた資料を証拠として提出して立証します。ただし，訴訟提起前に収集できなかった資料に関しては，文書送付嘱託や調査嘱託，文書提出命令等によって収集を図ります。精神鑑定の要否や誰を証人として呼ぶのか等を検討して立証計画を立てることになります（遺言無効確認請求訴訟の手続的側面については，「第3章」で整理しています。）。

　訴訟の中で和解ができれば，訴訟上の和解によって解決が図られます。和解ではなく判決が言い渡された場合や，遺言が無効と判断された場合，有効と判断された場合でも遺言の内容によっては遺産分割協議が必要となります。協議がまとまらなければ，遺産分割調停，審判と続きます。遺言が有効と判断された場合には，遺留分侵害額請求権を行使されることになる事案もあります。

3　相談者との打合せ

　弁護士としては，前記2に記載の大きな流れを理解した上で依頼者との打合せを行う必要があります。もちろん，その打合せの場で資料がそろっている場合は限られており，多くの相談では，資料のほとんどが集まっていない中で打合せをすることになります。

　打合せでは，相談者から相談内容を聴き，遺言能力を争いたい旨の相談内容であれば，カルテ等の資料からでは分からない事実関係を詳細に聴取する必要があります。エピソードを聴いた際には，それを裏付ける資料の存否も確認します。医師の診察を受けていたのか，介護認定を受けていたのか等も確認します。ただし，相談者のエピソードだけで遺言能力がないと判断できる事案はほとんどなく，多くの場合では資料を集めてその内容を検討して，無効と主張できるか見通しを立てる必要があります。その場合には，どういった手続を踏んでいくことになるのか，そのためにかかる時間や弁護士の費用についても相談者に説明をしておく必要があります。遺言無効確認請求訴訟を提起する場合には，仮に勝訴してもそれで事案解決が図られるわけではなく，そこから遺産分割手続が待っています。相談者の相談内容を踏まえて，今後考えられる流れを説明し，その流れに沿った場合に費用がどの程度かかるのか，どの程度の時間が見込まれるのか，できるだけ詳細に説明しておくべきです（相談者との打合せは，「第1章」で整理しています。）。

4　遺言無効の主張を受けた受遺者あるいは受益の相続人の対応

　他の相続人らから主張されている遺言無効原因の有無，当否，遺言無効確認請求訴訟の見通しなどを検討することになります。その場合の手続などは，前記2に記載のとおりです。

　では，種々の調査などによって遺言が有効であると確信を得られた場合基本的には，遺言執行者に対して果敢に遺言執行を進めることを求めることになります。遺言執行者が積極的に遺言執行をしようとしない場合もあり得ますが，その場合は，受益の相続人が単独でなし得る遺言内容の実現（例えば，不動産の特定財産承継遺言など）を進め，遺言執行者の執行行為を要する場合には，遺言執行者を被告として遺贈などの履行を請求することになります。遺

贈金支払請求訴訟，遺贈不動産所有権移転登記手続請求訴訟などです。

　不動産についての特定財産承継遺言により相続を原因として所有権移転登記手続を経由した場合，遺言無効を主張する側から，遺言無効を理由とする処分禁止の仮処分の申立てがなされる場合もあり得ますが，逆に，遺言無効確認請求訴訟も提起せず，何らの法的手続をしない場合も，まま見受けられます。遺言無効判決の取得に確信を持てないことが考えられます。このような場合，遺言執行者としては，無効主張をする相続人らに対して，期限を定めて遺言無効確認請求訴訟を提起すべきことを催告し，その期限が経過しても何ら法的手続がなされない場合には，果敢に遺言執行を進めるのが賢明でしょう。

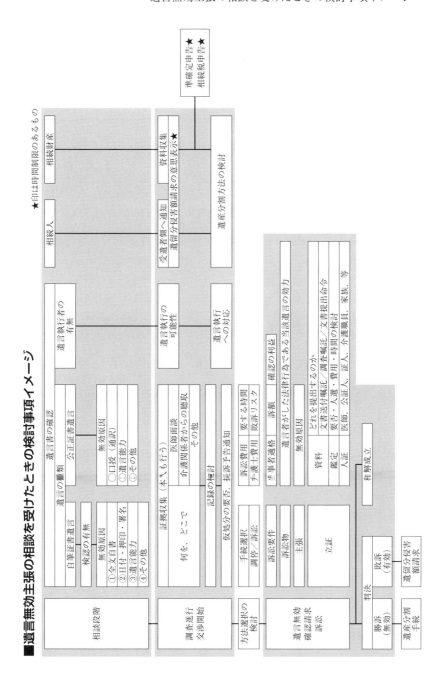

■遺言無効主張の相談を受けたときの検討事項イメージ

遺言無効主張の相談を受けたときの検討事項イメージ

★印は時間制限のあるもの

第1章　最初の相談
～方針の決定から資料収集まで

登場人物

弁護士A／イソ弁B／事務員C
顧問先D商事／社長D／相談者Y

――A弁護士のデスクの電話がなった。「D商事のD社長からお電話です。」
　という事務員Cの声が。顧問先の社長からの電話だ。社長の方から掛けて
　くるのも珍しいな，と思いながら，A弁護士は受話器を取った。

D　「Dです。A先生，ご無沙汰しています。」

A　「どうもどうも。今日はまた，どうかされましたか。」

D　「ちょっと相談させていただきたいことがありまして。ウチの話じゃな
　いんですけどね。取引先の社長の奥さんなんですけど，先日お父さんが亡
　くなられて，その相続で困っていらっしゃるらしいんです。なんでも，遺
　言書のせいで自分には何ももらえないんだとかで。私も聞いた話で詳しく
　は分からないので，一度，話を聞いてあげてもらえませんか。」

A　「ええ，かまいませんよ。いつでも私にお電話くださるようにお伝えく
　ださい。」

――数日後。A弁護士に電話があった。

Y　「Yと申します。Dさんからご紹介頂いて，弁護士さんの事務所だとい
　うことでお電話させていただいたのですが。」

A　「ああ，相続でお困りということでお聞きしております。」

Y　「そうなんです。一度専門の方にご相談させていただきたいと思いまし
　て。」

A　「分かりました。では，近いうちに一度私の事務所にお越しいただくと
　して，簡単にどんなお話かお伺いしておきたいので，少しお時間をいただ

いてよろしいですか。」

Y　「はい，ありがとうございます。」

A　「亡くなられたのはYさんのお父様でしたね。お亡くなりになられたの
はいつですか。」

Y　「今年の○月○日です。」

A　「ということは，2か月ほど前のことですね。おいくつでいらっしゃい
ましたか。」

Y　「90歳でした。先週の日曜日に四十九日の法要があったのですが，その
席で，腹違いの妹のZから，父が自分に財産を全て相続させるという遺言
がある，という話をされたんです。」

A　「腹違いの妹さんがいらっしゃるんですね。まず，ご親族の関係につい
てお聞きしてもよろしいでしょうか。」

——A弁護士は，電話口でYから親族関係を聴き出していった。この相続を
めぐる親族関係は次のとおりである。

被相続人（遺言者）：X（享年90）
相談者（共同相続人）：Y（62歳），受遺者（共同相続人）：Z（57歳），Yの
母・Xの前妻：W1（故人），Zの母・Xの後妻：W2（故人）

（被相続人）

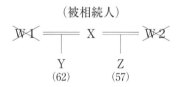

——最終的には戸籍の証明書を取り寄せて確認する必要があるが，ひとまず
聞き取った相続関係をもとに検討を進めることにする。Xの配偶者はXよ
り先に死亡しているので，相続人は子であるYとZの2人，法定相続分は
それぞれ2分の1ずつだ。

A　「よく分かりました。Zさんがお父様の遺言の話をされていたとのこと

でしたが，Ｙさんはその遺言は実際にご覧になりましたか。」

Ｙ 「それが，私は見ていないんです。四十九日の法要の席だったので，その場であまり突っ込んだ話をするのもどうかと思いまして。でも，ちょっと不思議なんです。」

Ａ 「とおっしゃいますと。」

Ｙ 「父は生前，私に対して，苦労を掛けてしまったから，せめて自分が亡くなった時には，遺産の半分を渡してあげたい，という話をしていたんです。」

Ａ 「ほう，それはいつ頃の話ですか。」

Ｙ 「もう 10 年ぐらい前の話です。その少し前に W2 さんが亡くなったんですけど，父は脚が悪くて，Ｚさん一人では介護も難しいということで，その頃老人ホームに入ったんです。私は遠方に住んでいたこともあって，なかなか会いに行けなかったのですが，それでも 3，4 か月に一度はそのホームを訪れていました。ホームに入ってすぐの頃の話ですね。その頃はまだちゃんと会話もできていたんですけど。」

Ａ 「会話が難しくなっていったのですか。」

Ｙ 「W2 さんが亡くなって気落ちしたのか，ホームに入って環境が変わったのがストレスだったのか，それから父はどんどん弱っていってしまいまして。最後の頃は，私が娘だというのは分かっていたみたいなんですが，会話の内容はほとんどかみ合わないような状態になっていました。ホームの方からは，アルツハイマー型の認知症だったと伺っています。」

Ａ 「そうでしたか。」

Ｙ 「でも，私に遺産を半分渡したい，と言っていた父が，Ｚさんに全財産を譲るという遺言をしたというのが，本当に信じられません。後妻さんと一緒になった後も，少なくとも私には優しく接してくれました。大学の学費も全部出してくれたと母から聞いています。それなのに，私には何も残してくれないなんて，それが父の本心だったんでしょうか……。」

Ａ 「Ｚさんはお父様の世話をしておられたのでしょうか。」

Ｙ 「それは私には分かりません。父のいたホームはＺさんの家の近くですから，毎日でも行こうと思ったら行ける距離です。ただ，父の話しぶりか

らすると，そんなに頻繁に足を運んでいたわけでもなさそうです。私には
誰も来てくれなくて寂しい，なんてことを時々言っていましたから。」

A　「そうでしたか。」

Y　「先生，私にはその遺言が本当に父の考えだったとはとても思えないの
です。言い方は悪いのですが，Ｚさんが判断力の衰えた父をだまして，自
分に都合の良い遺言を書かせたのではないか，と思って。」

——A弁護士は，Yの気持ちも理解できると思いながら，これはきちんと調
べる必要があると考え，Yと打合せの日程を１週間後に設定した。Yさん
には，Xとの関係を示す資料を持ってくるよう伝えて，電話を切った。

Ｃ：「Ｂ先生，Ａ先生がお呼びですよ。」

——A事務所のイソ弁，Ｂ弁護士が昼食を終えて戻ってくると，事務員Ｃか
ら声がかかった。数日がかりだった準備書面の起案が午前中にやっと終
わって，今日は早く帰れるかなと思っていた矢先で少々がっかりしたが，
放っておくわけにもいかない。デスクの上の冷めたお茶を一口で飲み干し，
手帳とノートを持ってＡ弁護士のところへ行った。

Ｂ：「Ａ先生，お呼びですか。」

Ａ：「ああ，Ｂ先生，遺言絡みの相続の案件があってね，一緒に担当してほ
しいんですよ。いろいろとためになる事件だと思うので，大いに勉強して
ください。」

——Ａ弁護士がこの言葉を言うときは，大変な事件と相場が決まっている。
Ｂ弁護士は「またか……」とささかうんざりしつつも，Ａ弁護士の話を
ノートに書き留めていった。

Ｂ　「Yさんとしては，共同相続人のＺさんに全ての財産を遺贈するという
Xさんの遺言が無効である，それから，法定相続分どおりの遺産分割をせ
よ，という主張をするわけですね。」

Ａ　「そうですね。」

Ｂ　「でしたら，まずは戸籍の証明書を集めて相続関係の確認，それから，
遺言の内容を確認して……。」

Ａ　「まあまあＢ先生，主張立証の準備は当然大切ですが，事件処理の全体

像をまず把握しましょう。いきなり遺言無効確認請求訴訟，ですかね。」

B 「まずはZさんとの交渉ができるか，ということになるかと思います。」

A 「Zさんは交渉に応じますかね。」

B 「Yさんがおっしゃるように，Zさんが遺言の作成に積極的に関わっていたのだとしたら，交渉は難しそうですね。ただ，遺言が有効だとしても，Yさんには遺留分がありますから，YさんからZさんには遺留分侵害額請求をすることができます。Yさんの遺留分は4分の1ですから，そのあたりの話であれば，Zさんとしても話に乗ってくる可能性はありそうですね。」

A 「しかし，Yさんとしては，遺産の半分を，という思いはあるでしょうから，お互いが譲歩しない限り話合いでの解決は難しそうですね。」

B 「だとすると，やはり遺言無効確認請求訴訟の提起を視野に入れなければならないと思います。」

A 「そうですね。では，遺言無効確認請求訴訟を提起したとして，その後の手続はどうなるでしょう。」

B 「勝訴したのであれば，遺言の無効が確認されますから，共同相続人間で遺産分割をしなければなりません。敗訴したのであれば，遺言は有効ということになりますから，Yさんとしては遺留分侵害額請求をすることになりますね。」

A 「いずれにしても，遺言無効訴訟の結果だけではXさんの相続の問題が全て解決するわけではないということです。では，どのような準備が必要になってくるでしょうか。」

B 「遺言の無効を主張するわけですから，まずは，遺言書の内容の確認をする必要があります。遺言書の内容については，Zさんに遺言書を提供してもらうよう依頼することになります。遺言公正証書の場合は，公証人役場で検索してもらうこともできます。」

A 「それから，遺言の有効性を検討することになります。Yさんの話では，Xさんは遺言を作成した当時認知症だったのではないか，つまり，遺言能力がなかったのではないか，ということでしたが，そもそも遺言の無効原因としてはどのようなものがあると考えられますか。」

13

B　「遺言能力のほかには，自筆証書遺言の場合は自署や日付・押印・署名などの要式の不備が考えられます。公正証書遺言の場合は，公証人が作成していますから，形式的な不備は考えにくいのではないでしょうか。」

A　「遺言公正証書の場合でも，その作成の手順をきちんと踏んでいないことが無効原因となる場合があります。遺言者の意思能力が十分でない場合に必要な手順を踏まずに公正証書を作成したことが，無効原因になるとした判例はいくつも出ています。」

B　「公証人が関与しているからといって手順に問題が全くないわけではないんですね。判例を調べてみます。」

A　「遺言公正証書の証人二人が誰になっているのか，どこの公証役場の，どの公証人で，その公証人は現在も在籍しているのか，検察官出身かそれとも裁判官出身か，作成場所は公証役場かそれとも遺言者の入所施設か，なども確認しておいてください。公正証書が作成された状況や経緯が具体的に分かってくる場合があります。では，来週のYさんとの打合わせについて準備をしましょうか。まずは遺言書の内容の確認が必要になりますから，遺言書の原本かコピーを持ってきていただく必要がありますね。」

B　「相続関係については，さっきの話でおおむね分かりました。戸籍の証明書を取り寄せて確認することになりますが，できれば事前に本籍が分かっていれば証明書の収集の手間がだいぶ省けます。打合せの時にYさん自身やZさん，ご両親の本籍を教えてもらいましょう。」

A　「遺言能力についてはどのような資料が必要になりそうですか。」

B　「Yさんの話だと，Xさんはアルツハイマー型認知症に罹患していたとのことですから，病院のカルテ，介護認定調査に関する資料，介護事業者のサービス提供記録などが，最も基本的な資料になります。」

A　「ただ，今の時点でYさんの手元にはそういった資料はないでしょうね。医療機関の保有している診療記録は相続人本人が請求しないと対応してもらえない場合がありますので，Yさんに取得をお願いすることにしましょう。」

B　「Xさんの日常生活についてのエピソードもおうかがいする必要がありそうです。」

14

A 「そうですね。そういったエピソードと，それを裏付ける資料があれば，遺言能力を検討する上では重要です。とはいえ，ＹさんはＺさんほどにはＸさんとの交流があったわけではなさそうですから，特に認知症に罹患してからのエピソードを伺うことはあまり期待できないかも知れません。」

■そして，相談の日

——事前にＡ弁護士からＹに，遺言書が入手できれば持参してくること，関係者の本籍地を分かる限り教えてほしいこと，Ｘの生活状況についての資料があれば持ってきてほしいことなどを電話で伝えていた。その後，遺言書はコピーがＺからＹに郵送されてきたとのことで，Ｙはそれを封筒ごと持参してきていた。遺言書は遺言公正証書となっていたが，実際に遺言書の文面を目にしたＹは少なからず動揺したようで，父がこんなことを言うはずがないと，やや興奮気味に訴えた。

——遺言書を確認してみると，日付は〈約３年前〉となっている。相続財産として，自宅の土地建物と，いくつかの預金口座が挙げられており，全ての財産をＺに相続させる，となっている。また，弁護士Ｓを遺言執行者とする旨の記載があった。

——また，Ｙは，持参した大きめの手帳にこれまでの経緯についてメモをしてきていた。Ｙは，そのメモの内容に沿って，これまでの経緯を説明した。といっても，Ｙ自身，近年は年に３，４度，Ｘの入所していた施設を訪れていた程度であったので，Ｘの日々の生活状況や財産の状況については詳しいことをあまり知らないようだった。Ａ弁護士は，Ｙの話をひととおり聞き，一段落したところでＹに対する説明を始めた。

遺言公正証書

　本職は、遺言者 X の嘱託により、平成２９年○月○日、本職の役場において、後記証人２名の立会のもとに、次のとおり遺言の趣旨の口述を筆記し、本証書を作成する。─────────────────

本　　　旨

第１条　遺言者は、遺言者の有する一切の財産を、遺言者の二女 Z（昭和○年○月○日生）に相続させる。

第２条　遺言者は、本遺言の遺言執行者として、Sを指定する。

以　上

本旨外の事項

大阪市○○区△○丁目○番○号

　無職

　　遺言者　　　　　　X

　　　　　　　昭和○年○月○日生

　上記は、印鑑登録証明書により人違いのないことを証明させた。

住所　大阪市○○区△○丁目○番○号

職業　弁護士

証人　S

生年月日　昭和○年○月○日生

住所　大阪市○○区△○丁目○番○号

職業　事務員

証人　○○○○

生年月日　昭和○年○月○日生

　以上を遺言者及び立会証人に読み聞かせたところ、いずれもこの遺言筆記の正確なことを承認して、各自次に署名押印する。

　　　遺言者　　　　　　X　　　　　印

　　　証　人　　　　　　S　　　　　印

　　　証　人　　　　○○○○　　　　印

　この遺言証書は、平成２９年○月○日、本公証人役場において、民法第９６９条第１号乃至第４号所定の方式に従って作成し、同条第５号に基づき次に署名押印する。

　大阪市○○区△○丁目○番○号

大阪法務局所属

　　　　　公証人　　　○　○　○　○　　印

A 「持ってきていただいた遺言公正証書ですが，一見した限りでは形式的な要件は満たしていると思われます。ですので，この遺言公正証書が，お父様の意思に沿ったものではなく無効である，と主張するためには，認知症によりお父様には法律的に有効な遺言をするだけの判断力，これを遺言能力，といいますが，その遺言能力がなかったという主張立証をしていかなければならないことになります。」

――Yは，持参した大きめの手帳に，「遺言能力」とメモを取ってから，尋ねた。

Y 「父は，アルツハイマー型認知症だったと施設の方がおっしゃっていたのですが，アルツハイマー型認知症だったら遺言能力がない，ということになるんですか。」

A 「いえ，必ずしもそうとも限りません。アルツハイマー型認知症といっても人によってその程度は様々です。また，認知症だからといって全ての事柄の認識に問題が生じるわけではなくて，正常な部分と症状が出る部分とが混じり合っている場合が多いんです。」

Y 「ああ，それなら，施設の方に話を伺ったことがあります。」

A 「それに同じ人でも，時間帯によって症状の程度が変化したりします。それから，遺言能力の程度は遺言書の内容にもよるんです。例えば，財産が銀行預金一つだけの人が，全財産を誰か一人に相続させる，というのは，話は簡単なので，それほど高い能力は要求されません。ところが，たくさんの種類の財産を持っていて，誰にどれのうちの何割，などと事細かに指定するような内容になると，そもそもその複雑な内容を，遺言をする本人が理解している必要がありますから，求められる能力のレベルは高くなってきます。」

Y 「そうなんですか。父の遺言は，全財産をZさんに相続させる，という内容としてはシンプルなように思えます。」

A 「遺言書には土地建物と預金口座が挙げられていますが，YさんはXさんの遺産の内容についてはどの程度把握されていますか。」

Y 「●●に自宅がありますので，土地建物はその自宅のことだと思います。その他の財産といってもあまり聞いたことはありません。」

Ａ　「ご自宅の場所は分かりますか。」

――Ａ弁護士は、Ｙから自宅の住所を聞き取ってメモした。そして、そのメモを事務員Ｃに渡し、「登記情報提供サービス」のWebサイトを使って地番を確認した上で、土地と建物の登記情報を取得し、また、国税庁のWebサイトで路線価を確認するよう指示した。これにより、土地の価格についてはおよその見当を付けることができる。

――また建物については、登記情報により築年数や床面積が明らかになるほか「Googleマップストリートビュー」で外観を確認できる。建物の価値の有無や価額のおよその見当を付けることができる。

Ａ　「株式や投資信託、ゴルフ会員権などといったものはありませんか。」

Ｙ　「ゴルフはしませんでしたし、投資などの話も聞いたことがありません。」

Ａ　「では、遺産としては、遺言書に挙げられているとおり、自宅と預金ということになりそうですね。そうなると、遺言の内容はそれほど複雑なものとは考えられませんから、求められる遺言能力のレベルはそれほど高くない、ということになります。つまり、お父様がこの遺言をするだけの遺言能力がなかった、と主張するためには、自分の財産処分についての判断力の程度が相当低かった、ということを立証しなければなりません。我々にとってはハードルが上がったことになります。」

Ｙ　「そうなんですか。」

――Ｙは、明らかに気落ちしたような声を上げた。

Ａ　「ところで、Ｙさんから見て、お父様の認知症はどのような症状でしたか。」

Ｙ　「はい、10年前に施設に入るまでは認知症はそれほどひどくはなく、普通に会話もできていたのです。しかし、施設に入ってから、環境が変わったのがストレスだったのか、父はどんどん弱っていってしまいまして。最後の頃は、私が娘だというのは分かっていたみたいなのですが、会話の内容はほとんどかみ合わないような状態になっていました。」

Ａ　「市町村の要介護認定は受けておられたのでしょうか。」

Ｙ　「施設の方が、アルツハイマー型認知症だとおっしゃっていたので、多

分受けていたとは思うのですが，詳しいことは分かりません。すみません……。」

A 「いえいえ，そのような状況では仕方がありませんから，お気になさらず。調べれば分かることですよ。施設の方がアルツハイマー型認知症とおっしゃっていたこと，Yさんから見てもXさんは認知症を疑う症状が出ていたようですので，まずはその程度を確かめる必要があります。」

Y 「どうすればいいんでしょうか。」

A 「重要な資料としては，おそらく認知症の治療をされていたと思いますので，その病院のカルテを取り寄せる必要があります。また，Yさんが目にされた状況からすると市町村の要介護認定を受けていたと思われますので，介護認定調査に関する資料，それから施設のサービス提供記録を取り寄せることが考えられます。」

Y 「それは先生にお願いできるんですか。」

A 「ご依頼を受けて私から開示請求をしてもよいのですが，病院によっては相続人本人からの請求じゃないと開示できない，という病院も少なくありません。ですので，手続自体はご自身で行っていただく方がよいかと思います。もっとも，弁護士からの連絡が必要とおっしゃる場合もありますので，そのように言われたら，こちらから連絡をすることにしましょう。」

Y 「私にできるでしょうか。」

A 「やり方についてはアドバイスさせていただきますので，心配いりません。カルテや記録が届いたら，是非ご自身でも読んでみてください。お父様の日常の生活の様子がよく分かると思いますよ。」

Y 「そうですか。ではやってみます。」

■方針決定の前提としての遺産総額の概算

Y 「ところで，この件は先生にお願いしようと思うのですが，費用とかはどのようにさせていただければよろしいでしょうか。」

A 「ありがとうございます。この件は，Yさんとしては，遺言が無効であると主張して，お父様の遺産について法定相続分2分の1の相続を求めるのが，一番の目標です。ただ，そのためには，先ほど申し上げたような遺

言能力がなかったということを主張立証していかなければなりません。」

Y　「ハードルは決して低くないということでしたよね。」

A　「ええ。それに，かなりの時間と労力がかかります。ただ，YさんはX
さんの子ですから，仮に遺言が有効であったとしても，Xさんの遺産のう
ち4分の1に相当する金額については，遺留分といって，Zさんに対して
その相当額を支払えという請求をすることができます。仮に遺言の無効を
立証することが難しく，遺言が有効という話になったとしても，遺留分の
支払を請求することができるのです。」

Y　「遺言が有効でも，私は何ももらえないというわけではないんですね。」

A　「そうです。ですので，まずは，お父様の診療録などを取り寄せて遺言
能力について検討を行い，遺言能力がないという主張ができそうであれば
遺言無効の主張をする，遺言能力がないという主張が難しそうであれば，
遺留分侵害額の請求をする，という判断をする必要があります。」

Y　「そうなんですね。遺言が無効だと認められればいいんですが……。」

A　「それと，仮に裁判をして遺言無効の主張が認められたとしても，それ
は遺言が無効だという判断がされるにとどまり，そこから今度は遺言が無
効であることを前提に遺産分割の協議をしなければならないことになりま
す。」

Y　「随分先の長い話になるんですね。」

——ノックの音がして事務員Cが会議室に現れ，いくつかの資料をA弁護士
に手渡した。さっき頼んだ，自宅の不動産の価格を見積もる資料だ。A弁
護士はこれにざっと目を通した。登記情報によると，土地の面積はおよそ
200㎡。土地の路線価は1㎡当たり23万円なので，路線価を基準に計算す
ると4600万円となる。路線価を実勢価格の8割とすると，約5750万円と
いうことになる。他方，建物は築40年が経過している。Googleマップス
トリートビューで建物の映像も確認できた。それなりに手入れはされてい
るようではあるが，築年数を考えるとそれほどの価値はなく，土地と建物
併せてざっと6000万円といったところか。

A　「今，自宅の価格を調べてみました。詳しい金額は不動産業者さんにお

願いする必要がありますが，ざっと計算したところ自宅の価格は 6000 万円ぐらいだと思います。預金の残高がどのくらいか分からないので，仮にこの不動産だけだとして計算すると，Yさんの法定相続分はその2分の1で 3000 万円，遺留分はさらにその2分の1の 1500 万円になります。」

——ここで，A弁護士は，自身の弁護士報酬の基準について，Yに説明をした。A弁護士は，多くの弁護士が利用している「（旧）日本弁護士連合会報酬等基準」を採用している。

A 「遺言無効確認請求訴訟をする弁護士費用を計算すると，経済的利益は 3000 万円と 1500 万円の差額の 1500 万円なので，着手金が 84 万円になります。勝訴した場合の報酬金は 168 万円です。あくまで不動産の概算から計算しただけですので，預金もあるのなら，その分経済的利益と着手金，報酬金も増えることになります。」

Y 「受け取ることのできる金額がそれだけ増える可能性があるのであれば，先生へのお支払をして，時間と労力をかけるだけの価値はあると思います。」

A 「分かりました。では，まずは病院のカルテなどを取り寄せて，お父様の認知症の状況を調査しましょう。そもそもお父様に遺言能力がなかったということを主張できるような状態にあったのか，ということを最初に確認するためです。この点にめどが立ってから，遺言無効確認請求訴訟のご依頼をしていただく，ということにしましょう。また，それと並行して，お父様の財産の状況も明らかになっていないところもあるので，その内容をできる限り明らかにする必要があります。ですので，一旦事実調査ということで受任させていただきたいと思います。その結果を見て，今後遺言無効の主張を続けるのか，あるいは遺留分侵害額請求を行うのかを検討することにしましょう。」

Y 「なるほど，そういう方法もあるんですね。よろしくお願いします。」

コラム～遺産総額を早期に概算する必要性～

例えば今回のケースで，自宅の評価額が 1500 万円しかなかったら，

　Yさんの法定相続分相当額は750万円，遺留分相当額が375万円です。遺言無効確認請求訴訟は，その差額375万円の差額を獲得することが目的，ということになります。

　これを受任する場合，経済的利益を375万円として旧日弁連基準で計算すると，着手金約28万円，勝訴した場合の報酬金は約55万円ということになります。しかし，敗訴のリスクは低くなく，また，仮に勝訴できたとしても，依頼者の実質的な利益は300万円以下になってしまいます。さらには，それ以外にかかる費用のほか，時間や労力，精神的負担などを考慮すると，全く割に合わないということにもなりかねません。

　そうすると，そもそも遺言無効を争うことが，依頼者にとって利益になるかどうか（場合によっては弁護士にとっても），を検討するために，遺産総額の見積りは，概算でもよいのでなるべく早期に行うべきでしょう。

　また，早期に遺産総額を概算することは，相続税との関係でも方針決定のために重要です。遺産総額が基礎控除の範囲なら税理士の入る必要はありません。相続税申告を要する事案であれば，別途税理士に依頼してもらって，相続税評価額の算出を委ねることもできます。あるいは遺産総額が数億ということになれば，納税資金の確保を考えなければなりません。

　不動産の価格評価は難しいものも少なくないですが，概算の金額だけでも分かれば，初動の対応が全く異なってきます。場合によっては，依頼者において，遺言無効を争わない，という結論になることもあるでしょう。

　上記の事例や後の解説で紹介している，登記情報提供サービスや路線価の情報などは，いずれも無料ないし低コストでインターネットを通じてすぐに取得できるものです。これらの方法を用いて，遅くとも初回の面談相談の場では不動産価格の概算を行うことが望ましいといえます。

■資料収集の具体的な方法

——ひとまず方針が決まったことで，Ｙの声にも少し明るさが戻った。そんなＹの表情を見て，Ａ弁護士も話を進める。

Ａ 「では，お父様の健康状態についての資料を取り寄せることから始めましょう。先ほども申し上げましたとおり，作業そのものはご自身でやっていただく方がよいかと思います。まず考えられる資料としては，市町村の介護認定調査についての資料，入居しておられた施設のサービス提供記録，それから病院のカルテですね。」

Ｙ 「難しそうですが，本当に私にできるでしょうか。」

Ａ 「必要があればアドバイスしますので，大丈夫ですよ。まずはそれぞれの機関に相続人であることを告げて，記録の開示の手続を問い合わせてみてください。最近では記録の開示を断られることはあまりありませんが，もし難色を示されるようであれば，私に連絡をください。」

Ｙ 「分かりました。何か必要になるものはあるでしょうか。」

Ａ 「一般的には，Ｙさんとお父様のつながりを示す戸籍謄本，Ｙさんの身分証明書，それに，資料の開示の手数料やコピー代が必要になってきます。このあたりも，問合せの際に先方に確認されるのがよいと思います。」

——Ｙさんは，Ａ弁護士の言葉を手帳にメモし続けている。

Ａ 「あと，Ｙさんのお手元に，何かお父様の日常生活の様子が分かるようなものをお持ちではないでしょうか。例えば，お父様との連絡や交流を記録したようなものなのですが。」

Ｙ 「父との連絡といえば，年賀状ぐらいでしたが。」

Ａ 「それはぜひ見せていただきたいですね。まだ残しておられますか。」

Ｙ 「ええ，年賀状はとってあると思うので，帰って探してみます。」

Ａ 「お願いします。年に何度か会いに行っておられたとのことでしたが，そのときにやり取りしたものは何かありませんか。」

Ｙ 「そういえば，私のスマホの中に父と撮った写真があります。」

　Ｙさんは，横の椅子に置いていた鞄からスマートフォンを取り出して，写真を探し始めた。

Ｙ 「ああ，ありました。これは私と父が一緒に撮った最後の写真だと思い

ます。」

　そういって，Yはそのスマートフォンの画面をA弁護士の方へ向けた。老人ホームの面談室のような所だろうか，Yの横で，穏やかに微笑んでいる男性が写っている。

A　「この方がお父様なんですね。ほかの写真などもあれば参考になりますので，探してみてください。」

Y　「分かりました。」

——それからA弁護士は，Yに，Xの遺産についての資料を取りそろえるよう依頼した。銀行預金が遺産の大部分であれば，心当たりのある金融機関に取引履歴を照会する必要があることを説明した。Yはその日のメモでいっぱいになった手帳のページをもう一度見直して確認し，次回の打合せを1か月後にすることにして，この日の相談は終了した。

■初 動

——Yが帰った後，AとBは会議室に戻り，話を続けた。

B　「まずは相続関係の確認です。YさんやXさんの本籍はお伺いできたので，戸籍謄本の取り寄せは早めに進めることができそうです。事務員に指示を出します。」

■遺留分侵害額請求の意思表示

A　「急ぐ必要のあるものはありますか。」

B　「事前に検討したとおり，あくまで主位的請求は遺言が無効であることを前提としますが，遺言無効が認められなかった場合には，遺留分侵害額請求権を行使することになるので，遺留分侵害額請求の行使の意思表示をしておく必要があります。」

A　「そうですね。遺留分侵害額請求権の時効期間は，遺留分を侵害する遺贈があったことを知った時から1年以内と短いですから，まだ時間があると安心せず，すぐに内容証明郵便で意思表示をしましょう。B先生，起案をお願いしますね。」

B　「分かりました。」

■相続税申告の期間制限

A 「相続税の申告についてはどうでしょうか。」

B 「相続税の申告期間は相続開始を知った後10か月ですから，ゆっくりしていられません。自宅の不動産については取り寄せた登記情報をもとにおよその評価額が検討できました。ただ，Ｙさんは預金の存在や内容については把握しておられないので，少し時間がかかるかもしれません。」

A 「申告が必要なようですから税理士にお願いすることになりますが，その前に全体像をある程度明らかにする必要がありそうですね。預金の記録の取り寄せを待ちましょう。」

■遺言執行者への対応～仮処分の検討～

B 「あと，この遺言では，弁護士Ｓが遺言執行者に指定されています。Ｓが遺言執行者に就任して遺言執行に着手すると，自宅不動産の相続登記をして名義をＺさんに変えてしまうことが考えられます。また，預金についても遺言執行者が下ろしてしまう可能性もあります。保全を検討するところだと考えます。」

A 「どのような手続になるでしょうか。」

B 「家事事件手続法215条に，遺言執行者に対する職務停止の仮処分，というのがあります。」

A 「本案は遺言執行者解任の審判ですね。」

B 「はい。ですから，民法1019条1項の遺言執行者の解任事由があることが必要になります。解任事由は，『遺言執行者がその任務を怠ったときその他正当な事由があるとき』です。」

A 「遺言の効力をめぐって争いがある場合というのは，その他正当な事由，には当たらないでしょうね。」

B 「そうですね。そうすると，民事上の仮地位仮処分，ということになるでしょうか。」

A 「もし仮にそのような仮処分が認められるとしても，保証金は遺産総額の数割，場合によっては数千万円といった，非常に高額なものになるでしょうね。敗訴した場合のリスクも考えると，職務執行停止の仮処分の申

立てというのは現実的ではないでしょう。」

B 「遺言執行者の就職前であれば，遺言の効力をめぐって紛争になっていることを伝えて，就職辞退してもらうことができるのではないでしょうか。なお，遺言執行者が信託銀行の場合は，日弁連と信託協会の間で，信託銀行は紛争案件については業務執行しないという取り決めがあります（自由と正義45巻5号88頁，合意書3条2項）。指定されている遺言執行者が信託銀行ではなくても，打診してみる価値はありそうです。」

A 「そうですね。遺言執行者に指定されている者としても，紛争に巻き込まれたくないと考えることは十分あり得るでしょう。」

B 「遺言執行者の就職後は，法的に遺言執行者の職務執行を停止することが難しいとなると，遺言執行者に辞任してもらうか，事実上執行を停止してもらうかしかありません。一旦就職した遺言執行者が辞任するには，正当な事由と家庭裁判所の許可が必要です（民法1019条2項）。」

A 「そうですね。ですから，遺言が無効かもしれないと遺言執行者に判断させることが必要です。例えば，遺言執行者に対して，遺言が無効だと判断する根拠を，その証拠を添えて詳細に伝えるということが考えられます。あるいは，それに加えて，提訴予告通知書を送るという方法が考えられます。」

B 「提訴予告通知って，何ですか。」

A 「民事訴訟法132条の2以下に規定されています。請求の要旨と紛争の要点を記載して訴えの被告となるべき者に訴え提起を予告する通知を書面で行うと，予告通知した日から4か月以内に限り，その予告通知を受けた者に対して訴えを提起した場合の主張又は立証を準備するために必要であることが明らかな事項について書面で回答するよう照会でき，また裁判所を通じて文書送付嘱託や調査嘱託などを利用できるという制度です。」

B 「遺言執行者に提訴予告通知をすると，裁判で遺言が無効だと判断されてしまうかもしれないと遺言執行者が考えて，執行を停止したり，場合によっては辞任許可の申立てをするということも考えられそうですね。」

A 「あと，今回は遺言執行者が指定されていますが，遺言執行者が指定されていない場合には，受益の相続人が遺言書を使って不動産の移転登記手

続をしたり，預金を下ろして費消してしまったりすることが考えられます。そのような場合には処分禁止の仮処分を検討しなければなりません。しかし，遺言無効の疎明をしようとすると，結局は資料の取り寄せと検討が必要になり，しかも遺言無効の疎明は容易ではありませんから，一定の時間がかかってしまうことになります。遺言無効の疎明が困難な場合には，遺留分侵害額請求権を被保全債権とする仮差押え命令の申立てをするぐらいでしょうか。しかし，それによって，遺言が有効であると認めていたのではないか，という反論があり得ますから，申立てに当たっては，遺言は無効であると考えていることに触れておくべきでしょう。」

コラム～改正前の遺留分減殺請求なら，
処分禁止の仮処分が可能であった～

　改正相続法では，遺留分減殺請求権の規定が廃止され，遺留分侵害額請求権という金銭債権とされました。そして，その相手方が受遺者あるいは受益の相続人又は受贈者に限定され，遺言執行者は除外されました（民法1046条1項）。

　改正前の遺留分減殺請求権については，最高裁判例により，「遺留分権利者の減殺請求により贈与又は遺贈は遺留分を侵害する限度において失効し，受贈者又は受遺者が取得した権利は右の限度で当然に減殺請求をした遺留分権利者に帰属するものと解するのが相当であって（中略）侵害された遺留分の回復方法としては贈与又は遺贈の目的物を返還すべきものである」とされており，（最判昭和51年8月30日判タ340号155頁），更に遡及効もあるとされていました（最判平成4年11月16日判タ803号61頁）。

　改正相続法施行前の事案では，遺留分減殺請求権の物権的効力に着目して，遺産不動産について，「遺留分減殺を原因とする持分移転登記請求」ができましたが，改正法施行後の事案については，遺産不動産についての持分移転登記請求は遺留分減殺を登記原因としてはできません。したがって，処分禁止の仮処分はできず，遺留分侵害額請求権を被保全債権とする不動産仮差押命令の申立てをなし得るにすぎな

くなりました。

コラム〜相続税の基礎知識〜

1）相続税の申告と納税期限

　相続税の申告は，被相続人が死亡したことを知った日の翌日から10か月以内に行うことになっています。申告期限までに納税を行う必要があります。

　申告期限までに申告をしなかった場合，加算税や延滞税がかかる場合があります。

2）相続税の申告が必要な場合

　相続又は遺贈により取得した財産（被相続人の死亡前3年以内に被相続人から贈与により取得した財産を含みます。）及び相続時精算課税※の適用を受けて贈与により取得した財産の額の合計額（課税価格の合計額）が基礎控除額を超える場合に必要です。

　ただし，基礎控除額を超えない場合であっても，配偶者の税額軽減や小規模宅地等の特例を受けるには，申告が必要です。

　※相続時精算課税の制度とは，原則として60歳以上の父母又は祖父母から，20歳以上の子又は孫に対し，財産を贈与した場合において選択できる贈与税の制度をいいます。この制度を選択すると，同一の父母又は祖父母からの贈与において2500万円の限度額に達するまで贈与税がかからず，超えた額に対して一律20％の贈与税が課税されます。その後相続時にその贈与財産とその他の相続財産を合計した価額を基に計算した相続税額から既払いの贈与税額を精算します。

3）基礎控除額

　3000万円＋600万円×法定相続人の数※

　事例では，法定相続人が2名ですから基礎控除額は4200万円です。

　※法定相続人の数は，相続放棄をした人も含みます。また，法定相続人の中に養子がいる場合，被相続人に実子がいる場合は養子1人まで，被相続人に実子がいない場合は養子2人までを法定相続人に含めます。間違っ

た説明をしている専門書もありますので，注意が必要です。

4）相続税の計算方法

STEP1） 相続や遺贈及び相続時精算課税制度の適用を受ける贈与
によって財産を取得した人ごとに課税価格※を計算します。

※課税価格は，相続又は遺贈により取得した財産の価額だけでなく，み
なし相続財産（生命保険金や死亡退職金等）や被相続人の死亡前3年以内に
贈与された財産の価額も含まれます。また，非課税財産の価額や債務・葬
式費用の額は差し引かれます。

STEP2） STEP1で計算した各人の課税価格の合計額から基礎控
除額を差し引き，これを各法定相続人が民法に定める法定相続分に
従って取得したものとして各法定相続人ごとの取得金額を計算します。

STEP3） STEP2で計算した法定相続人ごとの取得金額に税率（10
%～55%）を乗じ，これを合計して相続税の総額を計算します。これ
で相続税の総額が計算されます。

STEP4） 相続税の総額を，実際の各人の相続割合により按分した
ものが各相続人等の税額です。ここから，各種の税額控除（配偶者の
税額軽減・未成年者控除・障害者控除など）を差し引いた残りの額が，実際
に各人が納付することになる相続税額になります。

相続税の基礎知識を知っておくことは大変重要です。もっとも，税
にまつわる制度は頻繁に改正があり，また，実際の計算や申告は複雑
ですから，相続税の申告が必要であると考えられる場合は，必ず税理
士に関与してもらうべきです。

解　説

第1　遺言の種類

1　遺言の種類

　遺言は，普通方式による遺言と特別方式による遺言に大別されます。普通方式による遺言が本来の方式であり，さらに自筆証書遺言，公正証書遺言及び秘密証書遺言に分類されます。

　特別方式による遺言は死が差し迫っている等，例外的な場合に認められ，死亡危急者遺言，船舶遭難者遺言，伝染病隔離者遺言，在船者遺言に分類されます。

　ここでは，普通方式による遺言について，簡単に説明します。

2　自筆証書遺言

　遺言者がその全文，日付及び氏名を自書し，これに押印をした遺言を自筆証書遺言といいます（民法968条）。自筆証書遺言においては，遺言の方式にルールがあり，当該ルールに違反すると遺言が無効となってしまいます。

　この点，今般の相続法改正によって，自筆証書遺言の方式が緩和されました。旧法のもとでは，自筆証書遺言は常にその全文を自書しなければならないものとされていましたが，厳格な方式が遺言者の負担となり，自筆証書遺言の利用が阻害されていると指摘されていました。そこで，自筆証書遺言を使いやすいものにするために，自筆証書に遺産や遺贈の対象となる財産目録を添付する場合には，その目録については自書を要しないことにして，自筆証書遺言の方式を緩和することにしました。

　ただし，遺言書の偽造や変造を防止する必要があるため，自筆証書に自書によらない財産目録を添付する場合には，その目録の「毎葉」に署名及び捺

印をしなければならないようになりました（民法 968 条 2 項）。

　また，2020 年 7 月 10 日から「法務局における遺言書の保管等に関する法律」（平成 30 年法律第 73 号。以下「遺言書保管法」といいます。）が施行されました。遺言書保管法では，遺言者が遺言書保管所（全国の法務局のうち，法務大臣の指定する法務局）において，自筆証書遺言に係る遺言書の保管を申請できる制度が整備されています。

　自筆証書遺言については原則として家庭裁判所の検認手続（民法 1004 条）が必要とされていますが，遺言書保管所に保管されている自筆証書遺言については，家庭裁判所における検認手続を要しないこととされました。

3　公正証書遺言

　証人 2 人以上が立ち会い，遺言者が，遺言の趣旨を公証人に口授し，公証人が筆記して遺言者及び証人に読み聞かせ又は閲覧させ，遺言者及び証人がこれを承認して署名押印した上，公証人が署名押印する方式の遺言を公正証書遺言といいます（民法 969 条）。

　公正証書遺言に関しては，家庭裁判所における検認の手続は不要とされています（民法 1004 条 2 項）。

　遺言無効との関連でいえば，公正証書遺言においても遺言能力がなかったものとして争われる事例が多いですが，その他では「口授」の要件を満たすか争われることがよくあります。

　口授とは，遺言者が遺言の趣旨（内容）を公証人に直接口頭で述べることをいいますが，この定義からも明らかなとおり，言語を発してすることを要します。判例は，疾病のために言語が不明瞭となった者に対し，公証人が質問を発し，遺言者が仰臥したままわずかに動作で答えたという事案につき，遺言者が公証人の質問に対し言語をもって陳述することなく，単に肯定又は否定の挙動を示したにすぎないときは，口授があったとはいえないと判示しています（最判昭和 51 年 1 月 16 日裁判集民 117 号 1 頁）。また，遺言者が公証人と手を握り，遺言公正証書案文の読み聞かせに対し手を握り返したにすぎない事案において，言語をもって陳述していないから，口授があったと認められない旨判示したものがあります（東京地判平成 20 年 11 月 13 日判時 2032 号 87

頁）。

4　秘密証書遺言

　遺言者が，遺言書を作成して署名押印の上，封印し，封書を公証人及び証人 2 人以上の前に提出し，自己の遺言書の旨及び氏名住所を述べ，公証人が日付及び遺言者の口授を封書に記載し，遺言者及び証人とともに署名押印する方式の遺言を秘密証書遺言といいます（民法 970 条）。この場合は，遺言者本人がパソコンで打ち込んでプリントアウトしたものでも有効となることがあります。

　秘密証書遺言に関しては，家庭裁判所の検認手続が必要とされています（民法 1004 条）。

第 2　遺言の効力

1　遺言の効力の発生時期

　遺言は，遺言者の死亡の時から効力を生じます（民法 985 条 1 項）。ただし，遺言に停止条件が付され，その条件が遺言者の死亡後に成就した場合には，条件が成就した時から効力を生じます（同条 2 項）。

　遺言は，遺言者の死亡により初めて効力を生じるものであり，遺言者はいつでも遺言を撤回できますので（民法 1022 条），遺言者の死亡までは何らの法律効果も発生しないことになります。したがって，推定相続人や受遺者とされた者は，将来的に遺言が効力を生じたときに遺贈の目的物である権利を取得できる事実上の期待を有する地位にあるにすぎないため，遺言者の生存中に推定相続人等が当該遺言の無効確認の訴えを提起することは許されないとされています（最判昭和 31 年 10 月 4 日民集 10 巻 10 号 1229 頁）。

2　遺言の解釈

　遺言がどのような効力を生じるかは，遺言書に示された遺言者の意思解釈によって決まります。一般的には，遺言書の記載内容によって決まりますが，遺言書の記載を見ても一義的に遺言者の意思を図りかねる場合があります。

そこで，遺言の解釈を行う必要が出てきます。

　遺言の解釈に当たっては，遺言が相手方のない単独行為であり，相手方の保護や取引の安全を考慮する必要がないため，遺言者の真意を探るだけで足りるとされています。そこで，遺言書の解釈に関しては，遺言書の記載だけに拘泥せず，遺言者の真意を合理的に探究し，できるだけ適法有効なものとして解釈すべきです。判例は遺言者の意思表示の内容は，その真意を合理的に探究し，できる限り適法有効なものとして解釈すべきであり（最判昭和30年5月10日判タ49号55頁），そのためには，遺言書の文言を前提としながらも，遺言者が遺言書作成に至った経緯及びその置かれた状況等を考慮することも許されるとしています（最判平成5年1月19日民集47巻1号1頁）。また，遺言書が複数の条項から成る場合には，そのうちの特定の条項を解釈するに当たっても，単に遺言書の中から当該条項のみを他の条項と切り離して抽出し，その文言を形式的に解釈するだけでは十分でなく，遺言書の全記載との関連，遺言書作成当時の事情及び遺言者の置かれていた状況などを考慮して遺言者の真意を探究し，当該条項の趣旨を確定すべきものとしています（最判昭和58年3月18日判タ496号80頁）。

　東京高判平成17年6月22日判タ1195-220では，遺言書の記載自体から遺言者の真意が合理的に解釈し得る場合においては，遺言書に表れていない遺言書作成当時の事情及び遺言者の置かれていた状況等をもって遺言の意思解釈の根拠とすることは許されず（最判平成13年3月13日判タ1059号64頁），遺言書の記載自体から遺言者の真意が合理的に解釈し得ない場合には，遺言書の記載の意味を知るために，遺言者がいかなる意味のものとしてその言葉を用いたかを明らかにする必要があり，そのためには，遺言書作成当時の事情及び遺言者の置かれていた状況等を考慮すべきであるとしています。

3　遺言の撤回

　遺言者は，いつでも，遺言の方式に従って，その遺言の全部又は一部を撤回することができるとされています（民法1022条）。遺言自体が要式行為であるため，遺言の撤回も要式行為によるものとされています。遺言の撤回とは，遺言の効力の発生を将来に向かって阻止するものです。遺言の方式が問われ

ることはなく，自筆証書遺言を公正証書遺言で撤回することもできますし，逆も可能です。

また，次のいずれかに該当する行為があった場合には，法律上当然に遺言を撤回したものとみなされます（民法1023条，1024条）。

(1) 前遺言と後遺言の内容の抵触

前の遺言と後の遺言が抵触するときは，その抵触する部分については，後の遺言で前の遺言を撤回したものとみなすとされています（民法1023条1項）。

(2) 遺言の内容と抵触する生前処分その他の法律行為

遺言者が，遺言後にその内容と抵触する生前処分その他の法律行為をしたときは，これらの行為によって当該遺言の抵触する部分を撤回したものとみなされます（民法1023条2項）。

(3) 故意による遺言書の破棄又は遺贈の目的物の破棄

遺言者が故意に遺言書を破棄した場合には，破棄した部分について遺言を撤回したものとみなされます（民法1024条前段）。

(4) 遺言の撤回の効果

遺言が撤回された場合，遺言は初めから存在しなかったのと同様の結果となります。遺言者が当該撤回行為を更に撤回し，又はそれが効力を失った場合に，先に撤回した遺言が復活するのか問題となります。この点，一旦撤回された遺言は，その撤回行為が撤回され，又は効力を失っても，原則として，その効力を回復しないとされています（民法1025条本文）。ただし，撤回行為が詐欺又は強迫を理由に取り消されたときは，撤回行為自体が遺言者の真意ではなく，遺言者が復活を望む意思が明白であることから，最初の遺言が復活するものとされています（同条ただし書）。

4 遺言の無効

遺言の無効原因としては，遺言に特有のものと法律行為一般の無効原因があります。遺言に特有のものとしては，方式違背（民法960条），遺言能力の欠如（同法961条），共同遺言（同法975条），遺贈の放棄（同法986条），遺言の失効（同法994条，995条），後見人の利益となる遺言（同法966条1項）があり，一般の無効原因としては，公序良俗違反（同法90条）があります。

本書においては，この中で「遺言能力の欠如」を中心に扱っています。

第3　遺言の執行

遺言執行者

　遺言の効力が発生した後，遺言の内容を実現させる必要がありますが，遺言者は既に死亡しているため，遺言者に代わって遺言の内容を実現させる人物が必要となります。このように，遺言の内容を適正に実行させるために特に選任された者を遺言執行者といいます。

　遺言執行者の地位については，今般の相続法改正によりその法的地位が明確化されました。具体的には，「遺言執行者は，遺言の内容を実現するため，相続財産の管理その他遺言の執行に必要な一切の行為をする権利義務を有する。」とされました（民法1012条1項）。また，「遺言執行者がある場合には，遺贈の履行は，遺言執行者のみが行うことができる。」と規定し（民法1012条2項），遺贈がなされた場合に遺言執行者があるときは，遺言執行者のみが遺贈義務者となる旨規定されました。

　また，遺言執行者がある場合に相続人は相続財産の処分その他遺言の執行を妨げるべき行為をすることはできない（民法1013条1項）とされていますが，実際に妨害が起こった場合，相続法改正前は，判例上，相続人がした処分行為は絶対的に無効であるとされていましたが，今般改正されました。具体的には，遺言執行者がいる場合に相続人が行った遺言の執行を妨げる行為は無効であるが（民法1013条2項本文），その相手方が遺言執行者の存在を知らなかった場合については，取引の安全を図るために，その行為の無効を善意の第三者に対抗できないと規定されました（同項ただし書）。

　遺言執行者が選任されている場合に，相続人の全部又は一部から遺言の無効を主張された場合に遺言執行者がどのように対応すべきかについては難しい問題です（本章ストーリー「遺言執行者への対応～仮処分の検討～」参照）。遺言執行者の地位は，あくまで遺言が有効であることを前提にしていますから，遺言が無効ということになれば，遺言執行を行う権限はないことになります。他方で，遺言無効の主張に理由がない場合には，遺言執行をしなければなり

ません。取り分け，前述のとおり遺言執行者がいる場合の相続人の処分行為が善意の第三者に対抗できないことになりましたので，遺言執行者としては速やかに執行業務を行わなければならず，漫然と遅滞した場合には責任問題に発展するおそれがあります。

　そこで，遺言執行者としては速やかに遺言が有効であるのか無効であるのか，可能な限りの調査を進め，相続人による遺言無効の主張に明らかに理由がないと考えられるような場合には，遺言執行業務を進めることになります。他方，遺言無効確認請求訴訟が提起されたような場合には，当該訴訟が決着するまで遺言執行業務を停止せざるを得ないものと考えられます。

【書式1　遺言執行者への内容証明郵便（信託銀行が遺言執行者である場合）】

通　知　書

　　冠省

　　当職は○○弁護士会所属の弁護士ですが，通知人○○○○（住所
　市　　町　丁目　番　号）の代理人として本書を差し出します。

　　通知人○○○○は，その妹である遺言者亡○○○○（最後の住所
　市　　　町　丁目　番地，昭和　年　月　日生）の兄であり相続人資格者ですが，遺言者亡○○○○名義の遺言公正証書（○○地方法務局所属公証人○○○○作成令和○年第○○号）について，遺言無効確認請求訴訟を提起する所存です。

　　しかるに，上記遺言公正証書第○○条においては，貴社を遺言執行者として指定されており，貴支店において現在遺言執行業務を遂行しておられることと拝察致しますが，遺言無効確認請求訴訟における判決が確定するまで，上記遺言の執行を停止されますようお願い申し上げます。

　　本内容証明郵便が届いたにもかかわらず，遺言執行業務を遂行し，後日遺言無効確認判決が確定した場合は，貴社が無効な遺言を執行したこととなり，それにより亡○○○○の相続人資格者が損害を被った場合には，貴社に対して，損害賠償請求をすることとなりますので，くれぐれも即時遺言執行を停止されますようお願い申し上げます。

最後に，当職は，通知人より，遺言者亡〇〇〇〇名義の遺言公正証書についての無効確認請求訴訟及び遺言執行者たる貴社に対する執行停止の申入れに関する一切の権限を受任しておりますので，今後のご連絡は，通知人本人に対してなさらず，必ず，当職宛てになされますようお願い申し上げます。

　以上のとおりご通知を差し上げます。

草　々

〇〇市〇〇区〇〇町〇－〇

〇〇〇〇ビル〇階

〇〇信託銀行株式会社　御中

令和〇年〇月〇日

〇〇市〇〇区〇〇丁目〇番〇号

〇〇法律事務所

電話〇〇－〇〇〇〇－〇〇〇〇

通知人〇〇〇〇代理人

弁護士　〇　〇　〇　〇

【書式２　遺言執行者への提訴予告通知書】

令和〇年〇月〇日

〒〇〇〇－〇〇〇〇

　〇〇市〇〇区〇〇丁目〇番〇号

　　〇〇信託銀行株式会社　〇〇部

　　　支配人　〇　〇　〇　〇　殿

　　　〒〇〇〇－〇〇〇〇　〇〇市〇区〇〇丁目〇番〇号

〇〇法律事務所

TEL　〇〇－〇〇〇〇－〇〇〇〇

FAX　〇〇－〇〇〇〇－〇〇〇〇

通知人亡○○○○相続人○○○○

代理人　弁護士　○　○　○　○

提訴予告通知書

　通知人は，民事訴訟法132条の2第1項に基づき，下記のとおり遺言無効確認請求訴訟を提起することを予告する。

第1　請求の要旨
　1　請求内容
　　　○○地方法務局所属公証人○○○○が令和○年○月○日に作成した令和○年第○○号遺言公正証書による亡○○○○の遺言は無効であることを確認する。
　　　との判決を求める。

第2　紛争の要点
　1　相続人
　　　通知人は，被相続人亡○○○○（本籍：○○県○○市○○町○丁目○番地，最後の住所：同市○○町○丁目○番○号，昭和○年○月○日生，以下単に「亡○○」という。）の兄であり，相手方は，次に記載する遺言公正証書により遺言執行者と指定された者である。
　2　遺言公正証書の存在
　　　亡○○は，令和○年○月○日に死亡したが，同年○月○日付け○○地方法務局所属公証人○○○○作成にかかる遺言公正証書（令和○年第○○号）には，亡○○が公正証書遺言をしたものとされており，亡○○の全財産を相手方に包括的に相続させる旨の遺言事項が記載されている。
　3　遺言者○○○○の意思能力の状態
　　ア　しかしながら，亡○○の○○病院のカルテによれば，遅くとも令和○年○月○日にはアルツハイマー病の可能性が指摘されており，令和○年○月○日付けにて介護認定の申請が出されており，

その介護申請に際して資料として添付された同月○日の主治医意見書によれば，診断名として『アルツハイマー型認知症』と明記されており，令和○年○月○日付け診断書（成年後見用）によれば，『診断名』には『アルツハイマー型認知症』と明記されており，『所見』欄には『令和○年頃より物忘れの悪化，物盗られ妄想あり，抑うつ気分を伴い，心療内科，神経内科を受診，上記と判断。令和○年○月症状の進行あり，再診』と記載されており，さらに，『精神の状態』欄の各項目にチェックされた内容などを細かく見ると，次のとおりとされている。

記　憶　力　　自己の年齢　→　回答不可
見　当　識　　日時・場所　→　回答不可
計　算　力　　簡単な計算を間違える
理解・判断力　合理的判断・理解の低下，妄想を伴う
知能検査等　　MMSE15点

イ　また，『回復の可能性』の欄には『ない』と明記されており，『判定の根拠（検査所見・説明）』の欄には，『著しい出来事の記憶障害，合理的な判断理解の障害あり，疾患の特徴から今後の回復が見込めず，次第に進行することが予想される。』と記載されており，『画像診断の結果』の欄には『脳萎縮（側頭葉内側面），後部帯状回の血流低下』と記載されていた。

ウ　さらに，亡○○は，令和○年○月○日に介護認定を申請しており，その際の認定情報によれば，認知機能の欄のうち『短期記憶』も『今の季節を理解すること』も『できない』とされており，精神・行動障害の欄には，『被害的』『作話』『感情が不安定』『同じ話をする』『ひどい物忘れ』『話がまとまらない』という状態があると指摘されており，その認定調査票（特記事項）によれば，『○年○月○日，隣人に毒を盛られた，狙われていると警察に行く。警察→高齢介護課→包括支援センターに回ってきた。親族4人，包括スタッフ，担当のケアマネ同席での調査』と記載されており，さらに，中ほどには『「早く死にたい」「結婚してからも男

みたいに頑張ってきた」「隣人が宝石をとって帰る」「勝手に鍵を開けて入ってくる」「毒を盛られた」「狙われている」と，とりつかれたように，繰り返す。』などと記載されており，主治医意見書の「特記すべき事項」には，『独居，病識を欠いており，物盗られ妄想を伴う，身の回りの ADL 障害進行，認知機能の低下著しく（MMSE22 点（令和○年）→ 17 点（令和○年）至急の対応が必要です。』と記載されている。

エ　令和○年○月○日には，○○県立○○病院から○○クリニックへの診療情報提供書が作成され施設入所も視野に入れて転医することを勧められ，令和○年○月○日に○○クリニックへ診察を受けに行っており，上記同日，亡○○は，自己の氏名は署名できたが，『93 − 7 ＝ ?』の計算ができなかった。しかも『遅延再生ゼロ』と記載されている。氏名の横に『秋』と記載されているのは，○○医師が亡○○に対して，今の季節を尋ねたところ，真夏にもかかわらず『秋』と回答したことを意味している。なお，上記同日イクセロンパッチを処方されている。

オ　その後，令和○年○月○日，同年○月○日，同月○日に○○クリニックを受診しており，それぞれ『do28』と記載されているから，令和○年○月○日と同じくイクセロンパッチの処方を受けているが，その後令和○年○月○日まで○か月以上も受診していない。受診を再開した令和○年○月○日のカルテには，『薬を飲んでいなかった』『症状が進みました』と記載されている。

　ちなみに，亡○○は，令和○年○月末か○月頃に，社会福祉法人○○が運営する介護付き有料老人ホームである『○○』に入居した。

カ　そのような状態にある令和○年○月○日，○○地方法務局公証人○○○○が『○○』に出張して，亡○○に関する遺言公正証書を作成したのであるが，上記遺言書作成当時，亡○○は，『遅延再生ゼロ』の状態にあり，遺言文言を 30 秒間すら覚えていられない状態にあったものであるから，遺言をするに足りる意思能力

を有しなかったものである。

4　したがって，通知人は貴社に対して，遺言無効確認請求訴訟を提
　起する予定である。

以　上

【書式3　遺言執行者への照会書面】

令和○年○月○日

〒○○○－○○○○

　○○市○○区○○丁目○番○号

　　○○信託銀行株式会社　　○○部

　　　支配人　○　○　○　○　殿

　　〒○○○－○○○○　　○○市○区○○丁目○番○号

　　　　　　　　　　　　　　　　　○○法律事務所

　　　　　　　　　　TEL　○○－○○○○－○○○○

　　　　　　　　　　FAX　○○－○○○○－○○○○

　　　　　　　　　　通知人亡○○○○相続人○○○○

　　　　　　　　　　代理人　弁護士　○　○　○　○

照　会　書

　通知人は，亡○○○○の令和○年○月○日付け遺言公正証書（○○地
方法務局所属公証人○○○○作成令和○年第○○号）に関して，貴社に
対し遺言無効確認請求訴訟を提起する予定である。そこで，民事訴訟法
132条の2第1項に基づき，下記のとおり照会する。本書到達後2週間
以内に下記各事項について，文書をもって回答されたい。

記

1　亡○○○○の遺言公正証書作成の準備のために作成した「相談申
　込書」及び「遺言書保管に関する約定書」など亡○○○○名義の署

名押印のある文書を全部開示されたい。

2　亡○○○○の遺言公正証書作成の準備のために相談・面談した者との相談・面談の内容を記載した打合せメモ・遺言書原案・下書き・草稿などを全部開示されたい。

3　亡○○○○の遺言公正証書作成の準備のために収集した預貯金通帳を全部開示されたい。

4　亡○○○○の意思能力に関して調査した際の資料・メモなどを全部開示されたい。

5　亡○○○○死亡後，本書到達までの間に，相談・面談した人物とその協議内容など，遺言執行者としての業務執行の内容を開示されたい。

以　上

コラム〜自筆証書遺言書保管制度〜

　ここでは，2020年7月10日から開始した自筆証書遺言書保管制度について簡単におさらいします。

1）制度概要

　法務局（遺言書保管所）で自筆証書遺言書を保管する制度です。法務局が自筆証書遺言書原本を保管することで，紛失や相続人等による隠匿・破棄・改ざんといった従来の問題を防ぐことができます。また，相続開始後，遺言書の存在を容易に把握でき，検認も不要であるため，相続手続の円滑化を図ることができます。

2）保管するまでの流れ

　自筆証書遺言書を作成したら，必要書類をそろえて，遺言者本人が管轄遺言書保管所に保管の申請を行います。遺言者の住所地・本籍地・所有する不動産所在地のいずれかを管轄する遺言書保管所（遺言書保管所として指定された法務局。全ての法務局ではないことに注意）が管轄遺言書保管所です。

　保管手数料は，保管期間や財産の価額を問わず，1通につき3900

円です。

　保管後相続開始までの間は，遺言者本人のみ閲覧することができます。遺言書原本を閲覧する場合は保管されている遺言書保管所でのみ閲覧請求することができますが（1回1700円），モニターによる閲覧であれば，全国のどの遺言書保管所でも閲覧請求することができます（1回1400円）。

3）相続開始後

　遺言者が亡くなった後，相続人・遺言執行者・受遺者等は遺言書が保管されているかどうか確認することができます。具体的には，遺言書保管事実証明書の交付請求を行います。1通800円で，全国のどの遺言書保管所でも行えます（郵送可）。

　遺言書が保管されている場合，遺言書情報証明書の交付請求をすることで，保管されている遺言書の内容の証明書を取得することができます。1通1400円で，全国のどの遺言書保管所でも行えます（郵送可）。

　遺言書情報証明書が交付されると，請求人以外の相続人等に対して遺言書を保管している旨が通知されます。

　この遺言書情報証明書には，遺言書の白黒コピーに加えて，遺言者の情報，遺言書の作成年月日や保管法務局，受遺者や遺言執行者の名前などの情報が記載されています。遺言書の原本ではありませんが，この遺言書情報証明書で登記手続や銀行での相続手続を行うことができます。検認手続は不要です。

第4　資料収集

1　総論

(1)　資料の収集作業は依頼者に自分でやってもらう

　遺言者の遺言能力の有無を基礎づける資料の収集については，弁護士自身がこれらの資料を収集することも考えられます。しかし，できるだけ依頼者

本人に集めてもらうことが望ましいと考えます。

　その一つ目の理由は，弁護士から医療機関や介護事業者などに開示請求を行うと，医療機関や介護事業者から警戒されてしまう場合があるからです。警戒した介護事業者などが，連絡先を把握している別の相続人に連絡を取るということも考えられます。

　二つ目の理由は，依頼者本人が自ら資料収集することで，依頼者本人が収集した資料を自分で読み込んで研究してもらえる可能性が高いからです。これらの資料は膨大な量になることも多いのですが，依頼者本人が読み込むことで，依頼者自身の記憶が正確であるかどうかを自ら確認したり，あるいは，依頼者の記憶が喚起され，新たな事実が明らかになるということも考えられます（当初の依頼者の記憶は，大なり小なり不正確であることがほとんどです。）。

⑵　資料の収集に必要な書類，費用

　開示請求に必要な書類は，一般的には，医療機関などが用意している開示請求書，遺言者と開示請求者のつながりを示す戸籍の証明書，開示請求者の本人確認書類，などです。

　開示請求に必要な書類は請求先によって異なりますので，請求の際に開示請求先に確認するとよいでしょう。

　また，通常は，コピー代や事務手数料などが必要になります。医療機関によってはWebサイトで必要書類とともに費用の詳細も説明されている場合があります。必要書類の確認の際に，費用についても確認します。

2　診療記録

⑴　概　要

　診療記録は，医療に関する診療経過の記録であり，医療機関に入通院した場合には必ず作成され，一定期間保存されます。その内容は，患者に対する治療内容や検査内容により様々ですが，カルテ，看護記録，検査記録，手術記録，診断書，認知症等の検査結果，CT等画像データ，処方箋などがあります。

⑵　開示請求先

　遺言者がどの医療機関で診察を受けていたかが分かっていれば，その医療

機関に開示請求を行います。診療記録の開示請求を受けた医療機関が医療過誤を主張されるのではないかと態度を硬化させる場合があるので，これは相続のためだと明示するのがよいでしょう。被相続人の入通院の状況を把握していなくても，被相続人名義の診察券，健康保険組合や市町村などから送付される「医療費のお知らせ」などを見れば，受診の状況が把握できます。

　ある医療機関の診療記録の中に，他の医療機関での受診の状況が記載されている場合も多くあり，受診していた医療機関が芋づる式に判明することも少なくありません。

　受診していた医療機関の目星が全くつかないような場合は，健康保険組合などの保険者に利用履歴の開示請求をすることになります。

　近年はあまりありませんが，もし医療機関から記録開示に難色を示されるような場合は，厚生労働省が平成15年9月12日に通知した「診療情報の提供等に関する指針」というガイドラインが役立ちます。この指針の第9項「遺族に対する診療情報の提供」では，「医療従事者等は，患者が死亡した際には遅滞なく，遺族に対して，死亡に至るまでの診療経過，死亡原因等についての診療情報を提供しなければならない。」とされています。このガイドラインの存在と内容を医療機関に知らせた上で，開示されるよう交渉すべきです。

⑶　保存期間

　診療記録の保存期間は，医師法上は完結の日から5年間とされています（医師法24条2項）。電子カルテであれば，5年を過ぎても保存されている場合もあります。

3　介護保険サービス事業者の保有する記録

⑴　概　要

　ヘルパーや看護師の訪問，デイサービスへの通所や老人ホームへの入所などがある場合には，介護保険サービスを利用していたものと考えられます。これらのサービスを提供している事業者は，業務日誌や介護記録などと呼ばれるサービス提供記録を作成して，一定期間（少なくとも2年程度）保存しています。訪問看護の場合は，医師からの指示書もあります。

　また，いずれの場合でも，介護保険を利用するに当たっては，介護支援専門員（ケアマネジャー）が介護サービス計画書（いわゆる「ケアプラン」）を作成しています。ケアプランは，ケアマネジャーが，介護保険サービスを受けるために本人の状況を把握したものであり。本人の状況の変化に応じて定期的に見直しがされていますので，比較すると本人の状況の変化が把握できる場合があります。

(2)　**開示請求先**

　これらのサービス提供記録やケアプランは，介護保険サービスを提供する事業者が作成して保存しています。どの介護事業者やデイサービス事業者を利用していたかについては，ケアプランの控え等があればそこから分かりますし，居住市町村に認定調査票の開示請求をすることでも分かります。市町村などに提出している報告書であれば市町村役場から入手できる可能性もあります。

　なお，若干問題があります。介護事業者が「キーパーソン」の意向を忖度して，「キーパーソン」以外への開示に消極的になりがちであったり，「キーパーソンの意向を確認してから開示するか否か判断します」と主張する場合もあり，開示請求をすること自体がためらわれる場合があるのです。

　また，サービス提供記録自体が個人別に編成されておらず，他の入所者などに対するサービス内容と混在しているため抜粋作業をします，などと称して，一部が秘匿されてしまうリスクもあります。

　しかし，改ざんのリスクを主張して証拠保全の申立てをしても，「保全の必要性」を十分立証できずに，証拠保全が認められない可能性もあります。医療過誤の場合のカルテの証拠保全は，医師への損害賠償請求が被保全権利なので比較的容易に認められますが，介護事業者の場合は損害賠償請求の相手方ではないので，改ざんの可能性が定型的に低いと考えられているようです。

(3)　**訴訟における取扱い**

　訴訟において，遺言者の当時の状態を示す資料として，介護記録や看護記録等が証拠で提出されることがよくあります。これらには，遺言者の当時の具体的な言動が詳細に記録されていることがあり，遺言者の当時の状態をよ

く表す資料として有意義な証拠であることは確かです。しかし，医師が作成したものではありませんので，その記載だけをうのみにして訴訟に臨むことは危険です。

　裁判例においては，看護記録に「認知症軽度あり」との記載がされていても「正式な診断に基づくものか否かは判然としない」とされたケース（東京地判平成 27 年 8 月 31 日判例集未登載）や，「認知症に関しては，看護要約や転倒・転落アセスメントスコアシートに理解力や記憶力に問題があるかのような記載があるものの，いずれも医師が遺言者の理解力，記憶力及び判断能力を診察，診断したものではなく，このほかに，本件公正証書遺言作成に至るまでの間に，遺言者の理解力，記憶力及び判断能力に疑義を生じさせるような出来事は見当たらないことを踏まえれば，遺言者の理解力，記憶力及び判断能力に遺言をする上で支障が生じるような問題があったとはいえない。」としたものがあります（東京地判平成 30 年 1 月 18 日判例集未登載）。

　また，「転倒転落のリスクアセスメントスコアシートには，判断力，理解力，注意力等に問題がある旨の記載がある。しかし，これらは，飽くまで転倒転落を防止するための措置を講じるために，転倒転落の要因となる事由を点数化したものであり，特に医師の所見に基づいて記載されたものではなく，事故防止の観点から危険度を厳しめに評価することも十分に考えられることに照らせば，これらの記載から，直ちにその入院の時点でDの精神状態に看過し得ない程度の問題があったものと認め得るものではない。」との裁判例もあります（東京地判平成 30 年 2 月 26 日判例集未登載）。

　このように，介護記録や看護記録等は，医師が作成したものではないこと，また，必ずしも遺言能力の有無に注目して作成された書類でもないこと，からすれば，あくまで遺言能力を間接的に推認させる資料としての位置づけと評価されているものと思われます。例えば，東京地判平成 27 年 6 月 24 日判例集未登載（平成 25 年㈦第 21797 号）は，介護認定申請時の主治医意見書の記載などから遺言当時に遺言能力があったことを認定した上で，「看護記録にもこれに沿う記載があることは，上記のような同人の心身の状況に合致するものであると見ることができる。」としており，遺言能力の認定に際して看護記録の記載を補充的に取り扱っているものと考えられます。

【書式4　介護保険サービス事業者への資料開示依頼書面】

介護医療○○○○

ご担当　○○　○○　様

令和○年○月○日

〒○○○－○○○○　○○市○区○○丁目○番○号

○○法律事務所

TEL　○○－○○○○－○○○○

FAX　○○－○○○○－○○○○

弁　護　士　　○　○　○　○

事　務　連　絡

拝啓

　時下ますますご清祥のこととお慶び申し上げます。

　先日令和○年○月○日には，突然お伺いしたにもかかわらず，丁寧に対応していただきまして，誠にありがとうございました。

　また，先日は，丁寧に電話連絡を頂戴し，開示を求める書類についてご検討いただけるとの趣旨のご連絡を頂戴しましたので，遅ればせながら，本日ご連絡を差し上げる次第です。

　さて，当職は，○○○○氏から依頼を受けて，被相続人亡○○○○様の遺言について，無効を主張して訴訟を提起しようと考えており，被相続人亡○○○○様の意思能力に関する資料を収集しております。

　つきましては，貴施設において，被相続人亡○○○○様に関して作成された別紙一覧表記載の書面あるいは同趣旨にて作成された文書などをご開示賜りますようお願い申し上げます。

　なお，貴施設内において入所者に関して作成された文書・書面については，作成時点においては確かに個人情報保護法の対象となる【個人情報】に間違いありませんが，個人情報保護法が保護の対象とする【個人情報】とは，【生存する個人に関する情報であって，】と同法2条に定義

づけられておりますので，既にお亡くなりになった被相続人○○○○様に関する情報については，個人情報保護法は適用されません。

　ちなみに，厚生労働省が平成16年12月24日に発出した『医療・介護関係事業者による個人情報の適切な取扱いのためのガイドライン』における【本ガイドラインの趣旨，目的，基本的考え方】の第8項【遺族への診療情報の提供の取扱い】と題して，次のとおり指摘されております。すなわち，

　法は，OECD8原則の趣旨を踏まえ，生存する個人の情報を適用対象とし，個人情報の目的外利用や第三者提供に当たっては本人の同意を得ることを原則としており，死者の情報は原則として個人情報とならないことから，法及び本ガイドラインの対象とはならない。しかし，患者・利用者が死亡した際に，遺族から診療経過，診療情報や介護関係の諸記録について照会が行われた場合，医療・介護関係事業者は，患者・利用者本人の生前の意思，名誉等を十分に尊重しつつ，特段の配慮が求められる。このため，患者・利用者が死亡した際の遺族に対する診療情報の提供については，「診療情報の提供等に関する指針」（「診療情報の提供等に関する指針の策定について」（平成15年9月12日医政発第0912001号））の9において定められている取扱いに従って，医療・介護関係事業者は，同指針の規定により遺族に対して診療情報・介護関係の記録の提供を行うものとする。

　そして，厚生労働省医政局医事課が定めた【診療情報の提供等に関する指針】（平成15年9月12日発令平成22年9月17日改正）における第9項【遺族に対する診療情報の提供】には，次のとおり定められております。すなわち，

　○医療従事者等は，患者が死亡した際には遅滞なく，遺族に対して，死亡に至るまでの診療経過，死亡原因等についての診療情報を提供しなければならない。○遺族に対する診療情報の提供に当たっては，3，7の(1)，(3)及び(4)並びに8の定めを準用する。ただし，診療記録の開示を求め得る者の範囲は，患者の配偶者，子，父母及びこれに準ずる者（これらの者に法定代理人がいる場合の法定代理人を含む。）とする。○遺

族に対する診療情報の提供に当たっては，患者本人の生前の意思，名誉等を十分に尊重することが必要である。

　　上記診療情報などの開示対象者としては，【診療記録の開示を求め得る者の範囲は，患者の配偶者，子，父母及びこれに準ずる者（これらの者に法定代理人がいる場合の法定代理人を含む。）とする。】とされておりますが，被相続人亡○○○○様には，既に配偶者とも死別し，子もなく，父母も既に他界しておりましたので，これらの者はおらず，民法上の相続人資格者として，○○○○氏などの兄弟姉妹のみがいたという状態でした。

　　したがって，○○○○氏は，民法上の相続人資格者として，上記【指針】第9項における【遺族】というべき者に他なりません。

　　上記被相続人亡○○○○様の相続関係については，別紙相続関係図記載のとおりであり，これを立証し得る資料として，戸籍謄本類の写しを添付いたします。

　　以上の次第で，何とぞ，ご高配を賜りますようお願い申し上げます。

敬　具

【書式5　介護保険サービス事業者が保有する資料を入手するための証拠保全申立書】

証拠保全申立書

貼用印紙額　　　　金500円
予納郵券　　　　　金＿＿＿＿円　（執行官送達を予定）

当事者の表示　　　別紙当事者目録記載のとおり
申立の趣旨及び理由　別紙申立の趣旨及び理由記載のとおり

疎　明　方　法

1	疎甲第1号証の1〜11	戸籍全部事項証明書及び附票の全部証明書
2	疎甲第2号証	遺言公正証書（令和○年○月○日作成）
3	疎甲第3号証の1	開示決定通知書（○○病院事業管理者）
4	疎甲第3号証の2	○○病院内科外来診療録
5	疎甲第4号証の1	保有個人情報開示決定通知書
6	疎甲第4号証の2	○○市介護保険認定履歴
7	疎甲第4号証の3	令和○年○月○日申請認定情報及び主治医意見書
8	疎甲第4号証の4	令和○年○月○日申請認定情報及び主治医意見書
9	疎甲第4号証の5	令和○年○月○日申請認定情報及び主治医意見書
10	疎甲第5号証	イクセロンパッチ薬剤添付文書
11	疎甲第6号証	○○○クリニック診療録
12	疎甲第7号証	○○○○氏陳述書
13	疎甲第8号証	『○○○○○○』ホームページ
14	疎甲第9号証	○○県有料老人ホーム設置運営指導指針

付　属　書　類

1	疎明資料写し	各2通
2	訴訟委任状	1通
3	資格証明書	1通　（社会福祉法人○○○○）

○○地方裁判所○○支部　御中

　　令和○年○月○日

　　　　　　　申立人代理人

　　　　　　　　弁　護　士　　○　　　○　　　○　　　○

当 事 者 目 録

住　　所　〒○○○－○○○○　○県○市○○丁目○番○号

申立人　　○　　○　　○　　○

〒○○○－○○○○　○市○区○○丁目○番○号

○○法律事務所（送達場所）

TEL　（○○）○○○○－○○○○

FAX　（○○）○○○○－○○○○

申立人代理人　○　　○　　○　　○

住　　所　〒○○○－○○○○　○県○市○○丁目○番○号

相手方　　社会福祉法人○　　○　　○　　○

検 証 物 目 録

　○○○○（昭和○年○月○日生，令和○年○月○日死亡）の日常生活
（入居日から退去日まで）に関して作成された下記の資料

記

1．介護付き有料老人ホーム利用契約書等（以下は例示である。）

　① 利用申込（相談）受付票

　② 利用契約書及び管理規約

　③ 特定施設入居者生活介護重要事項説明書

　④ 居宅療養管理指導サービス契約書

　⑤ 居宅療養管理指導・契約書

2．介護記録 (以下は，例示である。)

  ① 利用者状況記録

  ② 介護計画（居宅サービス計画書及びその同意書を含む。）

  ③ 介護予防サービス実施報告書等

  ④ 業務日誌（特定施設入居者生活介護）

3．診療記録（看護記録を含む。）

4．行動記録（【苦情（相談）対応記録事故】【ひやりはっと報告書】を含む。）

5．緊急やむを得ない身体拘束に関する経過観察再検討記録

6．その他同人に関して作成された一切の資料

7．上記1～6の各書面の電磁的記録（更新履歴を含む。）

以　上

申　立　て　の　趣　旨

社会福祉法人○○が運営する○○県○○市○○丁目○番地所在の『○○』に臨み，『○○』保管にかかる別紙検証物目録記載の各物件について提示命令及び検証を求める。

申　立　て　の　理　由

1　証明すべき事実

令和○年○月○日に死亡した○○○○が，令和○年○月○日当時，居住していた高齢者向けマンション居室において遺言公正証書を作成しているが，この当時既に認知症が進行し，公正証書遺言をするに足りる意思能力（事理弁識能力）を有していなかった事実。

2　証拠保全の事由

(1)　当事者及び亡○○○○の遺言をめぐる紛争の存在とその経緯

ア　申立人は，別紙相続関係図記載のとおり，被相続人亡○○○○（以下単に「亡○○」という。）の兄であり，相手方は，亡○○の妹である（疎甲1）。

イ　亡○○は，令和○年○月○日に死亡したが，同年○月○日付け○○地方法務局所属公証人○○作成にかかる遺言公正証書（令和○年第○○号）には，亡○○が公正証書遺言をしたものとされており，亡○○の全財産を相手方に包括的に相続させる旨の遺言事項が記載されている（疎甲2）。

　　ちなみに，第1条2金融資産における【金融機関の表示】には，【○○銀行○○支店】や【○○銀行○○支店】が記載されているにもかかわらず，亡○○のメインバンクであり3億円を超える資産を預けている【○○銀行○○支店】が記載されていない。

ウ　しかるに，亡○○は，令和○年頃から同じことを何回も言ったり，忘れっぽくなっていたので，申立人の子である○○○○も心配をしていたものの，亡○○は医者嫌いであったため，なかなか受診する機会がなかったが，たまたま令和○年○月頃に足の浮腫みがあったので，これを機会に，令和○年○月○日から○県立○病院に通院するようになった。

エ　亡○○のカルテによれば，遅くとも令和○年○月○日にはアルツハイマー病の可能性が指摘されており（疎甲3の2の4丁），令和○年○月○日までは1か月に2回程度通院していたものの，それ以降通院しなくなったが，上記の間も，亡○○の認知症状は進行し，亡○○を介護していた○○○○に対して物盗られ妄想など被害妄想が強くなり，通院を拒否するようになったため，介護をしていた○○○○は，被害妄想を増幅させないため，相手方に介護などの世話を依頼した。

オ　亡○○については，令和○年○月○日に介護認定の申請が出されており，その審査の際の認定調査票（特記事項）（疎甲4の3の2枚目）によれば，令和○年○月○日の調査日現在で，既に【不眠や心不全，アルツハイマーの薬が出ているが，効かないと言って飲もうとしない】との記述が見られるが，○病院のカルテ（疎甲3の2の3〜11

丁）においては，令和○年○月○日までは認知症薬が投与されておらず，テトラミド錠（抗うつ薬）が処方されていたにすぎない。

　もっとも，【記憶力低下あり薬の管理ができない，朝夜の理解ができない等】との記載もある（疎甲４の３の２枚目最下行）。

　令和○年○月○日付けの主治医意見書（○○○○医師作成）によれば，診断名として【アルツハイマー型認知症】と明記されているものの，【うつ】も併記されており，【その他の精神・神経症状】の欄には【有】にチェックされ，症状名として【うつ】と記載され，心療内科の受診も【有】とされていた。

　更に【特記すべき事項】の欄には，MMSE22点とされているものの，知能レベルが高い方のため，能力低下もあるが反映されていないなどと指摘されている（疎甲４の３の４枚目）。

カ　しかし，その後も亡○○の認知症状が進行していたので，心配した○○などが相手方の子である○○○○に対し，亡○○に後見人を就けるように提案しており，更に，令和○年夏頃からは，亡○○のメインバンクであった○○銀行○○支店の支店長からも，亡○○について成年後見人を付けてほしいとの要請がなされていたが，後見開始申立てはなされていない。

　ちなみに，相手方の子である○○○○は，令和○年○月○日，○○県立○○病院を訪問し，神経内科主治医○○○○医師に面談し，○○家庭裁判所所定の【鑑定についてのおたずね】（疎甲３の２の20丁）及び【診断書（成年後見用）】（疎甲３の２の21丁）を持参して○○医師に診断書作成などを求めた。○○医師は，鑑定については引き受けなかったが，診断書作成については引き受け，一旦は【自己の財産を管理・処分することができない（後見開始相当）】としたものの，どういうわけか，【自己の財産を管理・処分するためには，常に援助が必要である（保佐開始相当）】に変更しており，訂正印を押捺している。

　しかしながら，診断書の『診断名』には【アルツハイマー型認知症】と明記されており，『所見』欄には【令和○年頃より物忘れの悪

56

化，物盗られ妄想あり，抑うつ気分を伴い，心療内科，神経内科を受診，上記と判断。令和○年○月症状の進行あり，再診』と記載されており，さらに，『精神の状態』欄の各項目にチェックされた内容などを細かく見ると，次のとおりとされている（疎甲3の2の21丁）。

　　　　記　憶　力　　自己の年齢　→　回答不可

　　　　見　当　識　　日時・場所　→　回答不可

　　　　計　算　力　　簡単な計算を間違える

　　　　理解・判断力　合理的判断・理解の低下，妄想を伴う

　　　　知能検査等　　<u>MMSE15点</u>

　また，『回復の可能性』の欄には【ない】と明記されており，【判定の根拠（検査所見・説明）】の欄には，【著しい出来事の記憶障害，合理的な判断理解の障害あり，疾患の特徴から今後の回復が見込めず，次第に進行することが予想される】と記載されており，『画像診断の結果』の欄には【脳萎縮（側頭葉内側面），後部帯状回の血流低下】と記載されていた。

　上記診断書全体の記載内容からすれば，【自己の財産を管理・処分することができない（後見開始相当）】へのチェックが相当と思料されるが，なぜにチェックを訂正したのか，不可解である。

　しかも，相手方の子である○○○○は，上記【保佐開始相当】の【診断書（成年後見用）】を入手しながら，保佐開始申立てすらしていない。

キ　若干日時を遡るが，亡○○は，令和○年○月○日に再び通院し，同日以降は，アルツハイマー型認知症治療薬である<u>イクセロンパッチ</u>（疎甲5）が処方されるようになった（疎甲3の2の12丁）。

　アルツハイマー型認知症治療薬であるイクセロンパッチは，その含有量によりいろいろな段階のある薬剤であるが，亡○○には，次のとおり，処方される薬剤の分量が徐々に増量され，<u>令和○年○月○日には，最大分量の薬剤が処方される</u>ようになった（疎甲3の2の13丁）。

　　令和○年○月○日　　イクセロンパッチ4.5mg　　28枚

　　令和○年○月○日　　イクセロンパッチ4.5mg　　14枚

同　　上	イクセロンパッチ 9 mg	14 枚
令和○年○月○日	イクセロンパッチ 9 mg	14 枚
同　　上	イクセロンパッチ 13.5mg	28 枚
令和○年○月○日	イクセロンパッチ 18mg	35 枚
令和○年○月○日	イクセロンパッチ 18mg	35 枚

ク　令和○年○月○日に介護認定を申請しており，判定の結果は，令和
　○年○月○日申請の際と同様に【要介護１】の判定であったが（疎甲
　４の２），その際の認定情報（疎甲４の４の１枚目）によれば，認知
　機能の欄のうち【短期記憶】も【今の季節を理解すること】も【でき
　ない】とされている。【短期記憶】とは，20秒〜30秒程度（長くて
　も５分程度）の極めて短期間の記憶保持のことである。それができな
　いということは，20秒前〜30秒（長くても５分程度）前に聞いた単
　語を全く覚えていないということである。

　　さらに，精神・行動障害の欄には，【被害的】【作話】【感情が不安
　定】【同じ話をする】【ひどい物忘れ】【話がまとまらない】という状
　態があると指摘されており，その認定調査票（特記事項）（疎甲４の
　４の２枚目）によれば，【○年○月○日，隣人に毒を盛られた，狙わ
　れていると警察に行く。警察→高齢介護課→包括支援センターに回っ
　てきた。親族４人，包括スタッフ，担当のケアマネ同席での調査】と
　記載されており，更に，中ほどには【「早く死にたい」「結婚してから
　も男みたいに頑張ってきた」「隣人が宝石をとって帰る」「勝手に鍵を
　開けて入ってくる」「毒を盛られた」「狙われている」と，とりつかれ
　たように，繰り返す】などと記載されており，主治医意見書の「特記
　すべき事項」（疎甲４の４の４枚目）には，【独居，病識を欠いており，
　物盗られ妄想を伴う，身の回りの ADL 障害進行，認知機能の低下著
　しく（MMSE22点（令和○年）→ 17点（令和○年）至急の対応が必
　要です】と記載されている。

ケ　令和○年○月○日には，○○県立○○病院から○○クリニックへの
　診療情報提供書（疎甲３の２の18丁）が作成され施設入所も視野に
　入れて転医することを勧められ，令和○年○月○日に○○クリニック

へ診察を受けに行っており（疎甲６），上記同日，亡○○は，自己の氏名は署名できたが，【93－7＝？】の計算ができなかった。しかも【遅延再生ゼロ】と記載されている。直後再生とは，単語を10個言い終わってすぐに再生を始めてもらうことを意味し，遅延再生とは，10個の単語を言い終わった後，30秒程度間を置いて，その30秒間に計算など異なる作業をしてから再生をさせることを意味する。【遅延再生ゼロ】ということは，30秒前に聞いた事項を全く覚えていないということである。氏名の横に【秋】と記載されているのは，○○医師が亡○○に対して，今の季節を尋ねたところ，真夏にもかかわらず【秋】と回答したことを意味している。なお，上記同日イクセロンパッチを処方されている（疎甲６の１枚目）。

その後，令和○年○月○日，同年○月○日，同月○日に○○クリニックを受診しており，それぞれ【do28】と記載されているから，令和○年○月○日と同じくイクセロンパッチの処方を受けているが（疎甲６の２の３枚目），その後令和○年○月○日まで○か月以上も受診していない（疎甲６の４枚目）。

その間なぜ受診しなかったのか，不可解ではあるが，受診を再開した令和○年○月○日のカルテには，【薬を飲んでいなかった】【症状が進みました】と記載されているものの，これは介護者としての本件相手方の説明をカルテに書き留めたものであろう。ちなみに，【鍵は分かる】【エンピツの使い方は示せて】と記載されているが，これは○○医師が亡○○に試したものであろう。令和○月○月○日には，イクセロンパッチの処方を再開している（疎甲６の４枚目）。

コ　上記の間に，おそらく令和○年○月末か○月頃に，社会福祉法人○○が運営する介護付き有料老人ホームである『○○』に入居したが，申立人及び○○○○が『○○』に訪問した折に，『○○』の担当者から聞いた話では，亡○○が【他の人の食事を取ったりケンカするので，やむなく部屋で食事をさせている】とか，【オムツを外して下半身を出したまま廊下をうろついていた】とか，【デイサービスの送迎バスに乗り降りするときも暴れて大変だった】などと聞いている（疎甲７

の6頁14項)。

　また，○○○○自身は，亡○○が『○○』の自室の窓から一緒に外を眺めている時に，【前にマンションあってんけど，上からズーッとバーッと崩れてきてなくなった】と発言していたのを聞いている（疎甲7の6頁16項)。

　そのような状態にある令和○年○月○日，○○地方法務局公証人○○○○が『○○』に出張して，亡○○に関する遺言公正証書を作成したのである（疎甲2)。この遺言公正証書は，例えば【遺言者の一切の財産を○○○○に相続させる】というような，10秒以内で読み終えることができるような内容ではなく，「不動産及び借地権明細」を除外した本文の第1条から第6条までを読み聞かせるだけでも5分以上を要する長文であって，【短期記憶】ができない者には，読み聞かせ自体が無意味である。まして，民法969条2号所定の【口授】など不可能である（最高裁昭和51年1月16日家裁月報28巻7号25頁，最高裁昭和43年12月20日民集22巻13号3017頁参照)。

サ　そして，上記コのような状態のため，『○○』では，亡○○の介護に手を焼き，手に負えない状態となったため，令和○年○月頃には，特別養護老人ホーム【○○】へ転居することとなった。

　その転居の直前であろうか，令和○年○月○日に介護認定の認定替えの申請をしており，その認定情報（疎甲4の5の1枚目）によれば，生活機能が著しくレベルダウンしており認知機能についても，【意思の伝達】は【時々できる】と記載されているものの，【毎日の日課を理解】や【短期記憶】【今の季節を理解】【場所の理解】等は【できない】，【徘徊】【外出しても戻れない】ということがあり，【社会生活への適応】に関しても，【薬の内服】【金銭の管理】【買物】【簡単な調理】などについては【全介助】を要する状態であり，【日常の意思決定】も【困難】とされている。しかも，【主治医意見書項目】の欄には，【日常の意思決定を行うための認知能力】については，【判断できない】と明記されており，【自分の意思の伝達能力】についても【具体的要求に限られる】と指摘されている（疎甲4の5の1枚目)。

シ　さらに，令和○年○月○日調査の認定調査票（特記事項）（疎甲4
　　の5の2枚目）の冒頭には，【高齢者住宅入居継続困難で，○月から
　　ショートステイを利用している。今後施設検討している】と記載され
　　ており，身体機能・起居動作に関する【麻痺等の有無】について調査
　　担当者が何かを指示するも【指示通らず，歩き続けるため確認動作で
　　きず，職員に聴き取り】と指摘されている。つまり，要介護度認定調
　　査のために，身体の麻痺等の有無を調査する必要があり，その調査の
　　ために調査担当者が亡○○に対して何かを指示しても，全く無視して
　　歩き続け，調査できなかったことを意味している。

　　　生活機能の2移動については，【徘徊はあるが目的のある移動はで
　　きないので，トイレ・食堂・入浴等，手引きで誘導している】とのこ
　　とであり，【7口腔清潔，8洗顔，9整髪】などについては，【指示通
　　じず，職員が全て行っている】とのことであり，認知機能のうち【1
　　意思の伝達】については，【認知症により口数が少なくなっており，
　　簡単な受け答えをするが，複雑な会話は難しい】と指摘されており，
　　生年月日については正答するも，自らの年齢を60歳と誤答しており，
　　自分の名前についても【姓を言うと名を答える】が，今の季節や場所
　　について質問すると答えられない状態であり，社会生活への適応につ
　　いては，薬の内服については職員が口の中に入れ，服用の確認をして
　　おり，金銭の管理については妹が全て管理しており，日常の意思決定
　　ですら，【日常の習慣的な判断も困難で支援を要する】と指摘されて
　　いる。

ス　令和○年○月○日付け主治医意見書（医師○○○○作成）（疎甲4
　　の5の3枚目）によれば，【1傷病に関する意見】の中の【(2)症状と
　　しての安定性】の部分には，【ヘルパー，デイサービス職員に対し，
　　暴言，つかみかかる】と記載され，さらに【(3)生活機能の低下の直接
　　の原因となっている傷病又は特定疾病の経過及び投薬内容を含む治療
　　内容】の欄には，【物忘れが目立つようになり，令和○年○月○○病
　　院を受診，アルツハイマー型認知症と診断され服薬していたが中断，
　　令和○年○月同病院を再受診して通院・服薬していた。令和○年○月

61

○○クリニックに転院，服薬していたが中断，令和○年○月より再び通院・服薬している。症状は進行し令和○年○月サービス付き高齢者住宅に入居したがトイレの失敗，更衣できない，夜間・早朝に徘徊，さらに日中にも徘徊し他の入居者とのトラブルとなり，○月初めよりショートステイを利用している】と記載されている。

【3 心身の状態に関する意見】の【(2)認知症の中核症状】における【日常の意思決定を行うための認知能力】については【判断できない】とされており，【自分の意思の伝達能力】についても【具体的要求に限られる】とされている。

そして，【3 心身の状態に関する意見】の【(3)認知症の周辺症状】については，【幻視・幻聴】【妄想】【昼夜逆転】【暴言】【介護への抵抗】【徘徊】【性的問題行動】などについて【有】にチェックされている。

もう一つ留意しておくべき点は，【3 心身の状態に関する意見】の【(4)その他の精神・神経症状】の欄には，【無】にチェックされている点である。すなわち，入院あるいは施設入所者，特に高齢者については，一時的な【意識障害】【運動麻痺】【言語障害】【嚥下障害】などの様々な機能障害を呈する場合があり，特に【せん妄】症状を発症することが多いが，亡○○の上記【認知症の中核症状】や【認知症の周辺症状】は，一時的な【せん妄】など，【その他の精神・神経症状】による症状ではないと明記されているといえるのである。

上記主治医意見書（疎甲4の5の3枚目）を作成したのは，○○クリニックの○○○○医師であり，令和○年○月○日から令和○年○月○日まで，継続的に亡○○を診察していた主治医であって，極めて一時的な手術を担当する外科医の意見ではなく，継続的に亡○○の症状を観察してきた【心療内科・精神科・物忘れ相談】の専門医であって精神保健指定医である点に，留意すべきである。精神保健及び精神障害者福祉に関する法律上の入院において，これらの判定を独占的に行える者とされたのが，精神保健指定医である。心療内科あるいは神経内科の医師ではないのである。

セ　そして亡○○は，真夜中，特別養護老人ホーム【○○】の施設内で
　　転倒し大腿骨を骨折し，病院に搬送され，人口関節の手術を受けたも
　　のの，他の疾病も重なり多臓器不全により，令和○年○月○日に死亡
　　した。

ソ　亡○○の葬儀の際，親族の○○○○が相手方及びその子である○○
　　○○に対して，亡○○の遺言書の有無を尋ねたところ，二人とも知ら
　　ないと回答していた（疎甲7の7頁）。

タ　しかし，○○○○の調査により，亡○○名義の遺言公正証書の存在
　　が判明したので，亡○○の四十九日法要の際に○○○○が相手方の子
　　○○○○に対して，【○○さんが作ったのではないか】と尋ねたとこ
　　ろ，【途中まで書いたが，最後どうなったのか知らない】と回答した
　　（疎甲7の7頁）。

チ　亡○○の四十九日法要の席で，親族○○○○が相手方に遺言公正証
　　書のことを尋ねると，相手方は，次のとおり発言した（疎甲7の7
　　頁）。
　　　　「○ちゃんは全部○○○○さんにって言ってくれたから。」
　　　　「私は何も悪い事はしてない。」
　　　　「○ちゃんがしてくれたことで，（公正証書のことは）知らな
　　　　い。」

ツ　令和○年○月○日に，相手方から申立人に対して，電話があり，そ
　　の中で相手方は，次のとおりの発言をしていた（疎甲7の8頁）。
　　　　「一人占めする気はない。」
　　　　「半分なら分けてもいい。」
　　　　「従兄弟には分けたくない。」
　　　　「○○に全部任せているから。」

テ　令和○年○月○日頃に，○○○○が相手方宅に訪問の際に，相手方
　　は，次のとおり発言した（疎甲7の9頁）。
　　　　「相続のことは，私の一存では決められない。」
　　　　「姉の気持ちがあるから。」
　　　　「私は何も分からない。○○に任せてある。」

ト　令和○年○月○日親族会議をした際には，親族一同，相手方の功績
　　を認めつつ尊重し，相手方が財産を多く取ることに同意し，不動産以
　　外の金融資産を法定相続分において分配するように相手方の子である
　　○○○○に依頼したところ，「母にそのことを話します。」と発言した
　　（疎甲7の9頁）。

ナ　令和○年○月○日午後，○○○○が○○○○に電話し，現金などを
　　法定相続人○名で分配することを依頼するとともに，親族全員一致で
　　決めた事項として，相手方には，亡○○の家を含め全ての不動産を引
　　き継いで取ってほしいという趣旨も伝えたところ，○○○○は，【こ
　　こまで決めてくれたなら，すぐ母に伝えます】と発言したものの（疎
　　甲7の9頁），その直後の電話での話合いにおいては，○○○○は，
　　「遺言執行は粛々と進んでいく，誰が何と言っても，何をしても止め
　　ることはできない。」「財産目録ができておらず手元にないので何とも
　　言えないです。」「財産目録ができるのを待ち，連絡を待つしかない。」
　　と発言した（疎甲7の10頁）。

ニ　しかるに，その後，相手方からも○○○○からも申立人らに対して，
　　何ら連絡がない状態であったため，申立人らは，亡○○の令和○年○
　　月○日における意思能力の有無を調査し，種々の資料を収集したとこ
　　ろ，本書に疎明資料として添付した疎甲第3，4，6号証を入手でき
　　た。

ヌ　上記入手資料の記載内容を検討したところ，亡○○については，令
　　和○年○月○日〜○日の時点において，前記ク記載のとおり，短期記
　　憶ができず【独居，病識を欠いており，物盗られ妄想を伴う，身の回
　　りのADL障害進行，認知機能の低下著しく（MMSE22点（令和○
　　年）→17点（令和○年）至急の対応が必要です】という状態であり，
　　令和○年○月○日時点でも前記ケのとおり【短期記憶】の【遅延再生
　　ゼロ】の状態であって，他方，令和○年○月○日〜○日の時点におい
　　ては，前記サ・シ・スに記載したとおりであって，到底意思能力があ
　　るとはいえない状態であった。

ネ　しかし，亡○○名義の遺言公正証書が作成された令和○年○月○日

の直前の亡○○の意思能力の状態については，資料が不足している状態である。

　それは，令和○年○月末か○月頃に入所した社会福祉法人○○が運営する介護付き有料老人ホームである『○○』における介護日誌その他亡○○について作成された資料を入手できていないからである。

(2)　保全の必要性

ア　意思無能力を理由として遺言無効確認請求訴訟をする際には，遺言者が遺言をした当時に意思能力を有しなかったことを主張立証する必要があるが，その立証の有力な資料としては，遺言書作成の直前における医療記録・介護記録・業務日誌など，第三者が遺言者の様子を観察して記録したものがある。

イ　本件においては，遺言者とされる亡○○は，令和○年○月○日には○○クリニックを受診しているが，その次に受診したのは令和○年○月○日であって，遺言公正証書作成日とされる令和○年○月○日の直前には，従前受診していたどの医療機関でも受診しておらず，直前の医療記録はない。

ウ　しかるに，遺言公正証書作成直前には，亡○○は，社会福祉法人○○が運営する介護付き有料老人ホームである『○○』に入所していたのであるから，同施設には，亡○○の介護に関する記録のみならず日常生活に関する種々の記録が保存されている可能性があり，しかも，『○○』には，提携・協力医療機関として【○○クリニック】があり（疎甲8の12丁），これに所属する医師の訪問診療や訪問看護も実施しており，それらの訪問診療や訪問看護に関する記録を保存している可能性もある。

エ　ちなみに，○○県有料老人ホーム設置運営指導指針（疎甲9）によれば，有料老人ホームにおいては，【健康管理】【治療への協力】【介護（介護付き有料老人ホームのみ)】【食事】【生活相談，助言】【生活援助（選択，掃除等の家事援助を含む。)】【レクリエーション】【機能回復訓練】などのサービスを提供することとされており（疎甲9第7

章1），老人福祉法29条4項の規定を遵守し，費用の受領の記録，提供したサービスの内容，提供したサービスに係る苦情に関する記録等の事項については，帳簿を作成し，条例の規定に準じ5年間保存することとされている（疎甲9第7章5）。

さらに，やむを得ず入居者に対して身体拘束等を行う場合には，その態様及び時間，その際の入居者の心身の状況並びに緊急やむを得ない理由を記録しなければならないものとされている（疎甲9第7章8）。

オ　ところが，亡○○が『○○』に入所した後，亡○○の兄である申立人及びその子○○○○が『○○』に面会に行くと，すぐには亡○○の部屋へは通してもらえず，『○○』の担当者が本件相手方に電話連絡し，本件相手方の許可があれば面会できるという方式とされていた。『○○』の担当者の話によると，「来訪者があれば，必ず○○○○さんに確認するよう言われていますので。」とのことであった（疎甲7の5頁第12項，11頁〜12頁）。

カ　しかも，亡○○死後ではあるが，○○○○が亡○○宅のセキュリティ会社に対して，亡○○宅への過去の出動記録の情報開示を依頼した際，当初担当者は2週間程度で開示できる旨回答していたが，その数日後，担当者から○○○○に対して，相続する人にしか開示できないとの理由で，開示を拒否されたことがあった（疎甲7の12頁2項）。

キ　上記のごとき事情に鑑みれば，医師法24条により厳格に診療記録（看護記録を含む。）の作成保存義務が定められている医療機関とは異なり，民間の有料老人ホームの場合には，相続人資格者が任意に各種のサービス提供記録等の開示を求めても，任意に開示しない可能性があるばかりか，利用契約書などに署名押印した身元保証人等である本件相手方からの指示により，各種サービス提供記録等を改ざんする可能性すらあり得るところである。

3　よって，申立人は，そのような事態を未然に防止するため，本件申立てに及んだ次第である。

以　上

4　認定調査票（巻末資料1～4参照）

(1)　介護認定の仕組みと認定調査票

　65歳になると介護保険の加入者であることを証明する介護保険被保険者証が発行されますが，この介護保険被保険者証があったからといって介護保険サービスを受けられるわけではありません。介護保険サービスを利用するには，要介護認定を受ける必要があります。

　要介護認定の判定は，介護認定を求める本人から市町村に申し込みます。その申込みを受けて，市町村の担当者が聴き取り調査したり，主治医の意見書を見て，介護認定審査会が要介護度を判定する，という流れで要介護度の判定が行われます。要介護度は，要支援1・2及び要介護1～5の7段階です。要支援1は最も自立（非該当）に近い状態，要介護5は最も介護が必要な状態です。

　この，要介護度の判断に当たって調査される際に作成されるものが認定調査票です。

(2)　認定調査票の作成頻度

　介護認定には有効期間があり，自動的には更新されません。有効期間は人によって違いますが，上限は最大36か月です（2021年には最大48か月となります。介護保険法28条1項，要介護認定に係る法令9条）。一般的には有効期間が満了する前に更新の審査をする必要がありますが，その際にも認定調査票は作られます。また，有効期間の途中であっても被認定者の状況に変化があった場合には，認定の区分変更を申請することができ，その際にも認定調査票が作られます。

　このため，最初の介護認定から一定の期間が経過していれば，同一人物についての，時期が異なる認定調査票が複数存在する場合があります。それらを比較すると本人の状況の変化が把握できる可能性があります。

　なお，途中で転居している場合などには，認定を行う市町村が複数に及んでいる場合がありますが，介護保険法13条の住所地特例が適用され，施設

の所在地の市区町村とは限りません。

(3) 認定調査票の記載内容

　認定調査票には，現在受けているサービスの内容とその頻度，利用施設が書かれているほか，本人の心身の具体的状況として，歩行できるか，寝返りを打てるか，視力や聴力はどうか，食事やトイレに介助が必要か，などといった運動機能の点に関する項目や，意思の伝達がどれくらいできるか，自分の名前や年齢を言えるか，短期記憶はどうか，物を盗られたなどと被害的になることがあるか，場所や季節が分かっているか，などといった精神状態に関する項目などがあります。

(4) 訴訟における取扱い

　訴訟においても，双方当事者から認定調査票が証拠として提出され，要介護度をもって遺言能力の有無を評価しようと主張されることがあります。上述のとおり，認定調査票は，適正な介護認定のために市町村が作成するものであり，遺言者の心身の能力を一定程度客観的に評価したものといえますから，遺言能力の判断において重要な証拠であることは間違いありません。

　しかしながら，裁判例には，「介護保険被保険者証には「要介護4」との記載があるが，証拠によれば，Cは，平成21年1月15日当時，疾患名として，「不眠症，逆流性食道炎，骨盤骨折後腰痛症，骨粗鬆症，胃潰瘍，慢性動脈閉塞，慢性心不全」など多数の身体疾患を抱え，入院のため筋力も低下していると指摘されていたことが認められるところ，一般に要介護の認定は介護を要する時間の長さによって判定されるのであるから，上記のような多数の身体疾患を抱えた状態で要介護4の認定を受けたからといってそのことから直ちに認知症が進行しているということはできない。」と判示したものがあります（東京地判平成26年5月27日判例集未登載）。

　また，「介護認定調査は，Dの意思能力や遺言能力の存否を判断するという観点から行われたものではなく，飽くまで，介護保険によって利用し得るサービスや給付額を決定するという目的で，対象者や親族からの聞き取りを中心として行われたものであり，調査担当者による聞き取りの際，対象者やその親族が，利用し得るサービスの範囲や給付額を拡大させるために，心身の状態について実際よりも誇張して回答するという可能性も存するところで

ある。そして，被告本人尋問の結果等によれば本件においても，利用し得る
サービスの範囲等を拡大させるために，Dの心身の状況が実際よりも誇張さ
れて回答されたことがうかがわれ，かえって，前記認定の事実によれば，上
記調査票には，調査対象者が意思を他者に伝達できる旨，目的もなく動き回
ることがない旨，1人で外に出たがり目が離せないことがない旨が記載され，
日常生活に支障を来たすような症状・行動や意思疎通の困難さについては，
ときどき見られるという評価がされているにすぎないところである。これら
の事情に照らせば，Dがその後同月30日に要介護4の認定を受けたことを
勘案しても，上記調査票の記載から，直ちにその調査の時点でDの精神状態
に常時看過し得ない程度の問題があったものと認め得るものではない。」と
判示したものもあります（東京地判平成30年2月26日判例集未登載）。

　以上のとおり，介護認定調査は，遺言者の心身の能力を一定程度客観的に
評価したものではありますが，あくまで介護保険サービスの利用の要否やそ
の程度を判定するために行われるものであり，意思能力や遺言能力の存否を
判断する観点から行われたものではありません。認定調査票は，遺言能力の
有無を認定する有力な資料ではあるものの，その記載から一義的に遺言能力
の有無を決するものではないと考えられます。特に，多数の身体疾患を抱え
ているケースでは，より慎重に判断する必要があります。

5　後見開始申立書添付の成年後見用診断書など

　遺言書作成後に後見申立てがされていたような場合は後見開始申立書添付
の成年後見用診断書あるいは申立後の精神鑑定の鑑定書，他には遺言者自身
の日記，担当医師の供述，証人等の遺言書作成に関与した者の供述，同居者
の供述などが考えられます。徘徊していたような場合は，警察の調書や福祉
関係のケースワーカーの供述も考えられます。なお，成年後見用診断書にお
ける本人の財産管理能力については，本人保護（生存中の財産確保）の観点が
重視されており，遺言能力を検討する際の財産管理能力（自身の保有財産総額
と誰にどの程度取得させるかを判断するに足りる能力）とは，趣旨も内容も異なる
ので，成年後見用診断書において「財産管理能力なし」と記載されていたか
らといって，その診断時点においてすら遺言能力なしと断言できるわけでは

ありません。

6　遺産の評価額に関する資料

　相談時に，今後考えられる流れやどの程度の時間が見込まれるかを説明するだけでなく，弁護士費用についても，相談者の重要な関心事ですから，できる限り説明しておきたいところです。もちろん，経済的利益の算出に必要な遺産の評価額に関する資料がそろわなければ即座に答えることは難しいですが，被相続人の自宅住所が判明していれば，少なくとも不動産の評価額から弁護士費用の最低見込額を示せるのではないでしょうか。

　固定資産税の納税通知書を持参されている場合，地番が記載されていますので，「登記情報提供サービス」を利用して直ちに登記情報を取得することができます。これは，一般財団法人民事法務協会が，登記所が保有する登記情報を，インターネット上で確認できる有料サービスです。PDF 形式でダウンロードすることも可能です。1 件当たり 334 円をクレジットカード決済することで直ちに登記情報を確認することができます。

　自宅住所の地番が直ちに分からない場合であっても，上記の「登記情報提供サービス」の Web サイトにある地番検索サービスが利用できるほか，管轄法務局に電話で問い合わせるとその場で教えてもらえますし，自治体Web サイトで公開されている地積地番参考図からも地番を確認することができます。

　登記情報を確認することで，名義や持分割合，土地の面積や建物の築年数などを把握することができます。

　固定資産税の納税通知書には固定資産税評価額が記載されています。固定資産税評価額は，公示価格の 7 割程度とされています。

　固定資産税評価額が直ちに分からない場合であっても，土地については国税庁 Web サイトで公開されている路線価図から大まかな評価額を計算することができます。具体的には，路線価図にある 1 m^2 単価（千円単位）に敷地面積をかけて相続税評価額（一般的に「路線価」と呼ばれます。）を算出します。このように算出した路線価は公示価格の 8 割程度とされています。

　もっとも，路線価は，都市部などの主要な道路に定められていることがほ

とんどですので，過疎地域では路線価が定められていない土地が多くありま
す。この場合，「倍率方式」により土地の相続税評価額を算出します。具体
的には，国税庁 Web サイトで公開されている評価倍率表に記載されている
該当地区の倍率に固定資産税評価額をかけます。

　遺産の評価額の概算を早期に把握することは，一見すると遺言能力の有無
と関係なさそうですが，弁護士費用の最低見込額を相談者に示すことができ
るだけでなく，相続税申告の要否やこれに伴う今後の戦略にも関係してきま
すので，初回相談時に行うべきことの一つです。

■路線価図（見本）

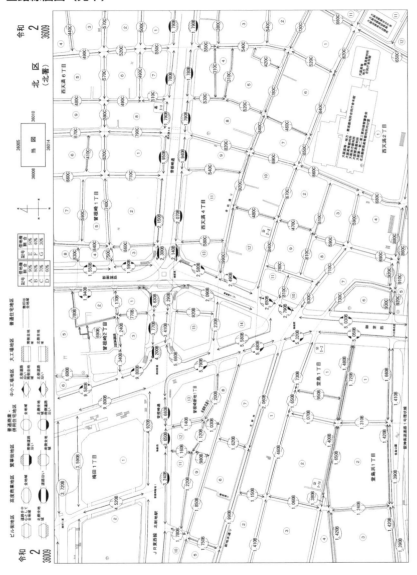

72

コラム〜遺産に関する資料収集〜

　被相続人の自宅住所から，自宅不動産の評価額（概算）を把握する方法についてお伝えしましたが，そもそも遺産の手掛かりはどのように調べればよいのでしょうか。

1）預貯金

　通帳やキャッシュカードから銀行名や支店が分かります。銀行で全店検索をしてもらえば，他の支店に口座があるかどうか，銀行を窓口とした投資信託があるかどうかを教えてもらえます。

　通帳やキャッシュカードがない場合も，郵便物や粗品から銀行のあたりを付けられます。

　このような手掛かりがなければ，口座のありそうな銀行に問い合わせるしかありません。被相続人の生活圏内に窓口のある都市銀行とゆうちょ銀行，高齢者や地方在住なら農協あたりまで問い合わせることが考えられます。以前の勤務先や転居前の住所の周辺なども調査対象にします。

2）不動産

　固定資産税の納税通知書以外にも，権利証や登記識別情報があれば不動産所在地が分かります。

　それらがない場合であっても，銀行の取引履歴や通帳で，固定資産税が口座振替されていることが確認されれば，不動産があると考えられる市区町村で固定資産課税台帳（名寄帳と呼ばれることがあります。）を閲覧することで，不動産所在地が判明する場合があります。

3）有価証券

　証券会社からの郵便物があれば，その証券会社に照会を行います。証券会社が分からない場合，証券保管振替機構（ほふり）で，横断的に口座の開設先を確認することができます。

第2章　資料の検討

A 「遺言能力に関する資料がそろったようですね。」

B 「はい。認定調査に関する資料，介護付き有料老人ホームOのサービス
　提供記録，O入所中に入通院していた病院Kのカルテ，亡くなったXさん
　がYさんに宛てて出した年賀状，Xさんの写真です。そろうのにけっこう
　時間がかかるものですね。」

A 「認定調査に関する資料は自治体によっては開示に1か月かかることも
　ありますからね。」

B 「とはいえ，Yさんは相続が発生して比較的早期の段階で相談に来られ
　たし，こちらの指示どおりに資料を収集していただいたので，じっくり資
　料を検討できます。」

A 「そんなに時間をかけて検討していられるでしょうか。Xさんの場合は
　相続税の申告納税が必要になるケースでしょう。資料を検討してみて遺言
　能力を争えそうにない場合，遺留分侵害額についてZさんと交渉すること
　になりますが，その交渉で10か月の相続税申告期間というのは交渉材料
　になりますよ。」

B 「相続税申告期限までに遺留分侵害額の交渉をまとめるのであれば悠長
　なことは言っていられないということですね。」

A 「そうですね。いずれにせよこういう資料の類は，後で検討しようと
　思っているうちにどんどん時間が経過してしまうものだから，さっそく検
　討にとりかかりましょう。」

B 「Oのサービス提供記録とKのカルテについては，10年前にOに入所し

た当時からの分がそろっていますが，認定調査票は5年以上前の分は廃棄されたようです。」

A 「これらの書類は法律上保存期間が定められていて，独自に長めの保存期間を設けているところもありますが要注意です。遺言書作成日によっては遺言能力に関する証拠がほとんど廃棄されていたというケースもあるでしょう。本ケースは，遺言書を作成したのが亡くなる3年前だから，遺言書作成時点の遺言能力を検討する材料としては問題なさそうです。」

【時系列】
- 平成21年：後妻死亡
- 平成22年：介護付き有料老人ホームＯ入所，提携病院Ｋクリニックに通院（整形外科）
- 平成27年：中等度のアルツハイマー型認知症と診断（Ｋクリニックの神経内科）
- 平成29年：本件遺言書作成（「全財産をＺに相続させる」）
- 令和2年9月：Ｘ死亡

A 「何か分かりましたか。」

B 「え〜っと，Ｏ入所時の事前面談記録によると，亡くなったＸさんは入所時要介護2でした。それまでも脚が悪くて要介護1でしたが，転倒したことをきっかけに一層歩行困難となり要介護2になり，独居で自宅内転倒のおそれがあったこともありＯ入所に至ったようです。」

A 「Ｏ入所当時はＹさんも言っていたように遺言能力に問題があったような形跡はありませんね。」

B 「はい。ですが，Ｋクリニックのカルテを見ますと，亡くなる5年前から整形外科のほかに神経内科にも通院していたことが分かります。」

A 「5年前にMRI検査やHDS-R等をして中等度のアルツハイマー型認知症と診断がついたようですね。」

B 「アルツハイマー型認知症は，不可逆性の進行していく認知症ですから，亡くなる3年前の遺言書は遺言能力が認められない公算が高そうですね。」

A 「それはどうでしょうか。進行スピードは個人差があります。そもそも認知症と診断されているだけで遺言能力が否定されるものではありません。通説によると遺言能力とは意思能力と同じといわれていて，裁判実務では，遺言能力の判断を諸般の要素を総合考慮して検討しているケースが圧倒的多数ですね。どういった要素が考慮されているか裁判実務の理解がないと，資料の検討もままなりませんよ。」

B 「そうでした。裁判実務では，①認知症の存否・内容・程度，②遺言内容の難易，③遺言内容の合理性や動機の有無を総合的に考慮して判断されているようです。」

A 「よく予習していますね。では，具体的な遺言内容から考えるとどの程度の遺言能力を要するか，といった観点から改めて資料を整理してみましょう。」

B 「本件遺言書の内容は『全財産をZに相続させる』というごくシンプルな内容です。ですから，高度な遺言能力は要しないと考えられます。」

A 「その点はこちらに不利ですね。5年前のHDS-Rの結果だけでは，認知症の程度が重度だったとまではいえないでしょう。」

B 「でも先生，5年前のHDS-Rの結果は11点しかありません。HDS-Rは30点満点で20点以下は認知症の疑いが高いとされていますから，11点というのはかなり低い結果だと思うのですが。」

A 「HDS-RやMMSEといった認知機能検査は，あくまで認知症かどうかを疑うために用いられるスクリーニング検査だから，点数結果だけをもって認知症の程度を決めつけることはできません。得点の内訳を見てください。年齢や日時・場所，野菜の名前に関する質問についてはあまり失点していないのに対して，3つの言葉の再生問題や数字の計算・逆唱問題はほとんど得点していないことが分かります。」

B 「そうですね。質問を理解していることはもちろん，アルツハイマー型認知症を発症する以前の記憶についてはこれを保持し再生することが可能であったとも考えられます。」

A 「確かにHDS-Rの点数が低くなればなるほど認知症が重症である傾向があるとはいえ，このHDS-Rの結果だけでは遺言能力を否定し難いで

しょうね。」

B 「Kクリニックのカルテを見ると，脳梗塞の疑いで，亡くなる4年前にも MRI 検査を実施しようとしましたがXさんがじっとできずに CT 検査にしたこと，CT 検査の結果1年前よりも脳萎縮が進行していること，アリセプトの処方量を5から10ミリグラムに増やしたことが分かります。」

A 「目の付けどころが鋭いですね。アリセプトは抗認知症薬の代表格で，10ミリグラムということは症状が相当程度進行していることがうかがわれます。この前後の資料を見てみましょう。」

B 「亡くなる4年前の認定調査票を見ると，認知症高齢者の生活自立度が前回ⅢだったのがⅣになっています。主治医の意見書でもⅣになっていて，認知症の中核症状に関して，短期記憶『問題あり』日常の意思決定を行うための認知能力『判断できない』自分の意思の伝達能力『具体的要求に限られる』にそれぞれチェックが入っています。」

A 「Oのサービス提供記録でも，亡くなる4年前から食事を除く日常生活が全介助で，レクリエーションにもあまり参加せず日中のほとんどを部屋で過ごしていたようです。Yさんの言っていたように進行が早かったようですね。」

B 「Xさんは亡くなった年もYさんに年賀状を出していましたが，10年前の年賀状には添え書きがあったのに，ここ数年は消しゴムはんこが押されているだけですね。宛名もシールですし。Oの職員がほとんど作ったんじゃないでしょうか。」

A 「そのように見えますね。10年前の年賀状の添え書きの内容は父親としてYさんを気遣う内容で，Zさんに全財産を相続させたいと考えていたとは思えません。亡くなる前年にYさんがXさんと一緒に撮った写真を見ると，Xさんは自室で椅子に座ってカメラの方向を見て，表情も穏やかです。Yさんの言うように，XさんはYさんが娘であることは分かっていたんでしょう。ただ，この写真からは遺言能力については何ともいえませんね。」

——A弁護士，B弁護士は，遺言書作成当時のKクリニック神経内科主治医とOの担当者から話を聞くことにした。

B　「当時の神経内科主治医はＸさんが亡くなる２年前にＫクリニックから遠方の病院に転勤していました。話を聞きたいと手紙を出しましたが丁重に断られてしまいました。」

A　「その後担当した医師は，Ｘさんが亡くなるまで診ていて，現在もＫクリニックにいるというから話を聞くことができましたが，カルテに書かれていること以上の収穫はありませんでした。」

B　「はい。ですがＯの担当者はＸさんのことをよく覚えていました。以前から脚が悪かったのでトイレの介助をしていましたが，遺言書作成当時はトイレに行くということが分からなくなっていてオムツにしていたことや，何か話しかけても返答が的外れだったり『うん』としか言わなかったりするなど会話が全く成立していなかったことを話してくれました。年賀状についても担当者が作っていたということです。」

A　「Ｙさんが先日の打合せで話していたＸさんの状態と合致しますね。さて，Ｙさんの意向と資料の検討結果から，どのような方針を立てるか決まりましたか。」

B　「はい。Ｘさんは遅くとも遺言書作成の１年前（亡くなる４年前）には遺言能力を欠如し，本件遺言書作成時の遺言能力も欠如していたと考えます。」

A　「では，Ｚさんと交渉して駄目なら遺言無効確認請求訴訟を提起するということですね。」

B　「はい。Ｘさんは亡くなる５年前に中等度のアルツハイマー型認知症であると診断がおりました。アルツハイマー型認知症は，脳血管性認知症のような短期的に症状が良くなったり悪くなったりするタイプの認知症というより全般性の認知障害を示す傾向にあるといわれています。年齢とともに全体的に悪化していくということです。ですから，５年前より３年前の方がより認知症が進行しているといえます。」

A　「５年前のMRI 画像と４年前の CT 画像を比べれば進行していることは明らかですね。」

B　「はい。アリセプト処方量からすれば重度まで進行していたと考えられます。」

A 「当時の認定調査票や主治医意見書，サービス提供記録からも認知症が
　　重度にまで進行していたことを裏付けられるでしょう。では，重度のアル
　　ツハイマー型認知症として，遺言書作成時に本件遺言の内容を理解してい
　　なかったことについてはどうですか。」

B 「確かに本件遺言内容は「全財産をＺに相続させる」という簡単な内容
　　です。Ｘさんは亡くなるまでＹさんのことを分かっていたようですからＺ
　　さんについても自分の娘であるということは分かっていた可能性がありま
　　す。ですが，財産の内容を把握できていなかったのはもちろん，自らの財
　　産を処分できる能力はありませんでした。財産は何か，相続させるとは何
　　かといったことを理解できる状態ではありませんでした。」

A 「どうして。」

B 「排せつはトイレでするものだという基本的な日常動作についても理解
　　できなかったことや会話が成立しなかったことからすれば，意思能力を欠
　　いていたといえるからです。」

A 「遺言の動機も見当たりませんしね。ではＢ先生，起案をお願いしま
　　す。」

コラム〜認知症と成年後見制度〜

　　Ｘさんは重度のアルツハイマー型認知症だったようですが，成年後
見制度が利用されていませんでした。不思議に思いませんでしたか。

　　日本では，2012 年時点で認知症患者の数が約 462 万人に上ること
が厚生労働省の調査で明らかになっており，2025 年には 730 万人に
上ると推計されています。

　　他方で，2019 年 12 月末時点における成年後見制度の利用者数は 17
万 1858 人，保佐・補助・任意後見を含めても合計で 22 万 4442 人に
とどまっています。

　　このように，成年後見制度はまだまだ利用されているとはいえませ
んが，その理由はなんでしょうか。

　　成年後見等開始審判の申立てには，不動産の処分や相続手続といっ
た様々な動機がありますが，約 8 割が「預貯金等の管理・解約」とさ

れています。

　後見人による預貯金等の管理・解約の必要がなければ，成年後見制度を利用しなくても困らないというのが，成年後見制度があまり利用されていない理由ではないでしょうか。

　例えば，同居の家族が事実上金銭管理している場合や，施設入居時には意思能力に問題がなく，施設等の利用料も口座振替されているような場合は，本人の意思能力が低下していったとしても，困ることはあまりないかもしれません。

　ただ，家族は本人と利害が衝突することもありますし，施設入居後も本人の容態に応じた適時適切なサービス内容となるようにすべきでしょう。

　成年後見制度の利用の促進に関する法律に基づく基本計画では，財産管理のみならず，意思決定支援・身上保護も重視した適切な後見人の選任を行い，利用者がメリットを実感できる制度作りが目指されています。

コラム～遺言公正証書と任意後見契約公正証書～

　事業承継の場合に限らず，認知症高齢者の相続対策として，認知症診断がなされて間もない頃に，遺言公正証書と任意後見契約公正証書を組み合わせ，あるいは任意後見契約発効前の段階での財産管理契約及び見守り契約，そして死後事務委任契約まで含めて，トータルにサポートするという手法が提案され，事業主が意思無能力状態に陥った際にもスムーズな事業承継や遺産承継をなし得るようなスキームを組む手法が広く行われるようになって久しいといえます。

　確かに，上記のようなスキームが遺言者及び任意後見契約委任者の真意に従って，誠実に受任者として期待される活動をし，遺言執行者として職務執行をするのであれば，それは遺言者兼任意後見契約委任者にとっては，大変好都合なスキームであるといえそうです。

　ところが，任意後見契約受任者が，複数の推定相続人の一人である

場合には，ともすると，他の推定相続人の利益を害してでも自己の利益を図ろうとしている場合には，かかる悪意の推定相続人にとっても，大変使い勝手のよい制度・スキームでもあります。

　すなわち，任意後見契約における発効の条件は，委任者が「精神上の障害により本人の事理を弁識する能力が不十分な状況にあるとき」に後見監督人が選任されれば足りるのであって，法定後見のように，「精神上の障害により事理を弁識する能力を欠く常況にある」（民法7条）場合に至らなくても，「事理を弁識する能力が不十分な状況にある」ことで足りるとされています（任意後見法4条）。

　認知症診断がなされ，多少なりとも事理弁識能力が不十分な状態になれば，任意後見契約受任者から後見監督人選任の申立てをして選任されれば，基本的には，任意後見人が実質的な財産の処分をなし得ることとなるわけです。

　最近では，上記各スキームを活用して，社会福祉事業を営むはずの介護事業者が入所者の財産を最終的には当該介護事業者に全部遺贈するような遺言公正証書を作成している事例が増えてきているようです。入所者本人が何ら障害のない状態において自由な意思決定に基づいてそのような遺言公正証書及び任意後見契約公正証書を作成するのであれば，それは本人保護のための制度趣旨にかなっているといえるのでしょうが，真実本人の自由な意思決定に基づくものであるか否か，紙一重というのが実情ではないでしょうか。

解　説

1　遺言能力とは

　遺言書作成時に遺言能力が備わっていなければ遺言は無効です（民法963条）。民法上，遺言能力の明確な定義はありませんが，通説では，遺言能力は意思能力と同じと考えられています。通説に立つと，遺言能力とは，遺言内容を理解し遺言の結果を判断できる能力と言い換えることができます。この点，遺言能力の判断に関する最近の裁判例の動向については，第2編に記載していますので，そちらもご覧ください。

2　遺言能力の判断要素

(1)　裁判例の傾向

　遺言能力の有無は間接事実の積み重ねによって判断します。

　裁判例の傾向として，遺言能力の有無を判断するに当たっては，①遺言時における認知症等の精神上の障害の存否・内容・程度，②遺言内容の難易，③遺言内容の合理性や動機の有無などの事実が総合的に考慮されています。

　①と②の事実は重要な間接事実であり，密接に関連しています。つまり，たとえ精神上の障害があっても，遺言の内容がごく簡単なものであれば障害の内容や程度によっては遺言能力ありと判断されやすく，逆に，遺言内容が複雑になればなるほど精神上の障害の程度が低くても遺言能力なしと判断されやすいといえます。これに対し，③の事実も遺言能力の有無を判断する間接事実ではありますが，①と②の事実から判断される遺言能力の有無を裏付ける事情としての位置づけに近いものだと考えられます。

　遺言時に近接した時期の遺言者の認知症の内容・程度が，遺言内容の難易から要求される意思能力の程度を常時失わせるようなものであった場合，遺言書作成当時においても遺言能力がなかったことが推認され，これを覆すよ

うな特段の事情があるか否かを判断することになります。他方で，遺言時に
近接した時期の遺言者の認知症の内容・程度が，遺言内容の難易から要求さ
れる意思能力の程度を必ずしも常時失わせるものでなかった場合，遺言書作
成時にその遺言を理解できないと認められるような事情があるか否かを判断
することになります。

(2) 認知症等の精神上の障害の存否・内容・程度

　遺言能力との関係でよく挙げられる精神上の障害に，認知症，意識障害
(せん妄)，統合失調症等があります。これらの存否，内容，程度は，関係者
からの聴取のほか，診療記録，認定調査票，サービス提供記録といった医療
や介護関係の資料や，遺言後の後見開始審判申立ての際の資料等から判断す
ることが一般的です。

(3) 遺言内容の難易

　裁判例によって，どの程度の遺言内容であれば単純であり，また複雑であ
るのかの判断はまちまちであるものの，一人に全ての財産を相続させるとか，
数人に財産を按分で相続させるといった内容は単純であり，他方で複数の財
産を相続人ごとに異なった比率で配分する内容は，財産の数が多く配分比率
が細かいほど複雑とされる傾向があります。

(4) 遺言内容の合理性や動機の有無

　生前の遺言者と相続人（受遺者）との人間関係に照らしてそのような遺言
をする動機があったのかどうか，相続財産や相続人の生活状況等を踏まえる
と遺言内容に合理性があるかどうかといった要素も遺言能力の有無を判断す
るに当たり重要です。

　もっとも，現実には客観的に見ると不合理な内容の遺言書も多々あります
し，合理的な内容であっても精神上の障害の程度が明らかに重篤であれば遺
言能力はないものと考えざるを得ませんから，これらの要素のみから遺言能
力の有無を判断することはできません。

3　資料の見方

(1) 診療記録

　診療記録とは，医療に関する診療経過の記録のことです。病院に入通院し

たら必ず作成され，一定期間（医師法24条2項により，最低5年間）保存されます。カルテ，看護記録，検査記録，診断書，認知機能検査結果，頭部CT等画像データ，処方箋などがあります。

　カルテや看護記録には，遺言者の症状やこれに対する医師の処置が書かれています。遺言者（や同伴の家族）との会話内容，遺言者の応答の態度，医師の所見を検討します。診断書から，認知症の種類・程度や発症年月が分かることがありますが，診断書の作成日や作成目的について注意を払ってください。認知症は種類によって症状が異なることについては後述します。

　頭部CT等画像データから，脳萎縮の部位や程度が分かります。誰しも加齢によって大なり小なり脳が萎縮するため，脳が萎縮しているからといって必ずしも認知症であるというわけではありませんが，萎縮の部位や程度から認知症の種類や程度を推測することもあり得ます。処方箋には，薬の種類や量等が記載されています。現在，我が国で使用可能な抗認知症薬は4種類あり，薬の種類や量から認知症の種類や程度が分かることがあります。

　診療記録は専門性の高い内容ですから，可能であればそれらを作成した医師から説明を聞いて内容の把握に努めてください。

(2)　**認定調査票**（巻末資料1～4参照）

　介護保険サービスを利用するには要介護認定を受ける必要があります。要介護認定の判定は市町村職員（認定調査員）による聴き取り調査や主治医の意見書を踏まえて，介護認定審査会が行います。認定調査票とは，要介護度判定の調査の際に作成される書類を指します。

　認知機能や精神障害に関する状況についても調査されますので，調査時の遺言者の状況を知る手掛かりになります。

　もっとも，主治医の意見書は介護保険サービスを受けられるよう，症状を強調した内容になっていることがままあります。様々な資料を検討することが大切です。

(3)　**サービス提供記録**（巻末資料5，6参照）

　介護保険サービスを利用していた場合，訪問介護事業者や訪問看護事業者，デイサービス事業者は業務日誌や介護記録などと呼ばれるサービス提供記録を必ず作成し，一定期間保存しています。

サービス提供記録には，遺言者の体調や精神面が日時とともに記載されます。遺言者の状況を知る手掛かりになります。

(4) 認知機能検査結果

HDS-R，MMSE をはじめ様々な認知機能検査があります。あくまで認知症かどうかをスクリーニングする検査であり，検査結果（点数）＝認知症の程度とは限りません。点数にとらわれることなく，検査当日の遺言者の体調，検査の内容・実施方法，各質問に対する個別の反応を総合的に検討する必要があります。

(5) 後見開始審判申立資料

後見開始申立てに当たって作成された医師の成年後見制度用診断書は，遺言者の要保護性との観点から比較的緩やかに後見相当との意見が書かれていることが多いと考えられます。また，成年被後見人であっても遺言書を作成できることから（民法973条），後見開始審判申立資料については慎重に検討すべきです。

(6) その他

遺言者の日記やメモ，写真など様々な資料が考えられます。いずれもそれのみで遺言能力の有無を判断することは困難かと思いますが，その資料の背景事情から新たなヒントが見つかることもあります。例えば，遺言者のお金の流れに関するメモから，兄弟姉妹間で配分比率に差のある遺言書の内容にも合理性があると考えられたり，日記から受遺者との人間関係を把握できたりすることもあります。

4 認知機能検査

(1) HDS-R（改訂 長谷川式簡易知能評価スケール）（巻末資料7参照）

日本では最も一般的なスクリーニング検査です。

年齢，日時の見当識，場所の見当識，３つの言葉の記銘，計算，数字の逆唱，３つの言葉の遅延再生，５つの物品の記銘，言葉の流暢性の９項目で構成されている検査方法です。30点満点で，20点以下の場合に認知症の疑いがあるとされています。

⑵　**MMSE（Mini Mental State Examination：ミニメンタルステート検査）**

HDS-R 同様，一般的に広く用いられている検査です。

見当識（時間，場所），記銘（物品名の復唱），注意（計算又は言葉の逆唱），想起（物品名の想起），言語（物品名の呼称，文章の反復，3 段階の口頭命令，読解，書字），図形模写の 11 項目で構成されている検査方法です。30 点満点で，23 点以下の場合に認知症の疑いがあるとされています。

⑶　**DASC-21**（巻末資料 8 参照）

認知機能障害だけでなく生活機能障害についても評価できる検査方法です。導入 2 項目と，21 の評価項目から構成されています。21 の評価項目は 1 〜4 点で採点し，84 点中 31 点以上で認知症の疑いがあるとされています。

⑷　**MoCA（Montreal Cognitive Assessment）**（巻末資料 9 参照）

視空間・遂行機能，命名，記憶，注意力，復唱，語想起，抽象概念，遅延再生，見当識から構成されている検査方法です。認知症の一歩手前の状態である軽度認知障害のスクリーニングに用いられます。30 点満点で，26 点以上が健常範囲，25 点以下が軽度認知障害の疑いがあるとされています。

5　認知症の種類

⑴　**アルツハイマー型認知症**

脳内にたまった異常なたんぱく質により神経細胞が破壊され，脳に萎縮が起こる，という病態で，10 〜 15 年以上かけてゆっくり進行するといわれます。

物忘れなどの記憶障害や，時間や場所が分からなくなる見当識障害など，様々な認知障害が起こり，重度になると自分で食事や着替えをしたり，意思疎通することなどができなくなります。（長谷川和夫・猪熊律子『ボクはやっと認知症のことがわかった』KADOKAWA，2019 年）

⑵　**脳血管性認知症**

脳梗塞や脳出血などが原因で脳の血液循環が悪くなり，脳の一部がダメージを負うことで発症するとされます。高血圧や糖尿病などの生活習慣病が主な原因とされ，男性により多く見られます。

症状としては，記憶障害のほか，手足のしびれや麻痺による歩行障害など

が見られます。また，感情のコントロールができなくなる場合もあります。突然症状が現れたり，改善したと思ったら急に悪化したりということがしばしば見られます。脳神経の障害部位によって症状が異なりますが，障害のない部位の機能は健全なままなので，物忘れはあるが計算はできるといった「まだら」の症状が特徴です。

(3) レビー小体型認知症

脳にレビー小体というたんぱくがたまって脳の神経細胞が減っていくことで発症するとされます。レビー小体はパーキンソン病でも見られるため，パーキンソン症状（手足の震え，動作が遅くなる，筋肉がこわばる，身体のバランスが取りにくくなる。）が出現します。男性により多いとされます。

また，他の認知症に比べ，物忘れや見当識障害，言語障害といった認知症の中核症状より BPSD（周辺との関わりの中で起きる症状，周辺症状）の方が目立ちやすく，幻視の症状が現れるのが特色であるほか，睡眠障害，抑うつといった症状が見られ，介護者の負担が大きくなる傾向にあります。

(4) その他

認知症の大部分を占める種類は上記の3種類といわれていますが，これらが混合した認知症，前頭側頭型認知症，アルコール性認知症もあります。

6 意識障害（せん妄）について

せん妄とは，急性の脳機能障害で，幻覚・興奮・判断力低下・見当識障害・睡眠障害等の症状を伴います。せん妄は，薬剤，感染症，入院，手術，薬物からの離脱等が原因で起きます。どの年齢層でも起こり得ますが，高齢者の場合は，入院しただけでせん妄を生じることもまれではなく，70歳以上の入院患者の 15 ～ 50％の人に発生するともいわれています。高齢者の場合は，症状が認知症と似ているため間違われやすいですが，認知症と異なり一過性の症状です。

そのため，遺言書作成時点でせん妄の影響があったのかどうか，あったとしてどの程度であったのかを検討する必要があります。

7　高齢者のうつ病

　高齢者のうつ病は，ぼんやりしている様子や物を忘れるようになった様子が，認知症の初期症状にも見られるため，認知症との見分けがつきにくいとされています。そのため，高齢者のうつ病は「仮面認知症」と呼ばれることもあります。

　うつ病と認知症の両方に罹患する方もいますが，うつ病は治療できる病気ですから，うつ病に伴う認知障害は治療可能です。

　もっとも，要支援・要介護認定高齢者の半数以上がうつ傾向を呈し，在宅高齢者に至ってはその多くが未治療のままであるといわれており，うつ病が重度に進行することで判断能力が大きく損なわれるという場合もあります。

第3章　訴　訟

登場人物

弁護士A／イソ弁B／相談者Y

――遺言執行者Sから相談者Yに財産目録が届いた。その後，程なくして執行完了通知も届いた。遺留分侵害額請求の内容証明郵便を発送後，Zにも代理人が就いていたので，A弁護士は大まかに出来上がった訴状をもとに，Z代理人に対して遺言無効を主張する書面を作成したものの，Z代理人からの回答は，本件遺言作成時Xに遺言能力はあり遺言は有効であるが，遺留分侵害額として相当額を支払う意向である，という内容であった。

――Xの相続財産は，自宅土地建物（土地：固定資産税評価額4000万円，建物：同250万円）及び預貯金1000万円である。

B 「Xさんの遺言能力をめぐる遺言の効力について，交渉の余地は全くなさそうですね。」

A 「Zさんが全部相続しても相続税は100万円台だろう。相続財産から問題なく支払える金額なので，相続税の確保を交渉材料とすることもできそうにないですね。」

――A弁護士，B弁護士は，Yに対して，Z代理人からの回答を伝えるとともに，改めて遺言無効確認請求訴訟にかかる時間や勝敗の見通し，判決後の手続やそれにかかる時間について説明を行った。

Y 「遺言内容がシンプルなので単純に認知症だからという理由では遺言能力なしと判断されないこと，公正証書なので遺言能力に問題がなかったと判断されやすいことなどよく分かりました。ただ，先生が分析したように，父は遺言時既に認知症がとても進行していたと確信しています。私自身，父と会って感じたことです。このままでは父がないがしろにされたように

感じるのです。最終的に遺留分を確保できるのであれば，費用と時間がかかってもかまいません。」
——A弁護士，B弁護士は○○地方裁判所にZを被告として，遺言無効確認請求訴訟を提起した。

【第1回口頭弁論】

——法廷において，原告は訴状を陳述し，証拠説明書及び甲号証を提出し，被告は答弁書を陳述した。期日後，名刺交換を済ませた。

【弁論準備手続期日】

——以降の弁論準備手続期日においては準備書面による主張反論が続いた。被告の主張は，当初の予想どおり，遺言内容が単純であることがメインであった。加えて，ホームで面会した際のXの様子と遺言の動機について主張がなされた。

B 「被告の主張によると，XさんはホームX入居後，空き家となった自宅を気にかけていて，近くに住んでいるZさんが住めばいいとよく言っていたそうです。また，預貯金については，ホームによく来てくれ，自宅の風通しもしてくれるZさんにやるということも言っていたそうです。」

A 「動機はあるということですね。Xさんの意向を知ったZさんはS弁護士に依頼して，ホームでXさんと打ち合わせしてもらい，後日，XさんとS弁護士と事務員，それにZさんがタクシーで公証役場に行って公正証書を作成したけれど，いずれもZさんは別室で待機していたということも主張していますね。」

B 「S弁護士がXさんの遺言能力に問題ないと判断したからこそ公正証書の作成にまで至ったはずですが，当時Xさんは87歳と大変高齢です。私だったら録音なりビデオなり撮っていたと思いますから，こういった証拠が出てきてもいいと思うのですが。」

A 「S弁護士からも証人尋問でお話を聞きましょう。」

——遺言無効確認請求訴訟では，他の民事訴訟に比べ，裁判官から和解を打診されることは多くない。本件でも，原被告双方が和解勧試を積極的に望

まなかったこともあり，和解勧試がなされないまま原告，被告，Ｓが陳述
書を提出し，それぞれの尋問が行われることとなった。

【尋問期日】

——尋問は，Ｓ弁護士，原告，被告の順番で実施された。

——Ｓ弁護士は，尋問において，「普段から，遺言書作成に当たり録音やビ
デオ撮影は行っていない。」「何年も前のことなので詳細な記憶がないが，
事前に，被告からＸの希望として聞かされていた遺言内容について，打合
せ時にＸさんに伝えると，Ｘさんは『それがいい。お願いします。』とい
うようなことを自分の口でおっしゃった。」「公証役場でも，公証人から氏
名や財産を尋ねられると，大きな声で名前を名乗り，『家くらいしかあり
ません』と返答された。」とのことだった。

——また被告は「さすがに亡くなる前の１年は頓珍漢なことを言うことが多
かったですが，遺言書作成前後の頃は，亡くなった私の母についてよく話
していました。確かに日中は部屋にこもりがちで，排せつもうまくできま
せんでしたが，それは脚が悪かったからです。87 歳だったら誰しもそれ
くらいではないですか。」と供述した。

——原告は，「父はホームに入居してすぐの頃，『再婚して苦労を掛けたから
せめて半分は渡したい。』とよく言っていました。ただ，次第に同じ話を
繰り返しするようになるなど，物忘れが進んでいって，亡くなる４年ほど
前にはほとんど会話もかみ合いませんでした。こちらの問いかけにも，に
こにこと笑いながらうなずくばかりで，『そうそう。』と返答してくれるこ
とがごくたまにあったくらいでした。」と供述した。

【判 決】

1 勝訴パターン

——裁判所は，次の判決（主文）を言い渡した。

> ・○○地方法務局所属公証人○作成の平成 29 年第○○号遺言公正証書

による亡Xの遺言が無効であることを確認する。
　。訴訟費用は被告の負担とする。

——判決の理由においては，次のことが認定された。

　。本件遺言書作成の2年前に実施したHDS-Rの検査結果（11点）から
　　も，その時点においてかなり事理弁識能力が減退していたと推測でき
　　るところ，アルツハイマー型認知症の特性上，症状は不可逆的に進行
　　することからすれば，本件遺言書作成時のXの事理弁識能力は更に減
　　退していたと考えられる。Oのサービス提供記録や認定調査も，これ
　　を裏付ける。
　。本件公正証書は，Xの有する一切の財産を被告に相続させる内容のも
　　のであるが，Xが原告に何も相続させない内容の遺言をする理由とな
　　るべき具体的事情はうかがわれない。この点，被告は尋問において動
　　機について供述したが，これを裏付ける客観的事実はなく，他方で原
　　告がXと交流を断っていたなどの事情も認められない。
　。遺言の内容が比較的単純な内容であることを考慮しても，Xは本件遺
　　言をした当時，遺言能力を有していなかったと認めることができる。
　　被告は，会話が成立していた旨を供述するが，客観的裏付けを欠くも
　　のであって採用できない。

Y　「先生，ありがとうございました。裁判所に認めてもらって本当にうれ
　　しいです。」
A　「そう言っていただいて，こちらもほっとしました。」

——その後，Zから控訴されることなく，判決が確定した。
A　「問題は，これからですね。遺産分割調停・審判，場合によっては抗告
　　審まで，2～3年かかるかもしれませんが，この点については，改めて打
　　ち合わせをしましょう。」

2　敗訴パターン

> ○原告の請求を棄却する。
> ○訴訟費用は原告の負担とする。

——判決の理由においては，次のことが認定された。

> ○そもそも認知症に罹患していたからといって直ちに遺言能力を欠くと
> 認められるものではない。本件遺言書作成の2年前に実施した
> HDS-Rの検査結果（11点）の内訳を見ると，質問を理解し，過去の
> 記憶についてはこれを保持し再生することが可能であったとも考えら
> れる。Oのサービス提供記録や認定調査に記載されているXの状態は，
> Xの事理弁識能力に疑問を抱かせる内容ではあるが，恒常的にそのよ
> うな状態であったと判断しているものではない。本件公正証書作成当
> 時，公証人の問いかけに応答し，不動産が主たる財産である旨の発語
> をしていたことや，遺言内容が単純であることを併せ考慮すれば，本
> 件公正証書作成時にXが遺言能力を欠いていたと認めることはできな
> い。相応の経験を経た公証人がその職務としてXの意思を確認してい
> ることに照らせば，本件公正証書を作成する準備に被告が積極的に関
> わっていたことは，遺言能力を否定するものではない。近くに住んで
> いるZに主たる財産である不動産を相続させようという動機も合理的
> である。

Y 「こんな判決はあんまりです。これでは父がかわいそうです。」

A 「控訴するという選択もあります。遺言能力がないことの立証責任が原
　告にあることをもって，都合のいい証拠を取捨選択して判決を書いたよう
　な印象を受けます。」

Y 「先生には感謝しているんです。先生からよく説明してもらっていまし
　たが，予想よりはるかに大変でした。Zさんとは没交渉ですが，それでも
　身内と争うことがこんなにしんどいとは思いませんでした。ですから控訴

はもういいです。遺留分だけで十分です。」

A 「確かに，かなりのストレスだろうと思います。我々としても，控訴したからといって逆転できる保証があるわけでもないので，積極的にお勧めするわけにはまいりません。控訴するとなれば，別途弁護士費用の負担も増えますので，ここは我慢して，遺留分侵害額請求をするにとどめておくのが賢明かもしれませんね。」

解 説

1 当事者適格と訴額

(1) 当事者適格

遺言無効確認請求訴訟を提起する場合，遺言の効力について法律上の利害関係を有する者に当事者適格が認められます。具体的には，法定相続人や受遺者に当事者適格が認められます。

また，遺言執行終了前の遺言執行者に当事者適格が認められます。遺言執行者自身が遺言無効の訴えを提起することができるとされた判例（大決昭和2年9月17日大民集6巻501頁），相続人が遺言執行者を被告として遺言無効を主張し，相続財産について自己が持分権を有することの確認を求める訴えを提起することができるとされた判例（最判昭和31年9月18日民集10巻9号1160頁参照）があります。ただし，遺贈の目的不動産について遺言の執行として既に受遺者宛てに遺贈による所有権移転登記又は所有権移転仮登記がされているときに相続人が当該登記の抹消登記手続を請求する場合には，既に当該不動産について遺言の執行は終了しているため，相続人は遺言執行者ではなく，受遺者を被告として訴えを提起すべきとした判例があります（最二小判昭和51年7月19日民集30巻7号706頁）。

また，遺言無効確認請求訴訟は原則として固有必要的共同訴訟ではないとされており，法定相続人全員が当事者となる必要はありません。単に相続分及び遺産分割方法を指定したにすぎない遺言無効確認の訴えは固有必要的共同訴訟ではないとされています（最二小判昭和56年9月11日民集35巻6号1013頁）。ただし，諸般の事情により訴訟当事者にはしない者がいた場合，判決が確定しても，当事者とならなかった者に既判力は及ばないため，注意が必要です。数人の遺言執行者が選任されている場合における遺言無効確認の訴えについて必要的共同訴訟とされた裁判例もあります（静岡地浜松支判昭和25

年4月27日判時40号24頁）。

コラム〜遺言無効確認請求訴訟における原告適格者の共同 関係の構築の困難性〜

　このように，遺言無効確認請求訴訟は固有必要的共同訴訟ではない とされているため，法定相続人全員が当事者とならなくとも，訴訟手 続を進めることは可能です。ただし，遺言無効が認められれば反射的 に利益を得ることになる相続人が多い場合，手続の協力を得て，費用 分担を含め足並みをそろえることが重要です。

　しかし，高齢社会においては，全員が足並みをそろえることが難し いケースも出てきます。例えば，相続人資格者である兄弟姉妹が全員 後期高齢者であるような場合には，その兄弟姉妹の一部が認知症に よって施設に入所していることもあります。このような場合には，兄 弟姉妹の中でも遺言無効に関する足並みをそろえることは容易ではあ りません。

　また，既に死亡した兄弟姉妹の子（甥や姪）などが相続人資格者に なっているような場合には，生前の兄弟姉妹の関係や遺言者の状況な どもほとんど知らず，遺言自体への関心が低いこともままあり，遺言 無効確認請求訴訟に非協力的となることがあります。

　既に超高齢社会に突入した我が国においては，遺言無効を争う場合 に，非協力的な相続人が存在するケースはますます増えていくものと 思われます。

コラム〜訴訟追行の負担の不公平性の問題〜

　遺言無効確認請求訴訟は長期にわたり訴訟が係属する性質上，その 訴訟追行の負担も相当なものとなります。遺言無効を主張することに 積極的な相続人は，遺言無効を確認してもらうための立証活動にも積 極的です。他方で，遺言無効を主張することに消極的な相続人（認知 症に罹患していることによって消極的にならざるを得ない相続人や，遺言自体に

関心がない相続人など）は，訴訟の中で何もしません。それどころか，受遺者又は受益の相続人の側に協力しようとする者までいる可能性があります。

　しかし，仮に遺言無効確認請求訴訟において遺言無効の請求が認められ，実際に遺言が無効となった場合，そのような遺言無効主張に消極的であった相続人までが，遺言無効判決確定による反射的利益を享受することになる可能性が高いことになります。その結果，遺言無効の主張に積極的であった相続人が不公平を感じることも想定され，仮に勝訴しても，その後の遺産分割協議においてもすんなりと話が進まないことになる懸念があります。

(2)　調停前置主義との関係

　家事事件手続法 244 条は，「家庭裁判所は，人事に関する訴訟事件その他家庭に関する事件（別表第一に掲げる事項についての事件を除く。）について調停を行うほか，この編の定めるところにより審判をする。」と規定しています。また，同法 257 条 1 項は，「第 244 条の規定により調停を行うことができる事件について訴えを提起しようとする者は，まず家庭裁判所に家事調停の申立てをしなければならない。」として調停前置主義を定めています。

　この点，遺言無効確認請求事件は，「家庭に関する事件」に含まれるため，調停前置主義の対象となり，まず家庭裁判所に家事調停の申立てをしなければならないとされています。しかし，調停前置主義は訴訟要件ではないため，遺言無効確認請求事件について家事調停の申立てをすることなく訴訟提起をしたとしても，訴えが不適法として却下されることはありません。遺言無効確認請求訴訟を提起された裁判所は，原則として事件を家事調停に付することになりますが，裁判所は「事件を調停に付することが相当でないと認めるとき」には，そのまま審理を進めることもできるとされていますので（家事事件手続法 257 条 2 項），紛争の状態等を見極めて家事調停を実施しても解決する見込みがない場合などは，そのまま審理することができることになります。遺言無効確認請求事件は紛争の類型的に感情が先鋭的にぶつかり合うことも

多く，調停による解決を図ることが難しいことも多いと考えられますので，そのまま審理されている例が多いと考えられます。

(3) 管轄裁判所

ア　事物管轄〜訴額の計算〜

　訴訟の事物管轄は訴訟の目的の価額により定まるとされています（裁判所法24条1号，同法33条1項1号）。訴訟の目的の価額は，訴えで主張する利益によって算定され，これが算定不能又は困難な場合等はその価額が140万円を超えるものとみなされます（民事訴訟法8条）。

　この点，遺言無効確認請求訴訟を提起する際の訴額は，遺言を無効とすることによって原告が得る権利の価額となります。

　まず，遺言の内容が相続分及び遺産分割方法の指定に関するものであった場合には，

$$\left(\begin{array}{c}\text{遺言により原告が取得する財}\\\text{産の価額＋遺言により被告が}\\\text{取得する財産の価額}\end{array}\right) \times \dfrac{\text{原告の法定相続分}}{\begin{array}{c}\text{原告の法定相続分}\\\text{＋被告の法定相続分}\end{array}} - \begin{array}{c}\text{遺言により原告が}\\\text{取得する財産の価額}\end{array}$$

という計算式によって訴額を計算します。

　他方，遺言の内容が遺贈等の財産処分に関するものであった場合には，

《処分された財産の価額×原告の法定相続分》

という計算式によって訴額を計算します。したがって，原告や被告の数が増えるほど訴額が高額になる関係にあります。例えば，相続人が子4名，遺産総額4億円の全部を長男に相続させるという特定財産承継遺言の場合，原告が一人であれば訴額1億円であり印紙代は32万円となります。他方，原告が3名となれば訴額3億円であり印紙代は92万円になるのです。

コラム〜遺産総額が多額である場合における遺言無効確認請求訴訟の貼用印紙額の負担〜

　このように，訴額3億円で印紙代は92万円となります。これが更に高額になるとどうでしょう。例えば，遺産総額が10億円以上，相続人資格者となる兄弟姉妹が8人いて，そのうち一人だけが受益の相続人である事案では，他の兄弟姉妹全員が原告となる場合，遺言無効

確認請求訴訟の訴訟物の価額は一人当たり1億2500万円以上，7名合計では8億7500万円となります。この金額の印紙額は264万5000円です。

しかし，7名のうち，1名だけが原告となる場合には，訴訟物の価額が1億2500万円以上であって，貼用印紙額も39万5000円にすぎない計算になります。

遺産総額が高額である場合は，原告一人で訴えを提起すれば印紙代は安くなります。協力者が多ければ多いほど，印紙代だけではなく弁護士費用の負担も分散させられる可能性があるため，協力者を集めることが重要になります。

イ　土地管轄・職分管轄

被告の住居所地（民事訴訟法4条1項，2項）及び相続開始時における被相続人の住居所地（同法5条14号，4条2項）を管轄する地方裁判所又は簡易裁判所が管轄権を有することになります。合意管轄（同法11条）及び応訴管轄（同法12条）は遺言無効確認請求事件においても認められます。

ウ　国際裁判管轄

現行法の下では，基本的には相手方（被告）の住所地国の管轄とし，紛争の対象となっている権利関係が不動産に関するものは不動産所在地国の管轄も考えるという説が有力とされています（最高裁判所事務総局家庭局監修『渉外家事事件執務提要（下）』76頁（法曹会，1992年））。

被告の住居所地が国内にある場合（民事訴訟法3条の2第1項）のほか，相続開始時における被相続人の住居所地が国内にある場合（同法3条の3第12号），合意管轄がある場合（同法3条の7）及び応訴管轄が認められる場合（同法3条の8）には，我が国の裁判所に管轄権が認められることになります。

(4)　準拠法

遺言の成立及び効力は，遺言成立当時の遺言者の本国法によるものとされています（法の適用に関する通則法37条1項）。そして，このうち遺言の方式に関しては，遺言の方式の準拠法に関する法律2条により，行為地法（1号），

遺言者が遺言の成立又は死亡の当時国籍を有した国の法律（2号），遺言者が遺言の成立又は死亡の当時住所を有した地の法律（3号），遺言者が遺言の成立又は死亡の当時常居所を有した地の法律（4号）又は不動産に関する遺言について，その不動産の所在地法（5号）の一つに適合すれば有効とされています。

2　確認の利益

　遺言無効確認請求訴訟も確認の訴えである以上，確認の利益が必要とされます。

　遺贈義務の履行として目的物の所有権移転登記がされた場合は，受遺者に対し所有権移転登記抹消の訴えを提起すべきとされ，確認の利益がないとされます。

　また，遺言を前提とする遺産分割協議がなされた後に遺言無効確認請求訴訟が提起された場合にも，遺言無効を前提とする現在の権利関係確認の訴えを提起できるため，確認の利益がないとされます。

　さらに，遺言者が生存している間に遺言無効確認請求訴訟を提起しても確認の利益が認められません。

3　訴訟物と請求の趣旨（遺言書の特定）

　遺言無効確認請求訴訟における訴訟物は，「遺言者がした法律行為である当該遺言の効力」となります。具体的な請求の趣旨としては，下記のようなものとなります。

【自筆証書遺言の場合】
「亡甲が令和●年●月●日にした別紙記載の自筆証書遺言は無効であることを確認する。」
【公正証書遺言の場合】
「△地方法務局所属公証人乙が令和●年●月●日に作成した令和●年第●号遺言公正証書による亡甲の遺言が無効であることを確認する。」

【秘密証書遺言の場合】
「亡甲が令和●年●月●日に△地方法務局所属公証人乙に自ら封じた遺言証書を提出し，封紙に同公証人による記載及び署名押印を受けた亡甲の秘密証書遺言は無効であることを確認する。」

4　請求原因・抗弁・再抗弁など要件事実とその立証責任の分配

(1)　請求原因

　遺言無効確認請求訴訟は消極的確認訴訟であるため，請求原因としては，攻撃方法として一定の事実主張をする必要はなく，確認の利益を基礎づける事実を請求原因として主張すれば足りることになります。具体的には以下のとおりです。ただし，実務的にはこの記載だけでは不足しており，遺言無効原因も訴状の中で具体的に記載すべきことになります。

①遺言が存在すると被告が主張していること
②遺言者が死亡したこと
③遺言者が死亡時に①の遺言の目的である財産を所有していたこと
④原告が遺言者の相続人又はその承継者であることを基礎づける遺言者との身分関係

(2)　抗弁

　被告は，訴訟物である遺言の効力の発生を基礎づける事実について主張立証する必要があります。遺言は，民法に定める方式に従わなければすることができず（民法960条），原則として書面によってしなければなりません（民法967条）。したがって，遺言書の成立要件の主張立証責任が問題になりますが，遺言書の成立要件は，遺言が有効であると主張する側において，主張立証しなければならないとされています（最判昭和62年10月8日民集41巻7号1471頁）。

　したがって，被告が抗弁として，法の定める方式にのっとった遺言書を作

成して遺言をしたことを主張立証する必要があります。具体的には，作成された遺言書によって，以下のとおりの事実を主張立証する必要があります。

ア　自筆証書遺言の場合

> ◦遺言者が遺言書の全文，日付及び氏名を自書し，押印したこと
> （ただし，平成30年1月13日以降に作成された遺言書に関しては，方式が緩和されたため，注意が必要です（民法968条2項）。）

　→「遺言者の自筆でない」という主張は抗弁事実の否認となります。全文の自書，日付の自書，押印は自筆証書遺言の有効を主張する者（被告）に立証責任があります。

イ　公正証書遺言の場合

> ◦証人2人以上の立会いがあったこと
> ◦遺言者が遺言の趣旨を公証人に口授したこと
> ◦公証人が，遺言者の口授を筆記し，これを遺言者及び証人に読み聞かせ又は閲覧させたこと
> ◦遺言者及び証人が筆記の正確なことを承認した後，各自これに署名押印したこと
> ◦公証人が上記方式に従ったことを付記して，これに署名押印したこと

　→「口授がない」という主張は抗弁事実の否認となります。口授があったことは公正証書遺言の有効を主張する者（被告）に立証責任があります。

(3)　再抗弁

　遺言時に遺言能力がなかったことは，遺言の効力の発生を妨げる事実ですから，原告は，遺言能力がなかったことを基礎づける評価根拠事実を主張することになります。

⑷　再々抗弁

　被告は，⑶の再抗弁に対し，遺言時に遺言能力がなかったことの評価障害事実を主張することになります。

5　証　拠

　遺言無効確認請求訴訟において，訴え提起前に収集した資料を検討し，どの証拠を提出するか検討することになります（資料の収集については第1章，資料の検討については第2章をそれぞれ参照ください。）。

　遺言能力を争う訴訟においては，以下の証拠を書証として提出することを検討します。

- ◦ 遺言書
- ◦ 診断書，カルテ，医師の意見書等
- ◦ 介護関係資料（要介護認定の調査の際の認定調査票，主治医の意見書，日常生活自立度検査結果，介護施設の入所記録，ヘルパー等の陳述書，訪問看護を受けている場合は，介護指示書，看護報告書等）
- ◦ 遺言者の作成した手紙，録画・録音資料

　また，訴え提起前に収集できない資料も多く存在します。その場合は，訴訟手続内において，文書送付嘱託，調査嘱託，文書提出命令等の手段を用いて証拠入手することを検討します。この点に関連して，遺言者が遺言書作成後に成年被後見人になった場合，成年後見制度用診断書や家庭裁判所における鑑定書が証拠として提出されることがあります。このような診断書や鑑定書には，多くの場合，遺言者に意思能力がない旨記載されています。では，このような資料があれば，直ちに遺言能力がないとみなされるのでしょうか。裁判所の鑑定書は一定の証拠価値があると思いますが，成年後見開始申立てに当たって作成された医師の成年後見制度用診断書は，一方当事者の意向で作成されていることも多く，担当医師としても，遺言者本人の財産を保護するために後見開始相当と意見を記載していることも多いため，診断書を証拠とする場合，慎重に検討する必要があります。なお，遺言書作成前に遺言者

が成年被後見人になっていた場合は，遺言者が事理弁識能力を一時回復した状態で，医師2人以上の立会いが必要になるなど，民法973条の方式に従って遺言書を作成しなければなりませんので，注意が必要です。

　遺言能力が争点となっている場合には，精神鑑定の要否，人選，費用，所要時間等を検討します。この際，書面尋問（民事訴訟法205条，「書面尋問の意義とモデル書式について」判タ1316号5頁）で足りないかを検討します。人証についても，遺言書作成当時の遺言能力を判断するために，医師，公証人，証人，介護職員（ケアマネジャー，ヘルパー等），同居家族，家政婦等を証人として尋問すべきか検討することになります。

　ここで，鑑定について少し触れます。遺言能力を争う訴訟において行われる鑑定は，精神鑑定ですが，死後に鑑定を行うことになります。このため，鑑定人は実際に遺言者を診断することはできず，あくまでカルテや介護記録等に現れた症状を精査して疾患の種類や程度を判定することになります。そのため，原審で積極的に採用される例は必ずしも多くありませんが，二審になって鑑定をして結論を覆したものがあり，また，鑑定の結果に反する判断をした例も見当たらないことからすれば，判断が微妙な事案において鑑定をすることは検討に値すると思われます。

　人証についても少し触れます。遺言能力を争う訴訟においては，医師が証人となる事案が多く見られます。ただし，医師の証言がそのまま採用されていない事案も多く，その理由としては，遺言能力の判断は医学的要素だけではない法的判断が必要になることや，医師の判断も死後に遡って行われているものが多く，生前に認知症に関する診断や治療が十分になされていないことが多いためと考えられます。また，公証人や立会証人が証人となることもありますが，具体的に覚えていないことも多く，一般的な事務を述べただけでは，遺言能力があったとの積極的な根拠にならないことから，決定的な証拠にならないことが多いです。

6　訴訟上の和解

　遺言無効確認請求訴訟も通常の訴訟ですから，訴訟上の和解により終了することができます。ただし，当事者間に感情のもつれがあることが多く，ま

た，遺言が有効か無効かによって分配額に大きな差が出るため，和解による解決が容易でない特徴を有します。

　裁判所が和解を勧める場合，人証調べ前の段階でのことが多く，実際，和解成立時期も人証調べ前が多いようです。これは，感情的なもつれがなければ早期の和解が可能であることや，審理が進み過ぎると，感情的対立が増大してしまうことが大きいように思われます。

　ただし，訴訟上の和解をする際には，それによって和解後の処理まで視野に入れた和解条項にしておくことが重要です。

　例えば，和解条項の中に遺産分割協議条項を入れただけでは不動産登記をすることができません。遺産分割は家庭裁判所の専属管轄に属しており，職分管轄が異なるためです。そこで，和解成立時には，登記などを要する遺産分割条項について，遺産分割協議書を別途作成する必要があります。また，移転登記に関する意思陳述擬制を盛り込んだり，遺産分割成立確認条項を盛り込む等，工夫が必要です。

7　判決後の処理

　遺言無効確認請求訴訟によって遺言が無効とされた場合には，遺言書が存在しなかったものとして，相続人間で遺産分割協議が必要となります。遺言が有効と判断された場合であっても，遺言書の内容によっては遺産分割協議が必要となります。

　遺産分割協議が調わなかった場合には，遺産分割調停を申し立てて解決を図る必要があり，調停も不成立に終わった場合には，遺産分割審判へ移行していくことになります。

コラム～遺言無効確認請求訴訟における最終の遺産分割までに要する期間の問題～

　遺言無効確認請求訴訟は時間がかかることが多く，訴訟提起するまでに3～5か月，第一審での審理に2～3年程度，控訴審で8～10か月程度，上告審で4～8か月程度かかることも多いです。仮に遺言無効を認める判決が確定した場合には，更に遺産分割が必要になり，

調停や審判に2～3年程度を要することもあります。

　これら期間を単純に合計すると，一連の手続に8年程度を要する可能性があることになります。弁護士が遺言無効確認請求の相談を受け，その際に相談者が82歳であれば，解決の時点で相談者（依頼者）が90歳を超える計算です。

　そうなりますと，訴訟係属中に相談者が亡くなってしまい，訴訟承継の問題が発生することを頭に入れておく必要がありますし，訴訟を承継することになる相続人が遺言無効確認請求訴訟の追行に積極的であるか否かが問題となってきます。

　弁護士としては，相談者（依頼者）が高齢者である場合には，長期にわたる訴訟追行の間に訴訟承継が生じる可能性があること，その場合に承継する相続人が遺言無効確認請求について積極的か否かも考えて進めていく必要があります。

コラム～遺言無効が争われる場合の相続税申告～

　遺言無効確認請求訴訟は長期間争われる手続です。相続税申告は，被相続人が死亡したことを知った日の翌日から10か月以内に行うことになっています。例えば，1月6日に死亡したことを知った場合には，その年の11月6日が申告期限となります。

　遺言があり，遺言の無効が争われていなければ，上記申告期限内に遺言書記載の内容に従った相続税申告がなされ，特に問題は起こりません。

　問題となるのは，遺言があるものの，一部の相続人から当該遺言の無効が主張され，争いが生じているようなケースです。この場合，遺言が無効であることを前提に未分割による相続税申告をすべきか，それとも，遺言に沿った相続税申告をすべきかが問題となります。

　この点に関しては，なかなか悩ましい問題です。

　まず，未分割による相続税申告をしなければならないわけではありませんが，遺言に基づく申告を黙って見ていると遺言の有効性を認め

たような気分になって不愉快で，他方，未分割での申告をするとなる
と納税資金の捻出にも難渋するかもしれません。

　また，相続税申告をするにしても，遺言を有効として相続税申告を
しようとする者と，遺言を無効として相続税申告をしようとする者は，
同一の税理士に依頼して申告をするか，それとも，別々の税理士に依
頼するかも問題になります。

　この点，守秘義務の問題や感情的な問題，それから偏った処理をさ
れるリスクを強調すれば，別々の税理士に依頼するベクトルに働くで
しょう。しかし，別々の税理士に依頼することは，その分関与する税
理士が増えることになりますから，トータルの税理士報酬が高くなる
デメリットがあります。また，別々の税理士に依頼すると，税務調査
を受ける可能性が高くなる事実上のデメリットも指摘されているとこ
ろです。

　納税資金の確保も問題です。遺言執行者は遺言に従って金融資産の
換価及び解約を進める立場にありますが，遺言無効について具体的に
争いがあり，遺言無効確認請求訴訟が提起されてしまった場合，執行
業務を続けることができず，一旦中止することになるケースが多いと
思います。そうなってしまうと，遺産に含まれる金融資産の換価業務
が進まないことになり，納税資金が不足する事態に陥る可能性があり
ます。

　このような場合，遺言無効を争う相続人と受益の相続人双方にとっ
て，金融資産の換価・解約を進め，納税資金を確保するために協力す
ることは有益です。遺言執行者としても，納税資金の範囲内で換価・
解約し，納税してしまえば，遺言執行者に対する損害賠償請求の可能
性もほとんどなくなりますので，遺言執行者が利害関係人間の調整作
業をすることが賢明であると思えます。

　ただし，遺言が有効であるとして納税するとなると，当然のことな
がら，納税者は受遺者あるいは受益の相続人ですから，遺言無効判決
が確定した場合には，一旦納めた相続税が税務署から受遺者あるいは
受益の相続人に還付されることになり，他の相続人にとっては，リス

クが発生しますので，受遺者や受益の相続人から，還付金については間違いなく相続財産に戻すことを確約させ，停止条件付きで還付金請求権を他の相続人に債権譲渡しておくなど，還付金の額に応じて，リスクヘッジのための措置をする必要がありそうです。

8 遺留分侵害額請求を附加しない

　遺言無効確認請求訴訟を提起する際，紛争の一回的解決を図るべく，遺留分侵害額請求（改正前：遺留分減殺請求）による請求の趣旨を予備的に附加されることがあります。しかし，遺言無効を主張する際に，「遺言が有効だとしても」といった予備的請求を附加すべきではないと考えます。訴訟運営が困難になりますし，遺留分侵害額請求権に関しては，予備的に訴訟外で遺留分侵害額請求権行使の内容証明郵便を送付する等して権利が消滅しないようにケアしておけば（この点は「第4章・1(2)オ(ア)」をご覧ください。），遺言が有効である旨の結論が確定してから進めれば足りると考えられるからです。

第4章 訴訟後

■勝訴パターン

——不動産は，Ｚ名義に所有権移転登記がなされていたが，Ｙは不動産を必要とせず，他方でＺは既に賃貸マンションを引き払って移り住んでいたという事情があったことから，代償分割による遺産分割協議が行われた。不動産の評価と支払方法について対立したが，双方が依頼した不動産業者による査定額を平均し，公正証書によることで分割払いとすることで落ち着いた。

■敗訴パターン

——遺留分侵害額についてＺ代理人と協議を行った結果，遺留分侵害額について双方合意が成立し，その後一括で支払われた。

解　説

1　遺言が有効である旨の判決又は和解により終了した場合

　遺言無効確認請求訴訟の結果，請求棄却の判決が確定した場合，遺言者が作成した遺言は有効であったことが確定することになります。また，遺言が有効である内容で訴訟上の和解が成立した場合も同様です。

　遺言が有効であった場合，遺言書に従った財産の分配が行われることになります。遺言執行者が選任されている場合には，遺言執行者が遺言書に従った執行業務を行います。

　では，この場合，遺言無効確認請求訴訟で敗訴した原告（遺言の無効を主張していた者）は何もできないのでしょうか。以下のとおり，場合分けして考えることができると思います。

(1)　遺言書で全ての財産の処分が決定していない場合

　遺言書で全ての財産の処分が決定していない場合，例えば，遺産の一部だけの特定遺贈がなされ，遺言書に記載されていない遺産が存した場合です。

　このような場合，遺言書記載の遺産について遺言の執行を行うほかに，遺言書に記載されていなかった遺産については，遺産分割協議を行う必要があります。

　遺産分割協議を行う際には，特定遺贈により承継した遺産が特別受益として扱われることに注意が必要です。遺産分割協議が調わない場合には，遺産分割調停，審判による解決を図ることになります。

　また，遺言書に記載されていなかった遺産について遺産分割が完了してなお，自らの遺留分が侵害されている遺留分権利者は，受遺者又は受贈者に対し遺留分侵害額請求権を行使することができます。遺留分侵害額請求権については，(2)で詳述します。

⑵　遺言書で全ての財産の処分が決定している場合

　この場合，遺言書の遺産について遺言執行がなされれば，それ以外の遺産は存しないため，別途遺産分割協議を行う必要がありません。この点で⑴とは異なります。

　ただし，遺言者に法定相続人がいる場合，当該法定相続人のうち遺留分権利者は受遺者に対し，遺留分侵害額請求をすることができます。以下見ていきます。

ア　遺留分制度の概要

　改正前相続法にもとづいて，遺言や贈与により，遺留分を侵害されたとする者が遺留分減殺請求を行った場合，遺留分減殺請求権の法的性質について，通説は形成権＝物権的請求権と考えていました。すなわち，「遺留分権利者の減殺請求により贈与又は遺贈は遺留分を侵害する限度において失効し，受贈者又は受遺者が取得した権利は右の限度で当然に減殺請求をした遺留分権利者に帰属するものと解するのが相当であ」る（最判昭和51年8月30日民集30巻7号768頁）というものです。

　この考え方によれば，遺留分減殺請求権を行使すると，減殺の対象となる遺贈の目的財産が複数ある場合は，遺留分減殺請求権の行使の結果，通常はそれぞれの財産について共有関係が生じることになります。そのため，旧法下で遺留分減殺請求権を行使すると権利関係が複雑になると指摘されていました。また，遺留分減殺請求権の行使により一部であれ遺言が失効することになるため，遺言執行の範囲を確定できず，遺言執行を完了させることができなくなるという不都合がありました。そして，このような問題点を解決するため，相続法改正によって遺留分減殺請求権は見直されることになったのです。

　改正相続法では，遺留分権利者は，遺留分の権利を行使することにより，受遺者等に対し，遺留分侵害額に相当する金銭の支払を請求できるとされました。それに伴い，遺留分減殺請求権は遺留分侵害額請求権となりました。遺留分侵害額請求権になったことで，遺留分権利者は目的物の帰属を求めることはできず，遺留分侵害額相当の金銭債権を行使することができるにとどまることになったため，遺留分権利者が権利行使をしても，権利を行使され

た相手方との間で当然に共有関係は生じることがなくなり，権利関係が複雑になることを避けることができるようになりました。共有関係が形作られて財産が固定化されることを避けられれば事業承継もスムーズに進むことが期待されます。

イ　遺留分権利者

　相続人に遺留分が存するといっても，全ての相続人が遺留分権利者というわけではありません。遺留分権利者は，兄弟姉妹以外の相続人に限られ，具体的には，配偶者，子，直系尊属のみです（民法1042条1項）。

　また，兄弟姉妹以外の相続人であっても，相続欠格，廃除，相続放棄によって相続権を失った者に遺留分はありません（ただし，相続欠格又は廃除の場合は代襲相続の問題が発生します。）。

ウ　遺留分の割合

(ア)　相対的遺留分

　民法1042条1項は「兄弟姉妹以外の相続人は，遺留分として，次条第1項に規定する遺留分を算定するための財産の価額に，次の各号に掲げる区分に応じてそれぞれ当該各号に定める割合を乗じた額を受ける。

一　直系尊属のみが相続人である場合　3分の1

二　前号に掲げる場合以外の場合　2分の1」

と定めています。1042条1項の意味での遺留分とは「相続財産全体に占める遺留分権利者に留保される割合」を指します。「3分の1」「2分の1」といった割合が遺留分権利者全体に留保される割合です。

(イ)　個別的遺留分

　遺留分権利者には，各自に留保されるべき部分を侵害されたことを理由に，遺留分侵害者に対し金銭の交付を求める権利が与えられます。このときに，遺留分権利者各自に留保された相続財産上の持分的割合のことを個別的遺留分といいます。

エ　遺留分算定の基礎財産

　遺留分割合をもとに相続人各自の遺留分を算定するときの基礎となる財産のことを基礎財産といいます。

　基礎財産は，《被相続人が相続開始時点で有していた財産（遺贈財産を含

む。）＋贈与財産－相続債務の全額》で算出されます（民法 1043 条 1 項）。

　相続紛争においてよく問題となるのは，「贈与財産」の加算です。民法 1044 条に規定されている「贈与」は，民法 549 条に規定されている贈与に限られることはなく，全ての無償処分を指します。また，「贈与」は「みなし相続財産」（民法 903 条）の場合と異なり，相続人への贈与に限られません。加算される贈与は，以下のとおりです。

(ア)　相続開始前 1 年間にされた贈与

　相続開始前 1 年間にされた贈与は，遺留分の基礎財産に算入されます（民法 1044 条 1 項前段）。無条件で贈与を遡って参入してしまうと，取引の安全が害されるため，時期的に限定を加えたものです。

　また，「相続開始前の 1 年間にした」とは，贈与契約が相続開始前の 1 年間に締結されたことを意味します。1 年より前に締結された贈与契約が相続開始前 1 年間に履行された場合は，遺留分の基礎財産に算入されません。

(イ)　遺留分権利者に損害を加えることを知ってした贈与の加算

　当事者双方が遺留分権利者に損害を加えることを知ってした贈与は，相続の 1 年前よりも前にされたものであっても，遺留分算定の基礎財産に算入されます（民法 1044 条 1 項後段）。「損害を加えることを知って」とは，損害を加えることの認識で足り，積極的な加害意思を有している必要はないとされています（大判昭和 4 年 6 月 22 日民集 8 巻 618 頁）。損害を加えることを知っている者の権利保護を優先する必要がなく，基礎財産に算入されることにしたものです。

(ウ)　相続人に対する特別受益としての贈与の加算

　共同相続人の一人に対してなされた贈与は，それが「特別受益に該当」し，かつ，「相続開始前の 10 年間にされたもの」であれば，特別受益と評価される価額に限り，遺留分算定の基礎財産に算入されます（民法 1044 条 2 項，3 項）。共同相続人に対して行った贈与が特別受益に該当する場合，実質的に相続財産の前渡しと評価できるため，共同相続人相互の公平を維持するための処理といえます（最判昭和 51 年 3 月 18 日民集 30 巻 2 号 111 頁）。

オ　遺留分侵害額請求

(ア)　遺留分侵害額請求権の行使

　遺留分侵害額請求権の行使主体は，「遺留分権利者」と「承継人」です。「遺留分権利者」の範囲は既に述べたとおりです。「承継人」には，遺留分権利者の包括承継人（相続人や包括受遺者）及び特定承継人が含まれます。

　遺留分侵害額請求権の行使方法は，意思表示によって行うことができ，必ずしも訴訟による必要はありません（最判昭和44年1月28日裁判集民94号15頁）。また，意思表示をする際，具体的な侵害額を明示して意思表示をする必要はありません。

　遺留分侵害額請求権は，遺留分権利者が相続の開始及び遺留分を侵害する贈与又は遺贈があったことを知った時から1年間行使しないときは，時効によって消滅します（民法1048条前段。短期消滅時効）。また，相続開始の時から10年を経過すれば消滅します（民法1048条後段。除斥期間）。

　遺言無効確認請求訴訟との関係では，遺留分侵害額請求権をどのタイミングで行使するかが問題となります。遺言無効確認請求訴訟の中で予備的請求として遺留分侵害額請求がなされる可能性がありますが，遺言無効確認請求訴訟だけでも論点が多岐にわたる中で，遺留分侵害額請求権まで同時に審理すると訴訟の遅延・複雑化を招くため，賛成できません。とはいえ，遺留分侵害額請求権の行使期間は1年間という制限があるため，遺言無効確認請求訴訟の決着まで待っていると，遺言が有効という結果になった場合，遺留分侵害額請求権まで行使できない結果を招くことになります。

　そこで，遺言無効確認請求訴訟を提起する場合，受遺者に対し，内容証明郵便で予備的主張として遺留分侵害額請求権の権利行使の意思表示を行っておく必要があると解されます。

(イ)　遺留分侵害額請求の相手方

　遺留分を侵害された者は，遺留分を侵害する遺贈又は贈与を受けた者に対し，遺留分侵害額請求をすることができます（民法1046条1項）。ここで，受遺者又は受贈者が複数いるときには，誰が遺留分侵害額を負担するか問題となります。この点，民法は1047条に準則を定めています。

2　遺言が無効である旨の判決又は和解により終了した場合

遺言無効確認請求訴訟の結果，請求認容の判決が確定した場合，遺言者が作成した遺言は無効であったことが確定することになります。また，遺言が無効である内容で訴訟上の和解が成立した場合も同様です。

遺言が無効となった場合，遺言書は当初から存在しなかったことになるため，法定相続人は，一から遺産分割協議を行う必要があります。遺産分割協議が調わなかった場合には，遺産分割調停，審判という流れで決着がつくのは，通常の遺産分割の場合と同様です。

コラム〜相続人が認知症・行方不明・未成年の場合〜

遺産分割協議は，相続人全員により行う必要があります。

遺産分割協議も法律行為ですから，相続人の中に，認知症患者・行方不明者・未成年者がいる場合，どうしたらいいでしょうか。

1）認知症の場合（意思能力に問題がある場合）
■成年後見人選任の申立て

意思能力に問題がある場合，遺産分割協議をするためには成年後見人等の選任申立てを行う必要があります。ちなみに，家事事件手続法19条の特別代理人の制度がありますが，同法施行後間もない頃から，家庭裁判所の実務では，遺産分割協議の場合には後見開始申立てを強く勧める傾向にあります。成年後見人等を選任されるまでにある程度時間がかかるため，相続税の申告期限を考えると，速やかに選任申立てを行うことが望ましいといえます。この場合，共同相続人が成年後見人に選任されることはほとんど考えられませんから，遺産分割協議を依頼されている弁護士において，裁判所に事情を説明の上速やかに自らを選任するよう上申することによって，選任までの期間を短縮するよう試みることがあり得ます。

なお，既に共同相続人が成年後見人に選任されている場合は，利益相反となるため，特別代理人の選任申立てが必要です（民法826条1項，860条）。

2）行方不明者の場合

■失踪宣告の申立て

　生死が7年間明らかでないときは（普通失踪），家庭裁判所に失踪宣告の審判を求めることができます（失踪宣告の申立て。民法30条）。

　失踪宣告を受ければ，行方不明になってから7年を経過したときに死亡したものとみなされますので，その死亡したものとされる日が被相続人の相続開始前であれば，行方不明者の代襲相続人が遺産分割協議に参加することができます。

　もっとも，失踪宣告は，その申立てから審判確定までに半年以上はかかるといわれています。

■不在者財産管理人の選任申立て

　行方不明になって7年に満たない場合や相続税の申告期限に間に合わない場合，不在者財産管理人の選任申立てを行うことが考えられます。

　もっとも，不在者財産管理人が遺産分割協議を行うには，家庭裁判所の許可（権限外行為許可）が必要であり，不在者（行方不明者）に不利な内容の遺産分割協議は困難です。したがって，基本的には，不在者の法定相続分に相当する程度の遺産を確保する必要があります。

　ただし，不在者について，明らかな特別受益の証拠がある場合には法定相続分を減額することもあり得ますし，不在者への遺産の配分額が100万円にも満たないような場合には，「帰来時弁済」といって，他の共同相続人から「不在者が帰来したときは，責任をもって，〜万円を交付します。」というような印鑑証明書付き誓約書を提出させて，不在者財産管理人については，遺産分割終了後に，「管理財産なし」を理由に選任審判の取消しをすることも考えられます。

3）未成年の場合

■特別代理人選任の申立て

　未成年者は単独で法律行為を行うことができませんので，法定代理人（親権者や未成年後見人）が未成年者を代理します。

　親権者と未成年者が共同相続人となる場合，利益相反となるため，特別代理人の選任申立てが必要です（民法826条1項）。

　特別代理人は，審判で定められた行為についての代理権を有するため（申立時に遺産分割協議書案を添付します。），あらかじめ遺産分割の話合いが済んでいる必要があります。

コラム〜遺言と異なる遺産分割協議をめぐる諸問題〜

　遺言が存する場合であっても，相続人全員の合意があれば遺産分割協議をすることができます（民法907条。ただし，不動産に関する特定財産承継遺言については，即時権利移転の効力を生ずるとするのが最高裁判例（最判平成3年4月19日民集45巻4号477頁）ですので，理論的な説明は必ずしも容易ではありません。）。

　この場合，遺産分割協議書を作成する場合には，遺言書があることを前提として遺産分割協議がなされていたことを明らかにするため，前文あるいは冒頭部分で，遺言を異なる協議であることを明記すべきです。とはいうものの，不動産に関する特定財産承継遺言と異なる遺産分割をした場合は，登記申請の際に，一旦遺言に基づく相続登記をした後に贈与あるいは交換などを登記原因として重ねて登記申請せねばならない，という問題が発生する可能性がありますので，くれぐれも注意が必要です。ちなみに，相続税申告期限の前に遺言と異なる遺産分割協議をした場合には，税務上は，贈与認定することはないとの国税庁のタックスアンサー（No4176）があります。

　また，遺言執行者の同意があることを盛り込むか，別書面にするかは，遺産分割協議の内容や遺言執行者との協議の内容次第といえますが，少なくとも相続人の処分権限制限を定めた民法1013条による無効主張を回避するため，遺言執行者の同意を得ておくべきです。

　また，もともと遺言無効主張について非協力的な相続人資格者への協力要請が奏功するかが課題となりますが，受遺者あるいは受益の相続人も基本的に合意しており，非協力的な相続人資格者にも遺産の分

配がなされることを具体的に説明すれば，遺産分割協議書への署名押印及び遺産分配金の受領について協力を得られる可能性が高いものと考えます。

　また，署名押印の段取りを考える必要があります。一つの協議書に皆で署名捺印することが原則ですが，遠隔地に居住する相続人資格者全員が一堂に会して同時に署名押印することは極めて困難ですから，その場合はいわゆる「持ち回り署名」となりそうです。しかし，「持ち回り」を郵送でする場合には，時間もかかりますし，途中で紛失されるリスクもありますので，「郵送による持ち回り」は極力避けるべきでしょう。

　そのような場合には，同一内容の書面への各自単独署名方式によって共同相続人の人数分の遺産分割協議書を作成する方法を検討すべきでしょう。この方法であれば，各自の手元に協議内容を残すことができ，金融機関も換価に応じ，登記もできます。もちろん，時間短縮にもなりますので，各自単独署名方式の採用をお勧めします。

【書式6　遺産分割協議書（案）】

別紙　遺産分割協議書（骨子）

1　（被相続人及び相続人の確認）　→（省略）
2　（遺産の範囲の確認）　　　　　→（省略）
3　（遺言の確認）

　相続人全員は，○○地方法務局所属公証人○○○○が令和○年○月○日に作成した令和○年第○○号遺言公正証書による亡○○○○名義の遺言が存在することを認識しつつも，民法第907条第1項に基づき，亡○○○○の遺産につき，次項以下のとおり分割することに合意する。

　なお，上記遺言により指定された遺言執行者である○○信託銀行は，相続人全員による遺産分割協議の内容を承諾し，金融資産については，

責任をもって本遺産分割協議書に基づいた分配手続をする。

4　相続人○○○○，同○○○○，同○○○○，同○○○○，同○○○
○は，遺言執行者が解約保管する金融資産のうち，各自5000万円ず
つを取得し，相続人○○○○，同○○○○は，各自3000万円ずつを
取得する。

5　遺言執行者○○信託銀行は，令和○年○月○日限り，前項記載の金
員を前項の相続人各自が指定した預金口座に振り込む方法により支払
う。

6　相続人○○○○は，金融資産のうち前項記載の合計金3億1000万
円を控除した残額及び全ての不動産並びにその他一切の遺産を取得す
る。

7　遺言執行者○○信託銀行は，自ら解約保管する金融資産から第4項
記載の3億1000万円及び本件遺言にかかる遺言執行者の報酬を控除
した残額を相続人○○○○指定の預金口座に振り込む方法により支払
う。

8　本協議書に記載なき遺産及び後日判明した遺産は，相続人○○○○
が全て取得する。

9　本協議書に記載なき遺産及び後日判明した遺産については，当初の
相続税申告の対象としないため，後日の税務調査などにより本協議書
に記載なき遺産が判明した場合には，相続人全員に対して追徴課税さ
れる可能性があるが，このような追徴課税が行われた場合における追
徴課税額については，全額相続人○○○○が負担する。当該税額負担
により発生する贈与税額についても，相続人○○○○の負担とする。

10　（清算条項）　省略

第 2 編

最近の裁判例の動向について

1 総論

(1) 「遺言能力とは何か」という点について，民法上に明確な定義規定は存在しません。「遺言能力の有無はどのような要素から判断されるべきか」という点についても明確な規定は存在しません。そこで，訴訟において遺言能力の有無が争われた場合には，判決の中で遺言能力の有無に関する判断が示されることになりますが，裁判例によって微妙にニュアンスが異なります。

例えば，近時の裁判例を見ると，「遺言能力とは，遺言を有効になし得る能力であり，遺言者が遺言の内容及びこれによる法律効果を理解し，判断することができる能力である。このような遺言能力の有無は，当該遺言との関係で個別的に判断されるものであり，当時の遺言者の一般的な判断能力の有無，程度に加え，当該遺言の内容や難易，当該遺言作成に至る経緯，作成時の状況などを総合して判断される。」と判示したものがあります（東京地判平成26年5月27日判例集未登載）。

また，「遺言能力とは，遺言事項を具体的に決定し，その法律効果を弁識するに必要な判断能力すなわち意思能力と解されるところ，このような遺言能力の欠如について，遺言時を基準として（民法963条），当該遺言の意味内容を理解する能力を欠如しているかどうか，すなわち，本件各対象遺言の各時点における遺言者である被相続人の病状，精神状態等，遺言の内容，遺言をするに至った経緯等をふまえ，遺言能力を喪失するに至っていたかどうかを判断することとなる。」旨判示したものがあります（東京地判平成28年12月7日判例集未登載）。

また，アルツハイマー型認知症に罹患した遺言者が作成した遺言について，「遺言能力の有無は，遺言の内容，遺言者の年齢，病状を含む心身の状況及び健康状態とその推移，アルツハイマー型認知症の発症時と遺言時との時間的関係，遺言時とその前後の遺言者の言動及び精神状態，遺言者の日頃の遺言についての意向，遺言者と相続人との関係等遺言者の状況を総合的にみて，遺言の時点で，遺言の内容を判断する能力があったか否かによって判断されると解すべきである。」と判示したものもあります（東京地判平成26年1月30日判例集未登載）。

(2)　このように，裁判例によって，「遺言能力とは何か」，「遺言能力の有無はどのような要素から判断されるべきか」について，少しずつ記載に差があるようです。

　　ただし，どの裁判例を見ても，「遺言作成当時に遺言者が認知症に罹患していたから遺言能力を認めない」等といった単純な判断はしていません。遺言能力の有無が裁判で争われる場合，医師による医学的判断が重要ですが，最終的には裁判官の法的判断によるものであることはいうまでもありません。医師が遺言者を認知症と診断していたとしても，それだけで一律に遺言能力が否定されるわけではありません。民法上も，成年被後見人が事理弁識能力を一時的に回復した場合は，医師2人以上の立会いのもとで遺言を作成することが認められています（同法973条1項）。認知症の症状の程度や進行は人それぞれであるため，事案や遺言内容ごとに遺言能力の有無を判断する必要があります。

　　そして，上記裁判例を見ると，記載の仕方こそ異なるものの，遺言能力の有無を判断する要素は共通していることが分かります。

(3)　まず，遺言能力の有無を判断する上では，遺言者の年齢や病状，健康状態や精神状態等（以下「病状や精神状態等」といいます。）が重要な要素とされています。ちなみに，遺言無効の有無が裁判で争われ始めた昭和40年代以降の裁判例では，医学的見地からの病状や精神状態等のみから遺言能力の有無を判断したものが多かったとされています。

　　もちろん，現在も遺言者の病状や精神状態等が遺言能力の有無を判断する重要な一要素であることに変わりはなく，様々な証拠に基づいて遺言能力の有無を判断することになります。この判断に供する証拠としては，具体的には，病院からは診療記録を，介護事業者からはサービス提供記録（介護日誌）や居宅サービス計画書等を，居住市町村からは介護認定のための認定調査票を取り寄せるほか，遺言者の日記やメモといった遺言者自身の記録物，担当医師，立会証人，同居者，介護事業関係者など遺言者の心身の状況を知る人物からの事情聴取などが考えられます（これら資料をどのように収集するかは第1編第1章，どのように分析するかは第2章を参照してくださ

い。）。

　ただし，上記各記録（証拠）は，作成主体及び作成目的がそれぞれ異なるわけですから，各記録の記載が遺言能力の有無を判断する上でどの程度有益であるかは，慎重に評価すべきと考えます。裁判例を見ても，記載内容を一つの事実としては認めながらも，その記載をもって直ちに遺言能力の有無に結び付けることはなく慎重に認定しているものが多いので，注意が必要です。

(4)　また，遺言能力の有無を判断する上では，遺言内容の難易や軽重との関係も重要です。遺言能力の有無は，あくまで当該遺言の内容との関係で個別に判断されます。例えば，「全財産をAに遺贈する」という単純な内容の遺言と，多様な遺産や多数の相続人等について複雑な場合分けをしている遺言とでは，前者の方が遺言の内容及び法律効果を理解することはより容易であり，遺言者に求められる能力は低いもので足りることになるでしょう。遺言の内容の複雑性に応じて，遺言者に当該遺言を理解できる能力があったのかを慎重に検討する必要があります。

　この点についての裁判例については，「公正証書であれば，8か条程度で「複雑でない」とするもの，信託銀行が作成した14頁にわたる遺言を複雑とするもの，同じく信託銀行社員の作成した多数の不動産を複数の者に一部は共同相続させる等し，執行者の報酬も細かく率を分けているものを複雑とするもの，数十筆に及ぶ不動産や預金を相続人毎に異なった比率での配分をするものを複雑とするもの等と分類されている。概ね，信託銀行の作成するような遺言は「複雑」とされ，一人にすべての財産を与えるとか，居住不動産を同居している者に与えるという遺言は「単純」「理解しやすい」とされているようである」という指摘があり，参考になります（土井文美「遺言能力（遺言能力の理論的検討及びその判断・審理方法)」判タ1423号40頁）。

(5)　さらに，「遺言をするに至った経緯」も重要です。従来は，遺言能力の有無を判断する際，遺言者の病状や精神状態等をもとに，遺言者が遺言内

容を具体的に決定し，その法律効果を理解できる能力を有していたか否か，という点を中心に判断されるものも多くありました。しかし，近時の裁判例は，これに加えて，遺言内容の複雑さ，遺言内容の合理性，動機の有無，遺言作成の経緯，遺言者が自由に意思決定できたか否か，という点を遺言能力の有無を判断する要素として重視しているものが増えてきています。遺言内容の合理性については，以下の指摘が参考になります。

「医学的判断としては遺言能力の存否についていずれの判断も可能な場合のみならず，時には，医学的にみると逆の結論になりそうな場合であっても，裁判所は，遺言能力の名の下に，あるいは方式違背等の理論を用いて，当該遺言の有効無効の法的判断をしていることがわかる。その要因をみると，概ね次のようにまとめられると思われる。

ア　医学的に見た能力がかなり低くても遺言を有効にしている場合は，例えば面倒をみている者に多く遺贈する内容（とりわけ同居中の不動産を遺贈する場合）や，法定相続人が害されているわけではない等，内容の合理性が考慮されている。

イ　能力が比較的高いのに無効となっている場合は，その遺言作成過程に受遺者側からの何らかの不当な関与が窺われる場合が多い。不当な関与をして利益を得た者が結果的に利得する結果とならないよう配慮されているものと考えられる。

ウ　最近の傾向としては，HDS-R の点数を，重症度を推認する材料としてはあまり重視せず，点数が相当低い事案でも，遺言内容にそれなりの動機がうかがわれ，不当な関与もない場合には自己決定権を尊重し，遺言能力を肯定する傾向があるようにみえる。ただし，口授の要件は，むしろ近時は厳格に判断している傾向があり，要式違背によって無効とするケースも比較的多いようにも思われる」（前掲土井・判タ 1423 号 42 頁）。

(6)　高齢者の遺言能力については，上記のとおり，遺言者の病状や精神状態等だけでなく，遺言の内容（複雑性）や遺言作成の経緯，動機の有無が重要ですが，遺言者の真意が遺言書に反映されているかも極めて重要であり，遺言能力の有無を判断する上で重視されるべきです。

この点について，「「遺言能力」という用語が用いられてはいても，実際には本人の遺言をしようとする意思，つまり本人の真意が，いかにして形成されてきたか，実際の遺言の中に真実反映されているかどうか，という側面も重視されているということがいえるのではあるまいか。その場合に，周囲の影響力の存否と程度は，本人の真意形成という動機あるいは意思形成過程（意思形成の完成以前）の問題でありつつも，同時に遺言能力の判断という個別具体的ケースの判断の中でも，けっして小さくないウェートを占めているといえるのではないだろうか」という指摘がなされています（大塚明「実務から見た高齢者の遺言と「遺言能力」久貴忠彦編『遺言と遺留分　第1巻　遺言［第3版］』107頁（日本評論社，2020年））。今後の遺言能力をめぐる紛争において，遺言者本人の真意形成と意思形成過程が遺言能力の有無を判断する重要な要素となる可能性を示唆しているように思われますので，参考になります。

2　近時の裁判例の評価

(1)　東京地判平成27年2月19日判例集未登載（163頁参照）

　ア　遺言書作成当時88歳の高齢者Aが作成した公正証書遺言について，遺言無効が争われた事例。原告Xは，①遺言書作成当時の看護記録を見ても「現状への理解力の低下あり」「理解力低く危険行動リスクあり」「『ここがどこかもわからない，昨日いたところからここまで引っ張ってこられた』と意味不明な発言聞かれる」等の記載があることから，遺言当時に遺言者は認知症に罹患しており，②預貯金を信託財産として信託を設定する内容の遺言である等からすれば，遺言内容は複雑であり，遺言書作成当時に遺言者に遺言能力はなかったとして，遺言無効を主張しました。

　イ　これに対し，裁判所は，「本件遺言書作成当時，A（遺言者）が事理弁識能力を欠いていたことを窺わせる様子は全くなかったことに加え，本件遺言書作成の約10日前に実施されたインフォームドコンセントにおける医師とのやりとりからも，その事理弁識能力に問題があることは窺われず，同日，原告に対して，被告Y1及び自己の預金残高証明や生前

贈与のための孫名義の口座開設を依頼するなど，その時点で相当の財産
管理能力や記憶力を保持していたこと，入院の前後を通じて示された遺
言内容や自宅建替えに関するＡの考え方が一貫しており，それが本件遺
言の内容と整合することなどが認められ，これらの事情を総合すると，
本件遺言書作成当時，Ａが意思能力（遺言能力）を欠いていたというこ
とは認められない。」としました。

　認知症（①）については，「医師ないし医療機関において，認知症と
の判断がされていたことが認められるが，それらの記録上，一般に認知
症診断に用いられる長谷川式認知症スケールによる検査や画像診断が行
われた形跡は認められず，上記記載は，単に認知症と思われる症状が出
現していることを記載したにすぎないと考えられる。」，「Ｘは，上記
……に係る診療記録上の記載を指摘するが，それらの異常な言動は入院
中継続していたものではなく，担当医師からＸや被告Ｙ2に対してこう
した言動の報告や説明がされたこともなかったのであるから，一時的に
発生した譫妄状態と理解するのが相当である。したがって，本件遺言書
作成時にそうした譫妄状態にない限り，意思能力の有無を左右する事情
には当たらない。」と判断しました。

　また，信託制度の複雑性（②）については，「原告は，本件遺言の内
容に関し，そこで用いられた信託制度が一般に認知されていないという
が，Ａの経歴からみて，これを知っていた可能性は十分あると考えられ
るし，本件遺言における信託は，Ｙ2をして，遺産となる預貯金からＹ1
の生活に必要な金銭給付をさせるというものにすぎないから，内容的に
難しいということはない。」と判断しました。

　最後には，「通常，遺言無効確認請求訴訟においては，遺言内容に相
当の偏りがあることがほとんどであり（遺言無効を主張する者に対する分配
が少ない），そのことに相続人同士の猜疑心が加わって対立が強まるもの
であるが，本件遺言にはそのような偏りはほとんどなく（自宅の土地建物
は原告，賃貸に供している不動産はＹ2，預貯金は信託終了後に折半というもの），
その意味でも，Ａの意思能力に問題があったことや，Ｙ2あるいはその
意向を受けた被告Ｙ3からＡに対する働きかけがあったことなどは全く

窺われない。」と判示しました。

ウ　この裁判例は，遺言者に関する認定調査票や主治医意見書の記載を丁寧に評価し，認知症の中核症状としての「日常の意思決定を行うための認知能力」は「自立」とされ，「自分の意思の伝達能力」は「伝えられる」とされていたこと，遺言書作成時の状況について，公証人の遺言書作成手順や公証人の手控えメモ（当該公証人は，遺言公正証書の有効性が事後に争われる可能性があることを念頭に，その作成状況を3つの類型に分けて手控えメモを作成していました。）に「問題なし」と記載されていたことなどを評価し，X主張の診療記録上の記載は「一時的に発生した譫妄状態」にすぎなかったとして，遺言書作成時点における遺言者の病状や精神状態に問題なかった旨判断をしています。また，遺言内容が複雑といえる内容ではなく，遺言内容が相続人の一部だけに有利な不平等な内容になっていない（一部の相続人から，当該相続人だけを有利に扱うように遺言書作成を促されたものとは考え難い。）という点も踏まえて，遺言の有効性を判断したものと評価できます。

(2)　東京地判平成 29 年 12 月 6 日判例集未登載 （187 頁参照）

ア　遺言書作成当時，成年被後見人であった高齢者Aが作成した公正証書遺言について，原告Xらは，①「医師2人以上の立会い」（民法973条1項）の要件を欠くこと，②遺言者がその頭を上下に動かし，肯定の意思を示しただけで作成されたものであり，言語をもって陳述されたものではなく，「口授」（民法969条2号）の要件を欠くこと，③遺言者がその相続財産を3人の子に3分の1ずつ相続させるという真意に合致した内容であると誤信して作成されたものであったこと，を理由に遺言無効を主張しました。

イ　裁判所は，医師2人以上の立会い（①）について，「H医師及びJ医師は，同日，本件公正証書の作成に先立ってAを診察し，その遺言能力に問題がないことを改めて確認した。Aは，H医師から，決めかねることや迷うことがあれば遺言の作成を急ぐ必要はないなどと助言されたこともあったが，本件遺言をする意思に変わりないことを明確に表明して

いた。……公証人は，Aに対し，本件公正証書の各項目を読み聞かせて，その遺言内容がAの遺言意思に合致することを確認した上で，本件公正証書にAの署名押印を得た。H医師及びJ医師は，本件遺言の際に終始同席しており，この間，本件公証人や被告から，特段の注意を受けることはなかった。……H医師による一時離席は，Aの署名押印が終了した後のことであり，この一時離席の間にAが本件遺言の作成に関する態度を翻したり，Aの意思に反して本件公正証書の内容が修正されたりするようなことはなかったから，本件遺言の効力を否定する事情であるとはいえない。」と判断し，Xの主張を排斥しました。

　また，「口授」の要件（②）については，「Aは，Yを通じて本件公証人に遺言内容を伝えた上，本件遺言の作成に当たっては，その概略を改めて口頭で伝えていたのであるから，本件遺言において「口授」（民法969条2号）の要件に欠けるところもない。」と判断し，Xの主張を排斥しました。

　さらに，錯誤無効の争点（③）については，「Aは，本件遺言をするまでの間に長男Bと原告X2との相続分の多寡の当否を再検討することがあったにせよ，亡夫Fの遺産相続の際に成立した遺産分割調停においてBの取得分が少なかったことを気にかけ，予定された公正証書の作成日を変更してまで熟考した上で，自分の遺産相続の際にはBにより多くの相続財産を取得させるということを慎重に決定したのであり，本件公証人による読み聞かせにより本件遺言の内容がAの遺言意思に合致する旨確認されたことに照らしても，本件遺言はAの真意と合致するものであったから，本件遺言において，Xらの主張するAの錯誤があったとは認められない」と判断しました。

ウ　この裁判例は，成年被後見人が遺言を残した場合の遺言の有効性が争われたものです。民法上，成年被後見人が事理弁識能力を一時的に回復した場合は，医師2人以上の立会いのもとで遺言を作成することが認められています（同法973条1項）。その場合，遺言に立ち会った医師は，遺言者が遺言をする時において精神上の障害により事理を弁識する能力を欠く状態になかった旨を遺言書に付記して，署名押印をしなければな

らないとされています（同条2項）。

　この裁判例は，遺言作成に先立って2人の医師に遺言能力に問題ない
旨の診断を受けたものの，体調不良等によって遺言作成を見送った後，
公正証書作成に先立ち改めて診察をしたが遺言能力に問題ないことを確
認し，「決めかねることや迷うことがあれば遺言の作成を急ぐ必要はな
い」と助言されたが遺言意思を明確にした経緯を丁寧に事実認定し，
「医師2人以上の立会い」の要件を充足する旨判断したものです。認知
症高齢者であっても，医学的に意思能力を回復した状態で医師2人以上
の立会いのもとに遺言書の作成がされた場合に有効性が認められた裁判
例としての意義を有します。また，遺言内容も，Aの亡夫であるFの遺
産分割調停の際にBの取得分が少なかったことを以前から気にかけてい
たAが，Bの取得分を多くする遺言内容となっており，従前から一貫し
たAの意思が現れた遺言内容になっている点を評価し，Xによる錯誤無
効の主張を排斥しています。

(3)　**東京地判平成26年5月27日判例集未登載**（160頁参照）

　ア　遺言書作成当時95歳の高齢者Aが作成した公正証書遺言について，
遺言無効が争われた事例。原告Xは，①遺言者は，介護保険の認定調査
票や介護老人ホーム作成の資料，医療機関作成の情報提供書，介護保険
被保険者証等の資料から，認知症がかなり進んでおり，遺言能力がな
かったと考えられること，②被告YがAに対し詐欺や脅迫を続けてきた
中で，Yが身元引受人になってAを介護付き老人ホームに入所させて監
視し，他方でXがAに面会できないようにして接触を妨害し，Aを自ら
のマインドコントロールにより支配下に置くことで作成させたものであ
ること，を理由に遺言の無効を主張しました。

　イ　これに対し裁判所は，遺言能力（①）について，「遺言能力とは，遺
言を有効になし得る能力であり，遺言者が遺言の内容及びこれによる法
律効果を理解し，判断することができる能力である。このような遺言能
力の有無は，当該遺言との関係で個別的に判断されるものであり，当時
の遺言者の一般的な判断能力の有無，程度に加え，当該遺言の内容や難

易，当該遺言作成に至る経緯，作成時の状況などを総合して判断される。」と判断要素を明らかにした上で，「認定調査票と同時期に作成された平成19年10月8日付けの主治医意見書では「認知症の中核症状」に関して「短期記憶　問題なし」「日常の意思決定を行うための認知能力自立」「自分の意思の伝達能力　伝えられる」と記載され，「認知症の周辺症状」（幻視・幻覚，妄想，不潔行為など）も「無」と記載されており，認知症高齢者の日常生活自立度は「〈１〉」（何らかの認知症を有するが，日常生活は家庭内及び社会的にほぼ自立）とされていることが認められる。」として，遺言者の病状や精神状態等に問題がなかったものとしました。また，「本件遺言書の内容や難易との関係で見ると，本件遺言書の内容は「私の財産をすべてＹに相続します」というもので単純であり，特段の複雑さはない。」として遺言能力を認めました。

Ａが遺言書作成当時，要介護４の状態であったことについては，「平成21年1月15日当時，疾患名として，「不眠症，逆流性食道炎，骨盤骨折後腰椎症，骨粗鬆症，胃潰瘍，慢性動脈閉塞，慢性心不全」など多数の身体疾患を抱え，入院のため筋力も低下していると指摘されていたことが認められるところ，一般に要介護の認定は介護を要する時間の長さによって判定されるのであるから（要介護４は，要介護認定等基準時間が90分以上110分未満又はこれに相当すると認められる状態），上記のような多数の身体疾患を抱えた状態で要介護４の認定を受けたからといってそのことから直ちに認知症が進行しているということはできない。」として遺言能力を否定する理由にはならないとしました。

また，遺言書がＹの脅迫による支配下に置かれた状態で作成されたため無効であるとの主張（②）については，「一般に，いわゆる絶対的強制下にあり，意思の自由を完全に奪われた状態でされた意思表示は当然に無効と解されているから，Ｘの主張もこれをいうものとして検討するに，本件全証拠によっても，本件遺言書が当然に無効というほどの強い脅迫のもとで作成されたことを基礎付ける事情は認められない。」としました。

むしろ，Ａが生前，自ら，「なお長男夫婦の入室を禁止します　長男

Ｘが私の自宅に勝手に施錠をかけた場合は取りこわしを許可します。」と手書きで書き足していたこと，Ａが平成 20 年 11 月 11 日，次男Ｅ，三男Ｙ及び四男Ｆ宛てに，自筆の文書を作成し，同文書に「Ｘ夫婦には私の財産は相続させません。理由は老人ホームへのいやがらせ　私の自宅の占拠　近隣からの大声の苦情」と記載されていたこと，Ａが施設入所後，ＸがＥ，Ｙ又はＦの同席なしに面会に来ることを拒否していたが，納得していなかったＸが施設を訪れ，職員の前で大声を上げてトラブルになることが平成 20 年から平成 21 年にかけて数回あり，このようなことは平成 21 年 10 月上旬にもあったこと，といった事情を丁寧に事実認定した上で，「Ａが自筆で作成したもの……の一部や「Ｘ夫婦には私の財産は相続させません」との文書……からは，当時ＡがＸに対し強い拒否的な感情を抱いており，これらの文書はそのようなＡ自身の感情に基づいて作成されたことが窺われる。……結局，上記の乙号各証は，いずれもＸに対する拒否的な感情に基づくものとしてむしろ一貫性，合理性があり，そこにＹの詐欺や脅迫があるとは窺われない。」として排斥しました。

ウ　この裁判例は，遺言者の認知症の進行具合について証拠によって慎重に検討し，Ｘ夫婦が立ち会って作成された認定調査票及びこれに基づいて作成された認定情報ではＡの認知症の程度が重い記載になっているものの，その他の証拠からすれば，Ａの当時の判断能力を正確に反映したものとはいえないと判断しています。また，要介護 4 の認定であっても上記のとおり認知症の進行を裏付けるものではないと判示している点に特徴があります。また，遺言能力の有無について，遺言者の病状や精神状態のみから判断するわけではなく，遺言書の内容が複雑でないことも考慮して判断を下しています。

　さらに，この裁判例では遺言能力の論点ではなく，遺言者の意思の自由が奪われていたか否かの論点で記載されていますが，遺言書作成以前からＡが原告らへの拒否的な感情を有していたことからすれば，遺言書の内容は一貫性が認められるとしています。この事実は，遺言能力の合理性という観点からも，遺言能力を肯定する方向での事実であったと評

価ができます。

(4)　**東京地判平成 28 年 12 月 7 日判例集未登載**（173 頁参照）

　ア　高齢者Aは，平成 20 年 1 月 10 日に，Aの一切の財産を原告Xに相続
させる旨の遺言を作成していました（本件遺言 1）が，平成 22 年 12 月
20 日には本件遺言 1 を撤回する旨の遺言をし（本件遺言 2），平成 24 年
5 月 9 日には，Aの一切の財産を被告Yに相続させる旨の遺言をしまし
た（本件遺言 3）。

　　　Xは，Aが平成 21 年 6 月 25 日に認知症の診断を受け，日常生活自立
度は「Ⅱ b」であり，「改訂長谷川式簡易知能評価スケール」の結果は
15 点であり，Yがそのような状況のAを頻繁に連れ出し，Xに対する
ひぼう中傷を吹き込んだ結果，本件遺言 2 及び本件遺言 3 が作成された
として，Aの遺言能力が認められない旨争いました。

　イ　裁判所は，「遺言能力とは，遺言事項を具体的に決定し，その法律効
果を弁識するに必要な判断能力すなわち意思能力と解されるところ，こ
のような遺言能力の欠如について，遺言時を基準として（民法 963 条），
当該遺言の意味内容を理解する能力を欠如しているかどうか，すなわち，
本件各対象遺言の各時点における遺言者であるAの病状，精神状態等，
遺言の内容，遺言をするに至った経緯等をふまえ，遺言能力を喪失する
に至っていたかどうかを判断することになる。」とした上で，遺言者の
病状や精神状態等については，「本件遺言 2 の半年後の平成 23 年 8 月 9
日の家裁調査官の面接において，Aとの意思疎通は可能であり，Aには，
長期記憶の障害は見られず，見当識障害も特に見られなかったこと，自
身の財産状況について，預貯金の額を除き，預貯金の内容，本件不動産
や年金の額など，Aはかなり正確に答えていることが指摘でき，Aの心
身の状態に特に問題がなかったことがうかがわれる。」，「MMSE（入院
患者用の認知機能障害を質問法によってベッドサイドで簡便に測定することを目的
とした質問式の簡易認知機能検査法であり，30 点満点であるが，一般に，23 点以下
を認知症の疑いとする）の結果を見ても，MMSE18 点（中等度認知症レベル）
ということもあったが，他の日時においては，MMSE25 点ということ

もあり，上記の長谷川式の結果を含む，これらの簡易検査の数値を見ても，特に大きな機能，能力の低下があったとは認められない。」，「本件遺言2の前頃から，Aが「アルツハイマー型認知症」にり患し，認知機能にある程度の衰えがあり，周辺症状に伴い，介護等が困難な状況にあったことは否定できないが，他方，本件遺言2の直近直後の状態として，Aはある程度の記憶を保持し，日常的な事柄を処理できた可能性があるほか，本件遺言2の半年後においても，Aには自らの財産内容を把握できる能力があったと考えられる。」として，遺言能力が否定される状況にないとしました。

　その上で，本件遺言2及び本件遺言3の作成経緯については，「遺言が単独行為であって，そのような遺言をした動機や経緯については，明確に表示されていない限り，事後に第三者がその真意を確定することは困難というべきところ，本件遺言2や本件遺言3がされた直接的な動機，理由は，遺言そのものからは明らかではなく，本件遺言2は「従前の遺言を白紙に戻し，改めて考えてみたいと思っています。」と記載するにとどまり，どのような理由で撤回したかなど明確ではない。この点をもって，Aのどのような経緯で本件遺言2や本件遺言3をするに至ったかを明らかにできず，その経緯をもって遺言能力がないということもできない。」としました。

　遺言内容については，「本件遺言2は，単に本件遺言1を撤回するという内容のものにすぎず，また，本件遺言3の内容もYに全遺産を相続させるという比較的単純なものであって，Aの心身の状態等に照らして，Aが，このような遺言をする能力を喪失していたとは認められない。」として，遺産内容が単純である（複雑でない）ことを評価しています。

ウ　この裁判例は，遺言能力について，他の近時の裁判例と同様に，遺言者の病状や精神状態等だけで判断するわけではなく，遺言内容や遺言書作成の経緯も吟味した上で判断しています。

　この裁判例の事案は，本件遺言1でXに全ての遺産を相続させるとしておきながら，本件遺言2でこれを撤回し，本件遺言3では，Yに全ての遺産を相続させる内容となっており，遺言者の意思が一貫していない

点に特徴があります。

　このような中で，本件遺言２と本件遺言３は，その遺言内容自体が複雑ではないこと，遺言者の病状や精神状態からしても，本件遺言２及び本件遺言３を作成した当時には，これら遺言内容を理解することができる程度の意思能力はあったとして遺言能力を認めたものと評価できます。

⑸　**東京地判平成 29 年 3 月 16 日判例集未登載**（177 頁参照）

　ア　遺言書作成当時 94 歳の高齢者Ａが作成した自筆証書遺言（平成 20 年 12 月 21 日作成）について，遺言無効が争われた事例。原告Ｘは，①平成 19 年 9 月 4 日時点で実施された MMSE で 30 点満点中 16 点であり，遺言者はアルツハイマー型認知症の診断を受け，平成 20 年 5 月 23 日に実施された「改訂　長谷川式簡易知能評価スケール」で 30 点満点中 8 点であり，中等度の痴呆と診断されていたことから，遺言能力は認められない旨主張しました。

　イ　裁判所は，「痴呆性高齢者の遺言能力の有無を検討するに当たっては，遺言者の痴呆の内容程度がいかなるものであったかという点のほか，遺言者が当該遺言をするに至った経緯，当該遺言作成時の状況を十分に考慮し，当該遺言の内容が複雑なものであるか，それとも単純なものであるかとの相関関係において，慎重に判断するべきである。」とした上で，本件遺言が複雑なものとまではいえないものの，「一人が財産の全部を相続ないし遺贈を受けるとか，数人が財産を按分で相続ないし遺贈を受けるといったものと異なり，本件遺言①は，特に被告 Y1 に対し 2 つの不動産を遺贈することを内容とし，建物については 1 棟の建物全体ではなく本件 1・2 階部分を対象とするものであり，また，本件遺言②には，認定事実のとおり，その動機，すなわち原告には 200 万円のみを相続させることとした理由を記載した文書がつづられていたことに加え，公正証書遺言ではなく自筆証書遺言であること，本件土地について所在，地番，地目及び地積が，本件 1・2 階部分について所在，家屋番号，種類，構造及び床面積がそれぞれ記載されていること，Ｘ及びＡの配偶者Ｂに対する「相続」と Y1 に対する「遺贈」を区別していること等からすれ

ば，決して単純なものであるとも認められない。」として，単純な遺言でないことを強調しました。

　また，遺言書の作成経緯については，「Bは，Aが本件各遺言を作成した当日，同人と面会しているところ，本件各遺言は公正証書遺言と異なり自筆証書遺言であること等からすれば，Bが，分筆前土地の分筆及び本件各遺言の作成について，これらを主導したことが明らかである。」としました。

　Yらは，老人性痴呆に罹患している者が作成した遺言について遺言能力を肯定した裁判例を指摘して遺言の有効性を主張しましたが，この点についても裁判所は「（被告らが指摘する裁判例）は，公正証書遺言に関する事案である上に，遺言公正証書を作成するに当たっては，遺言者に氏名及び生年月日を確認し，遺言者の意思を確認した上でこれを作成するというものであるところ，本件は，自筆証書遺言に関するものである上に，A（遺言者）は，認定事実のとおり，自身の生年月日すら正確に答えられていないのであるから，本件とは事案を異にするものであって，適切ではない」として退けています。

ウ　この裁判例は，自筆証書遺言であったこと，自筆証書遺言を作成した場面で遺言者の妻Bが立ち会っていたことを重視して遺言能力が否定された裁判例といえるでしょう。遺言者はアルツハイマー型認知症に罹患していたということであり，遺言作成以前のMMSEや「改訂　長谷川式簡易知能評価スケール」での点数から考えても，病状及び精神状態がしっかりしていたとは考え難いと評価されたものです。

　自筆証書遺言であっても，遺言書がより単純なものであれば，有効とされた可能性も否定できませんが，この裁判例で示された事例を前提とすれば，遺言書の複雑性や遺言作成当時の状況から考えても，遺言者の病状や精神状態，遺言者の真意性の観点から，遺言書の有効性を認めることは困難であったと考えられます。

(6)　東京地判平成29年3月29日判例集未登載（180頁参照）

ア　高齢者Aは，平成21年10月9日に公正証書遺言を作成し，また，平

成22年10月6日に公正証書遺言を作成し，各遺言の無効が争われた事例。

　原告Xは，①Aが平成15年に脳出血で倒れて緊急手術を行ったが，その後は重度の失語症が残ってしまい，平成23年12月には医師作成の鑑定書を踏まえてAにつき後見開始の審判がされていること，②各遺言の内容は相当に複雑であり，Aはこの内容を理解することが不可能であったこと，③Aは各遺言作成時点では後見人が選任されていなかったものの，遺言意思を欠く常況にあったため，民法973条を根拠に医師の立会いが必要であったが，それが欠けていることからすれば，各遺言作成の際，Aに遺言能力は認められない旨主張しました。

イ　裁判所は，「遺言能力とは，遺言事項を具体的に決定し，その効果を理解するのに必要な能力であると解されるところ，前記のとおり，Aは文字を介した意思疎通は困難であり，また，失語が重いため，判断能力はあるとしても，それを示すことがきわめて難しい状態にあったことを考慮すると，遺言事項を具体的に決定し，その効果を理解して遺言意思を表現することはきわめて困難であったといわざるを得ない。特に，本件各遺言は，遺産の内容を個別に取り上げ，しかも3名に対して具体的な取り分を詳細に指定し，さらには遺言執行者や予備的な遺言執行者を指定し，遺言執行の具体的方法まで指定するものであり，その内容は相当に複雑である。したがって，公証人によってその内容が口頭で説明され，遺言書自体を示されたとしても，Aがその内容を理解することは不可能であったと考えられる。」としてAの遺言能力を否定しました。

　また，「本件各遺言時にAに後見人は選任されていないものの，前記認定によれば，Aは遺言能力を欠く常況にあったと認められるから，民法973条の趣旨に照らし，本件各公正証書遺言作成時に医師の立ち会いのもとでAが事理を弁識する能力を一時的に回復していたことが具体的に示されない限り，遺言は無効になると解するのが相当である。そして，本件各公正証書作成時に医師の立ち会いはなかったから，本件各遺言は無効である。」としました。

ウ　この裁判例は，遺言書作成時における遺言者の病状，精神状態等（重

度の失語症）からすれば，判断能力があるにしてもそれを示すことが極めて困難な状態にあったこと，それから遺言内容が複雑であり，その複雑さからしたときに，当時の遺言者の病状，精神状態に照らすと，そもそも遺言内容を理解できたとは考え難い旨判示したものです。

(7) 東京地判平成 26 年 4 月 24 日判例集未登載（159 頁参照）

　ア　84 歳の高齢者Ａは，平成 22 年 6 月 28 日に公正証書遺言を作成しました。当該遺言内容が，相続開始時に有する全ての財産を被告に相続させる旨の内容であったことを受け，原告が遺言無効確認請求訴訟を提起しました。原告は，「Ａ（遺言者）は，平成 22 年 6 月 28 日前後は，理解力，判断力，記銘力，表現・口述能力等が著しく低下，欠如している状態にあり，当日は意識レベルが低下していた。したがって，Ａは，本件遺言当時，遺言能力を欠いており，本件遺言は無効である。」として争いました。

　イ　裁判所は，「有効な遺言をするには，遺言者について，遺言事項を決定しその効果を弁識するに必要な判断能力としての意思能力がなければならない。」とした上で，遺言者には「判断能力に直接影響を及ぼすべき病態の診断又は疑いがあったと認めるに足りる証拠はなく，また，その精神的判断能力を計測する心理検査等が行われたと認めるに足りる証拠もない。なお，上記のとおり，希死念慮の発言がみられたことが認められるものの，判断能力に欠けるといえるほどのうつ症状があったと認めるに足りる証拠はない。」として遺言者の病状及び精神状態等から直ちに遺言能力が否定される状況にはなかったと判断しました。また，「本件遺言の内容は全財産を被告に相続させるとするものであってごく単純なものであるところ，……自己の財産の処分に関するこのように単純な意思決定にかかる判断能力が欠けていたとまでは認めることができない。」として，遺言内容が単純であることも理由にして遺言能力を肯定しました。

　　　この裁判例では原告から遺言者の遺言書作成当時の意識状態，理解力及び判断能力等について鑑定を申し出ましたが，「弁論の全趣旨によれ

ば，Aの生前の病状の客観的資料としては，上記S病院循環器科で作成
された診療録及び看護記録等が存するのみであってこれはAの意思能力
に関連する検査や診断の結果を欠くものであることが認められ，これを
前提とする限り，上記鑑定を採用する必要性は乏しいものといわざるを
得ず，却下を免れない。」と判示されています。

ウ　この裁判例は遺言能力を肯定しましたが，裁判例に表れる事情を読む
限り，遺言書作成当時の医療記録には遺言者（A）の認知症状に関する
記述が乏しく，一定のエピソードはあるものの，直ちに遺言能力を否定
するだけの精神状態にあったとは考えられない事情であったようです。
また，遺言内容も複雑ではなかったことも併せ検討し，遺言能力が肯定
されたものと考えられます。

(8)　東京地判平成27年6月24日判例集未登載（166頁参照）

ア　高齢者Aが平成19年6月16日に作成した自筆証書遺言について，原
告Xらが遺言無効確認請求訴訟を提起したもの。Xらは，上記遺言につ
いて，Aが平成17年8月頃からアルツハイマー病を原因疾患とする認
知症にかかっており，遺言書作成当時，FAST6のやや高度のアルツハ
イマー病の病期にあって遺言能力はなかったはずであると主張し，また，
上記遺言は，被告らが共謀して，遺言能力がないAに書写又は口授の方
法等により書かせたものであるとして，遺言が無効である旨争いました。

イ　裁判所は，「本件遺言書が作成された同年6月16日時点において，A
の記憶力，時間及び空間に対する見当識等の認知機能は，年齢相応と考
えられる程度をさらに下回るものであったと認められる。しかしながら，
……既に出現していた事象の頻度が上記期間に増加したにすぎないとい
うこともできる。また，平成16年10月の長谷川式簡易知能評価スケー
ル改訂版の結果は19点，平成18年9月の認知機能検査（MMSE）の結
果は20点であり，いずれも認知症と健常者を分けるカットオフ値を若
干下回る水準であったにすぎず，両時点でAの認知機能はほとんど維持
されていたということができ，その後本件遺言書作成当時までの間にA
の認知機能が大幅に低下する要因となるような事情があったとは認めら

れない。……そうすると，Aに上記のような認知機能の低下を示す行動が見られたことを考慮しても，本件遺言書作成当時，Aの認知機能が，同年3月22日に軽度から中等度の認知症であると評価された状態から大きく低下していたと認めることはできない。」とした上で，「本件遺言は，被告Y3が提案した遺言執行者に関する記載を除けば，預貯金をY1ら3名に均等に相続させ，自宅不動産である本件土地建物をY3及びY4に相続させるという単純な内容のものであり，Aの本件遺言書作成当時の認知機能の低下が上記内容を理解する上で特段の困難を伴う程度に至っていたものとは認められない。」と遺言内容の単純性に言及し，「したがって，Aが，本件遺言書作成当時，本件遺言の内容及びこれに基づく法的結果を理解した上でこれにつき必要な判断をするだけの能力を欠いていたということはできず，遺言能力を喪失していたと認めることはできない。」と遺言能力を認めました。

ウ　この裁判例でも，遺言者の病状，精神状態等だけから遺言能力の有無を判断することなく，遺言書内容（複雑な内容でない）も踏まえて遺言能力を判断しています。

　　また，この裁判の中で，Xは，Aがかつて達筆で流麗な，文字の配列のバランスも良い文書を書いていたところ，本件遺言書には，漢字についての形態的誤謬，文字構成部分の省略，字体の崩れ，空間的配置異常等の書字障害が多数認められるとして，Aにはアルツハイマー型認知症による高次脳機能障害又は認知機能の低下が顕著に存在したことが明らかである旨主張していましたが，裁判所は，「確かに，本件遺言書には，一部の漢字の形状に誤りがあり，文字の配置のバランスを欠く部分があることが認められるものの，判読が困難になる程度には至っていないし，字体についても，Aが○○病院入院中や□□□入居時にした署名との間に大きな差異は認められない。」としてXの主張を排斥しました。この点は，書字によるアルツハイマー型認知症の進行に関する事実認定として参考になります。

　　さらに，この裁判例の事案で，Xは，Aが生前，遺言書を書くことを拒否し続け，遺言書を書きたくないとの意思を明確に保持していたもの

であるから，判断能力を失った状態で第三者に遺言書を書かされること
でもない限り，本件遺言書を書くことは考えられない旨も主張しました。
これに対し裁判所は，「仮にAが上記各発言をしていたとしても，直ち
に確定的な真意に基づく発言であると認めることはできないし，上記各
発言の後，本件遺言書を作成した時点までに翻意して遺言書を書くこと
にした可能性があることを否定することはできない。」とし，Aの夫が
死亡してから遺言書作成時までの間に，YらがAの身の回りの世話をし
たり，Aに送金をしてきたこと，他方でXらとAの間に交流がなかった
ことを認定し，「本件遺言書作成当時，Yらは，Aにとって最も関係の
深い親族であったのに対し，AとXらとの関係は希薄であったというこ
とができるから，Aが，Yらに遺産を相続させる一方，法定相続人であ
るXらに一切言及しない本件遺言書を作成したとしても，不自然である
ということはできない。」としてXの主張を排斥しています。このよう
に，遺言者の真意や動機という面も考慮した上で遺言能力について判断
されています。

(9)　東京地判平成 28 年 3 月 4 日判例集未登載 (170 頁参照)

ア　高齢者Aは平成 20 年 11 月 6 日，公正証書遺言を作成しました（以下
「平成 20 年遺言」という。）。平成 20 年遺言には，①○○の土地建物及び金
融資産のうち 100 分の 65 を被告Yに相続させ，②その余の不動産，金
融資産のうち 100 分の 35 及び株式会社杉浦商店の株式をB（Aの長男で
あり，原告らの親）に相続させ，③遺言執行者としてBを指定すること，
などが記載されていました。

　　その後，Aは平成 24 年 4 月 4 日，公正証書遺言を作成しました（以
下「平成 24 年遺言」といいます。）。ここでは，平成 20 年遺言を一部変更し，
①△△の土地建物をBではなくYに相続させ，②金融資産の相続割合を
Y 100 分の 60，B 100 分の 40 に改めること，が記載されていました。

　　その後，平成 25 年 8 月 27 日にBが死亡し，同年 9 月 13 日，Aは公
正証書遺言を作成しました（以下「本件遺言」といいます。）。本件遺言では，
それまでにした遺言を全て撤回した上で，①全ての不動産及び杉浦商店

の株式全部を被告Yに相続させること，②金融資産をY，原告X1及び原告X2に3分の1ずつ相続させること，③遺留分の減殺は，まずYに相続させる金融資産からすべきものと定めること，④遺言執行者としてYを指定すること，などを内容としました。

同月25日，Aは死亡しました。

イ　この状況下で，Xらは，「本件遺言は，種類が豊富で総額も6億円余りに及ぶ財産の分割に係るもので，分割方法も遺留分減殺の対象財産まで指定するなど単純なものではなく，その他の内容も詳細で多岐にわたるものであることからすれば，遺言をするに当たって求められる意思能力の程度は，高いものであることを要するところ，Aは，本件遺言書が作成された当時，94歳と高齢であったことに加え，知力・体力が著しく低下し，脱水症，肺炎等に罹患し，せん妄もみられていた上，跡継ぎとして期待を寄せていたBが急逝したことから，多大な精神的ショックを受け，激しく気落ちしていた。」として，本件遺言書作成「当時，遺言の内容を具体的に決定し，その法律効果を弁識するのに必要な判断能力を備えていなかった。」と主張しました。

また，遺言書の作成経緯についても，「本件遺言証書は，平成25年9月9日にYの夫であるJが税理士であるKに対して作成を依頼し，同月11日にYがAのかかりつけの医師であったLに対して公証人からの照会に対する回答書の作成を依頼して，短期間で作成されたものであって，その作成には被告が大きく関与しており，被告が，前記のとおり判断能力が著しく低下した状態にあったAをYの意向に逆らうことができない状況に陥らせて，Yの示唆・誘導の下に真意に基づかない本件遺言をさせたものである。」として，本件遺言は遺言者であるAの真意に基づいたものでないとして，遺言能力を否定する旨主張しました。

ウ　裁判所は，AがBの生前，Bとかかわりの深い□ビルのみならず，○○商店の経営についてもBに，さらにはその長男であるX2に代々引き継がれていくことを強く望んでおり，Bの急逝後もX2にこれらを承継させることを望む気持ちに変わりがなかったこと，Aは相続させる遺産の価額の面ではできる限り相続人間の平等を保つよう配慮していたこと，

Bの死後，本件遺言作成時までにそのような考え方が変わる決定的な出来事があったとはうかがわれないこと，を認定した上で，「ところが，本件遺言は，AがM家に代々承継されることにこだわっていた資産を全てS家に嫁いだ被告に相続させるというものである点でも，相続人間の平等に配慮せず，Bの子らである原告らには遺留分の限度での分配にとどめるものである点でも，従前の遺言においてAが明確に示してきた意向とは根本的に異なる内容となっており，Aがそのような翻意をしたことにつき合理的な理由は見当たらない。」として遺言内容の合理性，一貫性を否定しました。

　また，遺言書作成の経緯についても，「本件遺言証書の作成に係る手続は，○○商店の役員からBの妻子であるX2及びBの妻Nを排除してその後任にA及びJとYの子であるQを就かせることを目的とした臨時株主総会の招集手続と併せて，Y及びJの関与の下に進められており，本件遺言証書が作成される前日には，YがA宅の玄関の鍵を交換して，AとNとの接触を断とうとしていたことが認められる。これらの事情に鑑みると，本件遺言の内容及び作成経緯は，Aが自らの真摯な意思に基づき本件遺言をしたものとみるには不自然であるといわざるを得ない。」とした。

　遺言者の病状や精神状態等については，「Aは，本件遺言証書が作成された当時には，94歳という高齢であり，前記認定のとおり，平成25年の夏頃には知力及び体力の衰えが顕著で，意味不明の言動をしたり，せん妄状態が継続し，それが治まった後も，簡単な意思の表明すら口頭でも筆談でも行うことができない状態に陥っていたことを併せ考慮すると，Aは，本件遺言証書が作成された当時，自らの行為の意味と結果を認識し，自らの意思によっていかなる行為をすべきであるかを判断できる精神状態になかったものと認められる。」としました。

　裁判所は，以上から，Aが本件遺言書作成当時，遺言能力を欠いており，本件遺言は無効であるとしました。

エ　この裁判例では，遺言者の意思の一貫性，遺言内容や作成経緯を作成した状況について事実認定をして，遺言能力を否定しました。この裁判

例では，遺言者は高齢ではあったものの，具体的な病状や精神状態等について双方から具体的事実がそれほど挙げられておらず，裁判所としても細かい事実認定はしていないように思われます。それよりも，遺言者が遺言書の内容を大幅に変更していること，当該変更に合理的な説明がつかないと思われること，遺言書を作成した状況からすれば自らの積極的意思により遺言書作成が行われたものであるとは考え難く，遺言書作成が遺言者の真意に基づくものでないと思われることが重視され，無効と判断された裁判例であると思われます。

⑽　**東京地判平成 30 年 1 月 18 日判例集未登載**（192 頁参照）

　ア　高齢者であるＡは平成 26 年 9 月 2 日，公正証書遺言を作成しました（以下「本件遺言」といいます。）。本件公正証書では，①Ａの財産の全てを被告Ｙ（長女）が相続すること，②Ａが締結した生命保険契約の生命保険の受取人をＹに変更すること，③原告Ｘ（二女）に平成 24 年に生活援助資金として 300 万円を銀行から借りて渡しており，この特別受益，その他を考慮して，Ｘには財産の相続はないものとすること，④遺言執行者としてＹを指定し，遺言執行者は，遺言者の借用中の貸金庫を開庫する等の遺言執行するために必要な権限を有すること，などが定められていました。

　イ　Ｘは，①Ｙが遺言者と被告以外の法定相続人との接触を断ち，遺言者を自らの管理監視下に置いた上，公証人に遺言の下書きを渡すことにより，Ｙの全面的関与のもとで本件公正証書遺言を作成したこと，②遺言者の遺言書作成当時の病状は重篤な状態であり，認知症も発症していて，他人の話を理解することが困難であり，意識レベルも低下していたことから，「本件遺言は，遺言者の財産の全てをＹに相続させるというものであるが，遺言者とＹは従前絶縁状態にあった一方，遺言者とＸの関係は良好であったから，本件遺言の内容は遺言者の真意に基づくものとは思われないことに加え，既に解約されているはずの生命保険契約の受取人をＹとすること，そのような事実はないにもかかわらずＡがＸに対して平成 24 年に 300 万円の資金援助をしたとされていること，Ａが借り

ていないはずの貸金庫の処理が記載されていることなど，事実と異なる内容が盛り込まれている。」として，Aは遺言書作成当時，遺言能力を有していなかった旨争いました。

ウ　裁判所は，Aの病状及び精神状態等について，「認知症に関しては，看護要約や転倒・転落アセスメントスコアシートに理解力や記憶力に問題があるかのような記載があるものの，いずれも医師が遺言者の理解力，記憶力及び判断能力を診察，診断したものではなく，このほかに，本件公正証書遺言作成に至るまでの間に，遺言者の理解力，記憶力及び判断能力に疑義を生じさせるような出来事は見当たらないことを踏まえれば，遺言者の理解力，記憶力及び判断能力に遺言をする上で支障が生じるような問題があったとはいえない。」としました。

また，遺言書作成に至る経緯や内容については，「Aは，平成26年4月2日に交通事故により妻であるBを亡くし，自身も余命6か月の胃がんであることが判明するなど，死後の遺産の処理に関心を示す状況にあったといえる。そして，本件公正証書遺言は，Aの積極財産を全てYに相続させるというものであるところ，上記交通事故後，Bの遺産分割や遺言者の入院等についてYが対応していたと推認されることや，Aにおいて，本件公正証書遺言とほぼ同内容の自筆の遺言書を作成していたという経緯からすると，仮にXが主張するように遺言者とYが従前は絶縁状態にあったと仮定したとしても，その作成経緯や内容が不自然又は不合理であるとまで認めることはできない。」としました。

裁判所はこれらの事情を踏まえ，Aの遺言能力があった旨認定しています。

エ　この裁判例では，Aの病状や精神状態等について，認知症ではあったものの，Aの理解力や記憶力，判断能力を医師が具体的に診察した事実がなく，これらに疑義が生じるような事情は見当たらないとして特段問題ないと考え，遺言内容も単純であり，遺言の作成経緯に不自然，不合理な点がないことも併せ考え，遺言能力の有無を判断したものです。

⑾ **東京地判平成 26 年 1 月 30 日判例集未登載**（156 頁参照）

ア 86 歳の高齢者である遺言者Aは，平成 18 年 6 月 18 日に自筆証書遺
言を作成しました（以下「本件遺言」といいます。）。本件遺言には，財産を
全て被告Yに相続させる旨記載されていました。

原告Xは，中等度の認知症か高度の認知症かは別にして，Aには，一
見，意識明瞭，とりあえずの会話も成立したが，金銭管理能力が欠如し
ていたこと，HDS-R の点数，日常生活，財産管理等の自己決定の判断
能力に著しい低下が認められたこと，Aが本件遺言書の「相続させる」
の意味を理解していないこと，Aにおいて本件遺言書を作成することが
社会通念上相当であると是認できるほどにAと被告の関係が円満であっ
たという客観的な事情が存在しないこと，さらに，Yが本件遺言書の下
書きをあらかじめ作成し，それを示して認知症のAに本件遺言書を作成
させたと思料されることからすれば，本件遺言書作成当時，Aは遺言能
力を欠いていた旨争いました。

イ 裁判所は，「遺言能力の有無は，遺言の内容，遺言者の年齢，病状を
含む心身の状況及び健康状態とその推移，アルツハイマー型認知症（以
下「認知症」という。）の発症時と遺言時との時間的関係，遺言時とその前
後の遺言者の言動及び精神状態，遺言者の日頃の遺言についての意向，
遺言者と相続人との関係等遺言者の状況を総合的にみて，遺言の時点で，
遺言の内容を判断する能力があったか否かによって判断されると解すべ
きである。」旨示した上で，「本件遺言書の内容をみると，別紙 2 記載の
とおり，財産を全てYに相続させるという単純な内容であり，その内容
を理解することは客観的には容易であったというべきである。」として
遺言内容の単純性を指摘しています。

その上で，遺言書作成時点での遺言者の病状や精神状態等については，
「遺言書作成時は認知症の発症から約 1 年が経過した時点であるところ，
認知機能障害の有無を捉えることを主目的とする HDS-R の点数は，本
件遺言書作成の約 1 年前の平成 17 年 6 月 3 日時点で 22 点，平成 18 年
5 月 27 日時点で 16 点，同年 6 月 15 日頃の時点で 21 点，同年 12 月 5
日時点で 4 点であったことは前提事実のとおりであり，証拠によれば，

同年9月7日頃の時点で11点であったことも認められる。また，同年6月15日付け診断書には，「意識明瞭，会話も成立するが，日常生活，財産管理等の認知能力に著しい低下を認める。」と記載されている」等として，遺言を理解する認知能力の欠如を指摘しています。

　また，遺言書作成の経緯については，「本件遺言書作成当時，AとYとの関係は，Aの全財産をYに相続させるほど円満であったとは認め難いところ，Yの対応及び本件遺言書交付にかかるYの陳述及び供述は信用することはできないことからすれば，Yが下書きをしてそれをAが写したのか否か，Yが指示してAに本件遺言書を作成させたか否かまでは不明というほかないが，何らかの形でAが本件遺言書を作成する際に，同遺言書の内容にYの意図が反映されたというべきである。加えて，本件遺言書作成当時，Aは高度に認知症が進行した状態にあったというべきであり，Aが，単純な内容とはいえ，Xには一切財産を相続させず，一方，Yに全財産を相続させるというような本件遺言書の内容を，理解していたとはおよそ認められない。」として，本件遺言書作成時，Aに遺言能力はなかった旨判断しました。

ウ　この裁判例は，遺言内容が単純であったにもかかわらず，遺言書作成の経緯や遺言者の病状によって遺言無効が認定された事例です。遺言者の病状及び精神状態等については，「認知症が高度の進行程度になっていたと考えられ，本件遺言書の内容を理解する能力はないと判断している」旨の鑑定書が提出されており，当該鑑定書の信用性が問題となりましたが，裁判所は「確かに，後見開始が相当であると判断したにもかかわらず，保佐相当との鑑定書を作成した理由についてのF（鑑定人）の証言は，家庭裁判所の運用及び鑑定人の在り方として誤解に基づくものであるといわざるを得ないが，Fがそのように認識していたことを正直に話している点においては，むしろ誠実に証言していることが現れているというべきである。また，平成18年6月15日頃の時点におけるAのHDS-Rの点数が21点であったことについての証言についても，確かに，客観的裏付けのない不明瞭な証言といわざるを得ないが，認知症が進行する過程において，HDS-Rの点数が上昇することは通常考え難い

ことからすれば，直ちにF証言全体の信用性を損なうまでのものではな
く，現に上記のとおり，HDS-Rの点数は，同年9月7日頃の時点では
11点，同年12月5日の時点では4点となっており，同年6月15日頃
の時点のみが認知症の進行の流れに反した点数となっている。そして，
Fは，平成18年12月当時，精神科医として既に10年間の勤務経験が
あり，成年後見制度に関する鑑定についても15件程度の経験があるこ
と，加えてAについて覚えていると断言する証言をしていることからす
れば，その証言は信用性が高いというべきである。」と判断しており，
事実認定として参考になります。

⑿　**東京地判平成29年4月26日判例集未登載**（184頁参照）

ア　高齢者である遺言者Aは，平成23年1月26日，公正証書遺言を作成
しました（以下「平成23年遺言」という。）。平成23年遺言は，以下のとお
りです。

「第1条　遺言者（A）は，遺言者の有する預貯金債権，信託受益権，保
護預け中の有価証券等及びその他一切の金融資産並びに○○信用金庫
に対する出資金に関する一切の権利（ただし，遺言者の葬儀費用，未払い
の公租公課，医療費用を控除した残額）を，遺言者の長女である被告Yに
8分の2，遺言者の孫である原告X1及び原告X2に各8分の3の割
合により相続させる。

第2条　遺言者は，前条記載の財産を除き，遺言者の有する手許現金，
動産その他一切の財産を，遺言者の長男Bの妻Cに遺贈する。

第3条　遺言者は，この遺言の遺言執行者として，前記Gを指定する。」

その後，Aは，平成24年1月13日に自筆証書遺言を作成しました（以
下「本件遺言」という。）。本件遺言の内容は以下のとおりです。

「私Aは，次の通り遺言する。

1　Cにあずけた預金4000万円は，すべてYにあげて下さい。

2　アパートはCに上げたけれどYに返して下さい。

3　E（Aの亡夫）の建てた○○の家もCにあげたけれどYに返して下
さい。

　　4　私を老人ホームに入れるようなCと同じ墓に入りたくありません。

　　Yと同じお寺にして下さい。」

イ　原告は，①本件遺言作成当時，Aは「中等度ないしやや高度」の重い
認知症にり患しており，遺言事項の効果を理解するのに必要な能力を有
していなかったこと，②平成23年遺言作成後に遺言者とXらやCとの
関係が悪化するような出来事はなかったにもかかわらず，本件遺言は，
平成23年遺言の内容に反するものになっていること，③YはAと関係
がよくなく，それまでAを連れて帰ることはほとんどなかったにもかか
わらず，平成23年1月11日，突然本件施設に入所中のAを自宅に連れ
帰り，3日間宿泊させた。本件遺言は，この際にYの自宅において作成
されたものである。なお，これ以降，Yが遺言者を自宅に連れて帰るこ
とは一度もなかった。これらの経緯からすれば，本件遺言はYの認識・
意思に基づく内容になっており，Aの有しているはずの認識・意思と異
なる内容になっており，本件遺言がYの不当な干渉のもとで作成された
ことは明らかであるとして，遺言能力がなく，遺言は無効である旨争い
ました。

ウ　裁判所は，「本件遺言書作成当時（平成24年1月13日）のAの状況は，
平成23年3月に軽度の認知症と診断された後，同月に直腸がんと診断
され，翌月に入院手術を受けたことの影響もあってその認知症の症状は
悪化していたのであり，入院中は自分の病名も入院の理由も度々分から
なくなる状態であったこと，同年5月に退院した後も，食べたばかりの
食事の内容を思い出せず，また自発的に平易な文字を書くこともできな
い状況になっていたこと，本件遺言直前には年月日や自分のいる場所さ
え答えることができず，長谷川式の簡易知能評価スケールで13点で
あったことなどからすれば，Yの指摘するように当時Aが本件施設の職
員らと日常の会話をすることができていたことなどを考慮してもその認
知症の程度は中等度に進んでいたと認められる。加えて，前記争いのな
い事実によれば，本件遺言の内容は，認知症が進行する前に作成された
平成23年遺言の内容と異なるものであり，またその付言事項に表れて
いるAの意思とも大きく異なるものである上，亡Bの遺産分割協議の際

にＡが了解していた分割方法にも異を唱える内容となっているが，これらの内容の変更を合理的に説明しうるＡとＣやＸらの関係が悪化したというような事情をうかがうこともできない。なお，上記認定事実によれば，Ａが本件施設に入所したのはＣの手術に伴う一時的なものであり，Ａはこの事情を説明されていたのであるから，これをもってＣらとの関係悪化を基礎づける事情ということはできず，Ａがこのような事情を理解できずに本件遺言を作成したのであれば，理解できていないこと自体がＡの遺言能力の欠如を裏付ける一つの事情になるというべきである。さらに，上記認定事実のとおり，本件遺言１項で被告に遺贈する旨の記載がされている財産の内容が，被告の認識していたＡの預金残高と符合する一方で，実際には同じ信用金庫に存在していた他の多額の金融資産については遺贈の対象となっていないことや本件遺言が被告宅に外泊中に作成されたこと，本件遺言の②及び③の内容にはＡの意思というよりもむしろ被告の意思が強く表れていることがうかがえることなどからすれば，本件遺言書の作成やその内容について被告の影響が少なからずあったと推認でき，かかる事情も併せて総合考慮すれば，Ａは，本件遺言書作成の際，本件遺言をする意思能力を欠いていたというべきであり，本件遺言はＡの意思に基づいて有効にされたものと評価することはできない。」として遺言能力を否定しました。

エ　この裁判例では，遺言者の病状や精神状態等について，認知症の程度が中等度に進行していたこと，遺言書がＹの支配下で作成されていること，遺言書の内容がＹの意思が強く表れていることから，遺言者の真意に基づいた遺言であるとは認められず，遺言能力が否定されています。

　　認知症の程度が中等度に進行したからといって直ちに遺言能力が否定されるわけではありませんが，この裁判例では，遺言に至る意思形成が一貫されているとは考え難く，本件遺言の作成が被告の支配下でなされたことを重く見て，遺言者の真意に基づく遺言ではないと判断し，遺言能力を否定したものと考えられます。

⒀　**東京地判平成 30 年 2 月 26 日判例集未登載**（206 頁参照）

ア　高齢者Ａは平成 20 年 12 月 3 日，公正証書遺言を作成しました（以下
「平成 20 年遺言」といいます。）。平成 20 年遺言では，以下の内容が記載さ
れていました。

1　原告Ｘに対し，相続開始時に有する不動産を相続させる
2　被告Ｙ，被告共同訴訟参加人Ｚ及びＥに対し，相続開始時に有する
　○○信用金庫□□支店に対するＡ名義の預金債権を各 3 の 1 の割合で
　相続させる
3　原告に対し，相続開始時に有する上記 1 及び 2 以外の財産を原告に
　相続させる

という内容でした。この時点で，Ａが遺言能力を有することについて
は争いがありません。

平成 20 年 12 月 19 日，Ａは要介護 4 の認定を受け，平成 22 年 2 月に
は要介護 5 の認定を受け，平成 24 年 1 月からは多発性脳梗塞，アルツ
ハイマー病の治療を受けました。同年 12 月 28 日には成年後見が開始さ
れました。

この間の平成 21 年 5 月 14 日，Ａは自筆証書遺言を作成しました（以
下「本件遺言」という。）。本件遺言では，「大要，Ａの遺産についてはＹに
2 分の 1，Ｚ及びＥにそれぞれ 4 分の 1 を相続させるというもの」に
なっており，Ｘは，「Ｘを排除する内容となっている。」と評価しました。
Ｘは，本件遺言がそもそもＡ以外の第三者が作成したものである旨争い，
仮にＡが作成した者であったとしても，本件遺言作成当時，Ａは遺言能
力を有しなかったとして争いました。

イ　裁判所は，遺言者の病状や精神状態について，「そもそも，Ａが約 5
か月余りという比較的短期間に遺言能力を欠くに至ったと認められるに
は，その間に，精神状態の顕著な変化を伴うことが自然であると考えら
れる。しかしながら，Ｘが証拠として提出する，Ａの 2 度にわたる子宮
脱に係る手術に関して作成された書面や，2 度にわたる介護認定調査の
調査票等は，その記載内容を比較対照しても，平成 21 年 1 月の時点と
同年 4 月又は 5 月の時点とで，Ａの精神状態に顕著な変化があることを

示すものであるとはいえず，かえって，Aの精神状態にそれほど変化が
なかったことを示すものと考えられるところである。そして，Aが同年
1月にペッサリー抜去術を受けた時点で既に意思能力ないし遺言能力を
失っていたと考えるとしても，それは，Aが平成20年12月3日の時点
で遺言能力を有していたことを前提とする限り，その約1か月後の間，
Aが子宮脱の状態にあったということ以外に特筆すべき出来事が見当た
らない以上，極めて不合理であるといわざるを得ない。」としました。

　　また，遺言書の内容については，「本件遺言書の内容が，大要，Aの
遺産について，Yに2分の1，Z及びEにそれぞれ4分の1を相続させ
るという，比較的単純なものと認められることなどに照らせば，同年5
月14日当時，Aが必ずしも本件遺言をすることに支障を来たすような
精神状態であったとまで認めることはできず，他にこれを認めるに足り
る的確な証拠はない。」としました。

　　裁判所は，これら事情から，本件遺言作成当時，遺言者に遺言能力は
存した旨判断し，Xの主張を排斥しました。

ウ　この裁判例では，遺言者の病状や精神状態等に関してXから多くの証
拠が提出され，以下のとおり各証拠につき評価をしています。

　　例えば，介護認定調査に関しては，「介護認定調査は，Aの意思能力
や遺言能力の存否を判断するという観点から行われたものではなく，飽
くまで，介護保険によって利用し得るサービスや給付額を決定するとい
う目的で，対象者や親族からの聞き取りを中心として行われたものであ
り，調査担当者による聞き取りの際，対象者やその親族が，利用し得る
サービスの範囲や給付額を拡大させるために，心身の状況について実際
よりも誇張して回答するという可能性も存するところである。そして，
Y本人尋問の結果等によれば，本件においても，利用し得るサービスの
範囲等を拡大させるために，Aの心身の状況が実際よりも誇張して回答
されたことがうかがわれ，かえって，前記認定の事実によれば，上記調
査票には，調査対象者が意思を他者に伝達できる旨，目的もなく動き回
ることがない旨，1人で外に出たがり目が離せないことがない旨が記載
され，日常生活に支障を来たすような症状・行動や意思疎通の困難さに

ついては，ときどき見られるという評価がされているにすぎないところである。これら事情に照らせば，Aがその後同月30日に要介護4の認定を受けたことを勘案しても，上記調査票の記載から，直ちにその調査の時点でAの精神状態に常時看過し得ない程度の問題があったものと認め得るものではない。」としました。

　また，転倒・転落のリスクアセスメントスコアシートにAの判断力，理解力，注意力等に問題がある旨の記載がある点については，「しかし，これらは，飽くまで転倒転落を防止するための措置を講じるために，転倒転落の要因となる事由を点数化したものであり，特に医師の所見に基づいて記載されたものではなく，事故防止の観点から危険度を厳しめに評価することも十分に考えられることに照らせば，これらの記載から，直ちにその入院の時点でAの精神状態に看過し得ない程度の問題があったものと認め得るものではない。」としました。

　このように，各証拠の作成目的に立ち戻り，慎重に評価している点に特徴があります。

　また，この裁判例では，本件遺言作成の5か月程度前に平成20年遺言が作成され，平成20年遺言については遺言者に遺言能力があることが前提とされたため，この5か月間という極めて短期間に遺言者の病状や精神状態に大きな変化があったかという視点で判断がされ，その視点からは大きな変化があったとは考えられないということで，遺言能力が認められたものと考えられます。

3 参考裁判例

* 審理期間は，事件番号から推認される受付月と判決日から推認（複数事件は最長期間）。

* 遺言日時の遺言者年齢は，判決引用若しくは誕生年から推計。

* 当事者につき遺言者は A，原告は X，被告は Y として表示している。

【1】東京地判平成 26 年 1 月 30 日（前項 148 頁参照）

事件番号	東京地裁平成 23 年（ワ）36171 号
審理期間	2 年 2 か月
判決の結果	無効
遺言の種類	自筆証書
遺言者 A	大正 9 年生，男性，死亡日平成 23 年 5 月 29 日
遺言日時	平成 18 年 6 月 18 日（遺言者 A 86 歳）（別に，平成 20 年 8 月 26 日付の新遺言が存在）
当事者	X1＝A と前妻の子，X2＝A と後妻の子，Y＝A と後妻の子
遺言内容の概要	全て Y に相続させる
事案の背景・エピソード	A は昭和 17 年前妻との間に X1 をもうけた。A は後妻との間に昭和 22 年 X2 を，昭和 25 年に Y をもうけた。X1 は昭和 26 年後妻と養子縁組。後妻は，平成 7 年に死亡した。 A は平成 17 年頃 X1 に 300 万円贈与。A は平成 17 年 10 月 Y に 1,000 万円贈与する旨の書面作成。 平成 18 年 6 月 15 日脳神経外科医師診断書に，「1 年前より記銘力低下，健忘症強く，認知症始る。意識明瞭会話成立するも，日常生活財産管理等の認知能力に著しい低下」の記載あり。HDS-R21 点。 Y は平成 18 年 7 月 11 日 A 名義の P 銀行通帳再発行手続をして，18 日 A 名義貯金 580 万 6408 円解約・通常貯金から 200 万円払戻。 平成 18 年 Y が保佐開始申立。同年 11 月 20 日付家裁調査官報告書に「診断書上老人性認知症により保佐程度とあるが，かなり認知症進行。正式鑑定結果に従い保佐又は後見開始が相当」と記載。鑑定（注：「医師所見鑑定」参照）を経て平成 19 年 2 月 8 日保佐審判。保佐人に司法書士選任。 A は X2 申出にて平成 20 年 8 月 26 日新遺言書作成。 Y は A を被告として平成 21 年 4 月 27 日横浜地裁に 1,000 万円贈与の履行請求訴訟提起。平成 22 年 7 月 12 日贈与有効の地裁判決。平成 23 年 1 月 19 日控訴棄却。 平成 21 年 7 月 31 日後見開始申立。同審判書では，「現在認知症で自己の財産を管理・処分できない常況」弁護士が後見人に選任。 A は，平成 23 年 5 月 29 日死亡。平成 23 年 7 月 29 日本件遺言書検認。平成 23 年 10 月 3 日新遺言書検認。

病名	認知症
症状	―
頭部画像所見	頭部 CT 検査（平成 18 年 12 月 5 日，S 病院）の結果，頭頂葉，側頭葉に強い萎縮を認める。
医師所見鑑定	平成 18 年 6 月 15 日付け診断書には「意識明瞭，会話も成立するが，日常生活，財産管理等の認知能力に著しい低下を認める。」と記載。平成 18 年 12 月 18 日家裁嘱託精神神経科医鑑定。アルツハイマー型痴呆を認め，知的に著しい障害。自己の財産を管理・処分するには常に援助が必要。回復の可能性はきわめて低い。頭部 CT 検査（平成 18 年 12 月 5 日）で頭頂葉側頭葉に強い萎縮。意識は清明で簡単な質問内容は一応理解。短期記憶・中期記憶・長期記憶・想起に問題。日付・現在居住場所は答えられず失見当識。複雑な質問内容理解は困難。物事を正しく理解し判断する能力欠く。HDS-R 4 点（30 点中）（平成 18 年 12 月 5 日）。平成 17 年 2 月頃より物盗られ妄想，注意集中障害，記銘力障害，計算等の知的能力障害。現在重度のアルツハイマー型認知症。表面的な会話は成立するが，時や場所，人の見当識障害。認知機能は著しく低下。社会生活上状況に即した適切な判断をする能力は低下。自己の財産を管理・処分するには常に援助が必要。今後の回復の可能性は極めて低い。
認知症スケール	平成 17 年 6 月 3 日付 HDS-R の結果は 22 点。平成 18 年 5 月 27 日付 HDS-R は 16 点。平成 18 年 6 月 15 日脳神経外科診断書で HDS-R は 21 点。平成 18 年 12 月 5 日 HDS-R 4 点（30 点中）。証拠によれば同年 9 月 7 日頃の時点で 11 点。
遺言書作成状況（公証人対応等）	―
争点と判断枠組み	（遺言能力）遺言能力の有無は，遺言の内容・遺言者の年齢・病状を含む心身の状況及び健康状態とその推移・アルツハイマー型認知症の発症時と遺言時との時間的関係・遺言時と前後の遺言者の言動及び精神状態・遺言者の日頃の遺言についての意向・遺言者と相続人の関係等遺言者の状況を総合的にみて，遺言の時点で遺言の内容を判断する能力があったか否かによって判断されると解すべき。 本件遺言の内容は，財産をすべて Y に相続させるという単純な内容。理解は容易。 遺言当時 A は 86 歳と高齢で，平成 17 年 5 月には認知症を発症。遺言作成は発症から約 1 年経過時点で，HDS-R について平成 17 年 6 月 3 日で 22 点，平成 18 年 5 月 27 日で 16 点，平成 18 年 6 月 15 日で 21 点，平成 18 年 12 月 5 日で 4 点。また，証拠上平成 18 年 9 月 7 日時点で 11 点。平成 18 年 6 月 15 日付け診断書には「意識明瞭，会話も成立するが，日常生活，財産管理等の認知能力に著しい低下を認める。」と記載。 平成 18 年 12 月 18 日鑑定書に，「現在居住している場所は答えられず失見当識を認める。」「現在重度のアルツハイマー型認知症に罹患。表

面的な会話は成立するものの，時や場所人の見当識障害を認め認知機能は著しく低下。社会生活上状況に即した適切な判断をする能力は低下。自己の財産を管理・処分するには常に援助が必要。」と記載。

鑑定書を作成した医師は，同月5日時点でAが長期記憶すらなくし，高度認知症に該当。後見相当と判断し，同日時点でAに遺言能力はないと判断。Aの認知症は遅くとも平成17年2月頃には発症しその進行は早いと感じている。Aは本件遺言書作成当時自分の名前を間違えて記述しており，認知症が高度の進行程度になっていたと考えられ，本件遺言書の内容を理解する能力はないと判断する旨証言した（書面尋問）。当該医師が後見開始相当と判断しながら保佐相当と鑑定書を作成した理由は，家庭裁判所の運用及び鑑定人の在り方の誤解に基づくといわざるを得ないが，その認識を正直に話しており，むしろ誠実に証言している。

平成18年6月15日のHDS-Rが21点であったことについての当該医師の証言も，客観的裏付けのない不明瞭な証言と言わざるを得ないが，認知症進行過程でHDS-Rの点数が上昇することは通常考え難く，ただちに証言全体の信用性を損なうものでない。

当該医師は平成18年12月当時精神科医として10年の勤務経験があり成年後見の鑑定も15件程度経験があり，Aについて覚えていると断言する証言をしており，信用性が高いというべき。

（遺言書作成に対するYの関与）Yは平成18年2月頃にX2からAの認知症進行を理由に施設入所を相談されたにもかかわらず，同年8月4日X2に伝えずに保佐開始の申立てを行い，家裁調査官に本件遺言書の存在を伝えなかった。

Yは本件遺言書作成から1週間後の6月25日にAから遺言書が入った封筒を受け取ったと陳述するが，当時1週間に一度程度Aを訪問していたというにもかかわらず，Aに本件遺言書内容を一切確認していないなどと供述し，Aが施設に入所して約2年半後に1,000万円贈与履行訴訟を提起したことからしてYの態度は信じ難く，本件遺言書交付にかかるY供述は信用できない。YはY宛て書面については，Yがメモ書きをしてAに見せた上Aが作成したことをY尋問で自認した。本件遺言書作成当時AとYの関係は全財産をYに相続させるほど円満とは認め難く，遺言書交付のY供述が信用できないことからして，Yが下書きしてAが写したかYが指示してAに遺言書を作成させたかまでは不明だが，何らかの形で遺言書作成に際し遺言内容にYの意図が反映されたというべき。

遺言書作成当時，Aは高度に認知症が進行した状態にありAが単純な内容とはいえX2に一切財産を相続させず，Yに全財産を相続させるという遺言内容を理解したとはおよそ認められない。

Aに遺言能力はなかったと認めるのが相当である。

【2】 東京地判平成 26 年 4 月 24 日 （前項 140 頁参照）

事件番号	東京地裁平成 24 年（ワ）25912 号
審理期間	1 年 7 か月
判決の結果	有効
遺言の種類	公正証書
遺言者 A	男性，死亡日平成 22 年 9 月 2 日
遺言日時	平成 22 年 6 月 28 日（遺言者 A 84 歳頃）
当事者	X＝A の養子，Y＝A の養子
遺言内容の概要	相続開始時のすべての財産を Y に相続させる
事案の背景・エピソード	A 及びその配偶者 B 夫婦は，平成 12 年 3 月 27 日に Y と，平成 21 年 12 月 8 日に X と養子縁組をした。 A は平成 22 年 5 月 13 日に 84 歳で心不全・肝炎の診断で入院。 A は同年 6 月 28 日本件遺言をなし，同 9 月 2 日死亡。
病名	認知症の認定なし。大学付属病院循環器科に心不全，肝炎の診断で入院。
症状	平成 22 年 5 月 13 日に入院した時，意識レベルは 3，同月 28 日は清明，6 月 28 日は低下とされる。 同年 5 月 25 日 A は看護師に「警察呼んでよ。知らないうちにこんなとこ来ちゃって」と発言。翌 26 日「ご飯いらないよ。もう食べた。帰らせてよ」同月 29 日「95 年前の話ししてんだよ」同月 30 日「仕事があるんだよ」と訴え，6 月 30 日「腰が痛い」7 月 12 日「朝ご飯が食べたい」8 月 2 日「右の頭痛い」などと発言。 入院後心不全症状は安定し，看護内容は同年 5 月から 6 月にかけて食欲が低く経口食事に困難，酸素吸入の管を外したりズボンやオムツを脱ぐこともあり，身動きによる転落の危険，褥瘡があること，口腔内痰の吸引等が主。6 月 15 日はオムツを外さないよう注意されても今一つ理解せず 6 月 16 日は便を触り，6 月 17 日には希死念慮の発言があった。
頭部画像所見	—
医師所見鑑定	主治医は，A が平成 22 年 6 月 28 日に病室で遺言書作成を自らの判断で依頼できたかと照会されたことに対して，「分からない」と回答。
認知症スケール	—
遺言書作成状況（公証人対応等）	本件公正証書遺言は大学病院で証人 2 名が立会い，A の署名は公証人が代書したもの。公証人は通常遺言者自身に人定事項及び内容を確認する作成手順を採り本件遺言も同様の記録が残り，証人 2 名は公証人が A の枕元で確認し A が動作及び口頭で返答していたとそれぞれ表明。
争点と判断枠組み	（遺言能力）有効な遺言をするには，遺言者について遺言事項を決定しその効果を弁識するに必要な判断能力としての意思能力がなければ

ならない。

Aについて判断能力に直接影響を及ぼすべき病態の診断又は疑いがあったと認めるに足りる証拠はなく，精神的判断能力を計測する心理検査等が行われた証拠もない。Aには希死念慮の発言が認められるものの判断能力に欠けるといえるほどのうつ症状があったと認める証拠はない。当該事実に基づくとAはズボンやオムツを脱いだり，挿管を外したり，不穏な行動を取ったことがあり，遺言近接時期に意識レベルが低下したことがあるが，Aの言動等をみれば意識レベルは低下したり清明に戻ったりしていたものと考えられ，本件遺言時に遺言をすることができないほど低下していたと断ずるに足りない。

本件遺言の内容は全財産をYに相続させるとのごく単純なもの。Aが自己の不快感に応じた行動をとったことがあったからといって自己の財産処分に関する単純な意思決定の判断能力が欠けていたとまでは認められない。本件証拠関係ではAが遺言当時遺言能力が欠けていたと認めることはできない。

Xは平成22年6月28日時点の意識状態理解力及び判断能力等の鑑定を申し出たが，Aの生前の病状の客観的資料としては病院作成の診療録及び看護記録等が存するのみでAの意思能力に関する検査や診断の結果を欠く。これを前提とする限り鑑定を採用する必要性は乏しい。

【3】東京地判平成26年5月27日（前項132頁参照）

事件番号	東京地裁平成24年（ワ）第24032号
審理期間	1年9か月
判決の結果	有効
遺言の種類	自筆証書
遺言者A	大正3年生，女性，死亡日平成24年1月16日
遺言日時	平成21年10月24日（遺言者A 95歳）
当事者	X＝Aの長男，Y＝Aの三男，他にAの二男，四男（共に相続放棄）
遺言内容の概要	すべての財産をYに相続します。
事案の背景・エピソード	Aは大正3年出生，昭和11年4月9日夫と婚姻。男子4人の子があり，上場企業に各自就職勤務。裁判時は全員退職。生前銀行役員であったAの夫は平成2年死亡。Aの夫の遺産分割協議の結果Aの夫の自宅（旧実家）底地を3筆に分筆し239.17㎡の土地はAとXが共有取得，分筆土地100㎡台2筆を四男とYがそれぞれ取得。Xは旧実家を取り壊し取得した土地上にAと生活する為二世帯住宅を建築。Yと四男も取得土地上にそれぞれ建物を建て居住。Aは主にXの妻の世話を受けつつ，Yや四男家庭とも交流。

<table>
<tr>
<td></td>
<td>

Aは平成18年9月に「Xが自分をボケ扱いして自分の通帳を自由に使わせないので，子全員で話してXに預金出入状況の報告を求め互いの誤解解消を図りたい。」旨文書を作り二男に仲介を依頼。

平成19年9月14日にAはXの準備で公正証書遺言を作成。A所有不動産・有価証券・負債はXに，預貯金はXに10%，二男から四男に30%ずつを相続させる内容。

平成19年秋ころから，Aは二世帯住宅のA居住部分の内側から鍵を掛け，X夫婦が入ることができないような状態にした。

平成19年11月Aは自分の貸金庫の名義がX名義に変更されたことにつき，AはXが勝手にしたとして，Xだけでの開庫には応じないよう銀行宛てワープロ書きの文書に署名押印。

平成19年12月8日に，Aは自筆で平成19年9月14日付遺言を全て取り消す，家督は二男に継承させるとの文書作成。

平成20年1月8日にAは所有不動産・預貯金他財産を子4人に均等相続させる旨の公正証書遺言を作成。同年3月4日に同公正証書遺言の遺言執行者を二男とする旨の追加公正証書遺言を作成した。

平成20年5月19日Aは自宅で転倒骨折。退院後施設入所。手続きは二男，四男の協力を得て，Yが中心で行う。

平成20年7月8日にAは「自宅入室許可証」(乙9) と題する文書に署名押印。ワープロ書きの部分は二男が作成したもので「今後生じる家財道具の搬出のほか自宅内の整理等に関し二男，Y，四男夫婦の自宅への入室を許可します」と記載されているが，さらにAは自ら，「なおX夫婦の入室を禁止します。Xが私の自宅に勝手に施錠をかけた場合は取りこわしを許可します。」と手書きで書き足している。

Aは平成20年11月11日に二男，Y，四男に自筆で「X夫婦には私の財産は相続させません　理由は老人ホームへのいやがらせ　私の自宅の占拠　近隣からの大声の苦情」と記載。Aは施設入所後Xが二男，Y，または四男の同席なしに面会に来ることを拒否していたが，納得しないXが施設で大声を上げトラブルになることが平成20年～平成21年にかけて数回，平成21年10月上旬にもあった。

Aは不眠症，慢性動脈閉塞，慢性心不全など多数の疾患を抱え，平成22年末から容体悪化。その後も意識はあり，死亡10日程前もYに対し「大変だから来なくていいよ」と言う。

</td>
</tr>
<tr>
<td>病名</td>
<td>認知症，他，不眠症，逆流性食道炎，骨盤骨折後腰痛症，骨粗鬆症，胃潰瘍，慢性動脈閉塞，慢性心不全</td>
</tr>
<tr>
<td>症状</td>
<td>

平成19年10月11日X夫婦立会いでAの認定調査票作成。「常にうそをつく。X夫婦にひどいことをされたと他の兄弟にいいふらす」「ガスをつけっぱなしで鍋を真黒に」「煙が出ていたが気がつかず家族は非常に不安」「Xのことは特に聞かない。お嫁さんは心臓が悪く手術をして体力がない。物忘れひどく失禁も。介護の負担増大」の記載あり。

平成20年8月19日介護認定区分の変更申請。施設の職員やY・四男立会いで調査が行われ同年9月19日認定区分は要介護2から要介護

</td>
</tr>
</table>

	1に引き下げ。
頭部画像所見	—
医師所見鑑定	平成19年10月8日付けの,20年来の主治医Hの意見書には「認知症の中核症状」で「短期記憶 問題なし」,「日常の意思決定を行う認知能力」で「自立」,「自分の意思の伝達能力 伝えられる」の記載。「認知症の周辺症状」(幻視・幻聴,妄想,不潔行為など)も「無」。認知症高齢者の日常生活自立度は「〈1〉」(何らかの認知症を有するが,日常生活は家庭内及び社会的にほぼ自立)の記載。
認知症スケール	—
遺言書作成状況 (公証人対応等)	Yは,Aの施設入所後週に2回程度施設を訪れては面会し,日用品や花を届けた。平成21年10月24日,Aは施設自室でY夫婦面前で本件遺言書を作成。
争点と判断枠組み	(遺言能力) 遺言能力とは遺言を有効になし得る能力であり,遺言者が遺言の内容及びこれによる法律効果を理解し判断することができる能力。遺言能力の有無は,当該遺言との関係で個別的に判断されるもので,当時の遺言者の一般的な判断能力の有無程度に加え,当該遺言の内容や難易,当該遺言作成に至る経緯,作成時の状況などを総合して判断される。 Aは遺言書作成当時95歳で,平成19年10月11日X夫婦立会で作成の認定調査票に認知症を窺わせる記載があり,この調査票に基づき作成されたと認められる平成20年8月13日の認定情報で認知症高齢者自立度のランクが「3」とされている。しかし認定調査票と同時期に作成された平成19年10月8日主治医意見書では「認知症の中核症状」に関して「短期記憶問題なし」「日常の意思決定を行うための認知能力 自立」「自分の意思の伝達能力 伝えられる」と記載。「認知症の周辺症状」(幻視・幻聴,妄想,不潔行為等)も「無」とされ,認知症高齢者の日常生活自立度は「1」とされている。これらからすれば,平成19年10月11日X夫婦立会の認定調査票やこれに基づく平成20年8月13日付け認定情報はいずれもAの当時の判断能力を正確に反映したとはいえず,Aの判断能力が相当に衰えていたとは言えない。 X指摘のKクリニックの情報提供書は「不安のため夜間徘徊。処方で落ち着き眠れるようになる。」との記載で,徘徊が認知症によると直ちに認められない。平成21年2月26日認定の介護保険被保険者証に「要介護4」とあるが,Aは疾患として「不眠症,逆流性食道炎,骨盤骨折後腰痛症,骨粗鬆症,胃潰瘍,慢性動脈閉塞,慢性心不全」等多数の疾患を抱え入院のため筋力低下を指摘されていた。要介護認定は介護を要する時間の長さによって判定され(要介護4は要介護認定等基準時間が90分以上110分未満),Aは多数の身体疾患を抱え要介護4の認定を受けたことから直ちに認知症が進行しているとは言えない。「サービス担当者会議の要点」には「認知症もすすんだ」の記載の他「前回の状態と変化なし」「介護認定の変更は行わない」の記載もあり,認知症進行程度は顕著ではなかったと窺われる。

本件遺言書の内容や難易との関係で見ると，本件遺言書の内容は「私の財産をすべてYに相続します」というもので単純で特段複雑さはない。

Aは平成19年秋ころ以降Xに対する不信感を募らせ拒絶していたことが認められ，平成20年11月に自筆で「X夫婦には私の財産は相続させません」の書類作成に至っていた，他方YはAの施設入所に身元引受人となりその後も頻繁に訪れ世話をしており，Yを信頼しすべての財産をYに相続させるとの遺言をしたとしても必ずしも不自然でない。

（Yによる脅迫他，他者の影響力）

一般にいわゆる絶対的強制下で意思の自由を完全に奪われた状態でされた意思表示は当然に無効と解されているが，全証拠によっても本件遺言書が当然に無効というほど強い脅迫のもとで作成されたことを基礎付ける事情は認められない。本文がワープロで作成された書類は二男起案だがYのAに対する詐欺脅迫は窺われない。

逆にAが自筆で作成した書類の一部や「X夫婦には私の財産は相続させません」の文書から，当時AがXに対し強い拒否的な感情を抱きA自身の感情に基づいて作成されたことが窺われる。Aが施設入所後に作成した施設への謝罪文もXが施設で大声を上げるトラブルを起こしたことに起因し，乙号各証はいずれもAのXに対する拒否的感情に基づく一貫性・合理性があり，Yの詐欺脅迫があることは窺われない。当時中立的立場としてXとAやYの融和を図ろうとした二男も，原因がXの行動にあるとの見方を示す。

【4】 東京地判平成27年2月19日（前項128頁参照）

事件番号	東京地裁平成25年（ワ）19575号・23418号
審理期間	1年7か月
判決の結果	有効
遺言の種類	公正証書
遺言者A	大正13年生，男性，死亡日平成24年12月22日
遺言日時	平成24年12月3日（遺言者A 88歳頃）
当事者	X＝Aの子，Y1＝Aの配偶者，Y2＝Aの子，Y3＝遺言執行者（弁護士）
遺言内容の概要	Y1の取得分が大。自宅敷地含む大半の土地をY1に5分の4・Xに5分の1割合で相続。自宅建物を含む複数建物をY1に相続させる。預貯金一切は解約・払戻・執行者報酬差引の上全額をY2受託者Y1受益者としてY1死亡まで信託して毎月35万円をY1に給付。信託終

	了時の残余財産は X と Y2 均等帰属。他土地は売却し，相続税・A の医療費・葬儀費等にあてる。 X は A が授与された賞状勲記等を適宜の場所に末永く飾ること。賃貸不動産は Y2 相続。
事案の背景・エピソード	A は国鉄勤務と並行または退職後地元議員を務める等した経歴。昭和 37 年頃自宅建築後 Y1 と居住。Y2 は昭和 60 年婚姻後その配偶者実家で生活し，X は昭和 63 年婚姻後 A 宅を二世帯住宅とし（1 階 A 夫婦 2 階 X 夫婦）同居。A は相続で多数土地を取得，賃貸していた。 平成 21 年か平成 22 年頃 Y1 が認知症発症。当初は A が介護。 しかし，平成 23 年 10 月 4 日から A 自身の物忘れから医師の訪問診療。要介護 1。Y2 の夫が介護施設経営。平成 24 年 4 月，Y1 を Y2 の夫が経営する介護施設に入所させる。 平成 24 年 A は将来に備え自宅建物建替を計画。傾斜地整地，擁壁接地等具体的準備行為を計画・契約・自ら代金支払い。 平成 24 年 4 月 A は Y2 関係者である不動産コンサルタントに相続税試算相談。同年 5 月税理士回答を得，その後も自分で対応。 平成 24 年 7 月 A は自宅建物建替を不動産コンサルタントに相談。コンビニ建設提案を却下したり，預貯金は介護生活費用に置いておく等の意向を述べていた。同年 10 月 23 日頃，11 月 4 日にも不動産コンサルタントに建替えの計画を具体的に語った。 平成 24 年 11 月 12 日頃 A は医者に行って自分の体調不良を告げ，一人で紹介病院を受診し，胃癌告知を受ける。直ちに，コンサルタントに遺言書作成の相談。入院直前に Y1 入所施設への支払いを X に委ね，自ら工事業者への支払いを済ませる。 平成 24 年 11 月 15 日〜12 月 19 日胃癌治療で M 病院，12 月 19 日〜22 日まで H 病院に入院。 Y1 は平成 25 年 9 月 1 日死亡。
病名	認知症
症状	平成 24 年 2 月 24 日付けの認定調査票。A 本人及び X 配偶者からの聞き取りとして「用事があれば室内電話機にて息子家族に依頼。」「今年から妻が引っ越してからは，介護負担が減ったため，精神的には落ち着かれてはいる，と嫁から聞きとる。」「物置を設置すると言い出し 200 万円ほどかけて業者と契約しようとしていた。息子家族が異変に気づき解約。金銭面のことで自分勝手に話を進めてしまい決めたことは固執するようになってきている。訪問業者の出入りや契約などには，息子家族が注意を払い本人に言い聞かせているが，本人はあまり理解していない，と聞きとる。」「娘が訪問（月 1 回ほど）するが，農業組合のこと，病気のことなどを一方的に話しだし，会話にならなくなってきたという話を聞きとる。調査中も，問いかけとは関係なく，妻の容態のこと，病気のことなど，話を進められていた。」の記載がある。 平成 24 年 11 月 15 日入院の M 病院リハビリ科資料の認知症欄にチェックがあり，同病院診療記録中には，11 月 19 日入院場所の現状理解低下，11 月 22 日居場所につき意味不明発言あり，12 月 9 日居場

164

	所不認識夜間せん妄，12月11日辻褄の合わない言動，夜間せん妄，点滴自己抜去，ミトン使用の記載あり。 平成24年11月22日X夫婦とY2が同席した病状説明時，Aは医者と病状治療方針の問答をし，医者はAについてしっかりしている等と発言。同夜AはXに相続対策用の金融機関残高証明やカード作成，通帳作成の指示出しをした。 平成24年12月18日付け理学療法士作成の連絡表に，11月17日介入，当初不穏状態だが徐々に落ち着き，基本動作自立歩行は器具使用。見守り。12月8日頃再度不穏状態。見当識問題，の記載あり。
頭部画像所見	―
医師所見鑑定	平成24年2月の介護認定の主治医意見書には，「認知症 発症年月日：平成23年10月4日頃」との記載があり「このところ認知症・下肢の筋力低下等進行しており，急なADLの低下を来す可能性あり。」との指摘がされているが，認知症の中核症状としての「日常の意思決定を行うための認知能力」は「自立」，「自分の意思の伝達能力」は「伝えられる」で，特記事項として「妻が施設入所し介護負担は減ると共に，本人の状態もやや改善傾向。」の記載がある。
認知症スケール	―
遺言書作成状況 （公証人対応等）	平成24年11月M病院入院後も不動産コンサルタントに遺言書作成の相談継続。コンサルタントが弁護士依頼。 Aの意向内容は一貫。すなわち，Y1の経済的安定。Y2にY1の財産管理と生活介助を担わせて相応の譲渡を，税金対策指示，信託はAの発案。 平成24年11月26日Y3が遺言書案を公証人に呈示。 平成24年12月1日頃Y3が公証人に早期作成を依頼。平成24年12月3日公証人が病院に出向いて作成。 公証人の遺言書作成方法は，遺言者と証人以外を部屋から退席させ，遺言者から本人確認・相続人確認・財産と遺言の内容聴取，事前の案と一致したら公証人作成文書を内容を説明しながら読み聞かせ，確認の後署名作業を行う段取り。また，公証人は後日紛争に備えメモ作成を習慣としていた（問題なし，ある程度問題がある場合は開始時間・具体的質問方法・遺言者の答え方や態度等・読み聞かせ時の遺言者の状況・作成終了を記録。問題ある場合は写真・診断書を添付し詳細報告書，の3段階対応）。 本遺言書作成時，遺言者は姿勢を正してベッドに待機，遺言書作成中1時間ほど横にならず，遺言内容中，子への承継に差があることを聞くと「親の面倒をよく見る」と回答するなど，判断能力に疑義を認めなかった。公証人は自分のメモに「問題なし」と記載
争点と判断枠組み	（遺言能力：認知症）遺言書作成時に遺言者が事理弁識能力を欠いていたと窺わせる根拠はない。根拠として以下を指摘。 ・公証人が認識した当日のAに問題なし。 ・10日前の病状説明時の医師とのやり取りでも事理弁識能力に問題は窺われず，自らXに財産行為を指示するなどその時点で相当の財

産管理能力や記憶力を保持していた。
- 遺言内容も従前説明の一貫した内容に沿っていること。
- 医療機関で認知症と判断されていたと認められるが診断に用いられる HDS-R や画像診断が行われた形跡は認められず，単に認知症と思われる症状が出現していることを記載したにすぎないと考えられる。
- X は診療記録上の A の異常な言動記載を指摘するが，異常な言動は入院中継続したものでなく，一時的なせん妄と理解するのが相当。遺言作成時にせん妄状態にない限り，意思能力の有無を左右する事情に当たらない。

(遺言内容：信託設定の複雑性)
- A は経歴からみて信託制度を知っていた可能性は十分あると考えられ，内容的に難しいということはない。
- 紛争が起こる遺言内容には偏りがある事が多いが，本件遺言の「自宅土地建物は X，賃貸物件は Y2，預貯金は信託終了後に折半」との内容に偏りは殆どなく，A の意思能力の問題や第三者から遺言者への働きかけは全く窺われない。

【5】東京地判平成 27 年 6 月 24 日（前項 141 頁参照）

事件番号	東京地裁平成 24 年（ワ）14518 号
審理期間	3 年 1 か月
判決の結果	有効
遺言の種類	自筆証書
遺言者 A	大正 10 年生，女性，死亡日平成 21 年 7 月 18 日
遺言日時	平成 19 年 6 月 16 日（遺言者 A 86 歳頃）
当事者	Y1 = A の妹，Y2 と Y3 = Y1 の子，Y4 = Y3 の夫・遺言執行者 X1〜X2 = A の先行死亡した兄の子（法定相続人，法定相続分各 6 分の 1） X3〜X5 = A の先行死亡した兄の子（法定相続人，法定相続分各 9 分の 1） A には配偶者・子・直系尊属相続人なし。兄弟姉妹 6 名中，妹 Y1 を除き全員 A に先行して死亡。
遺言内容の概要	①預貯金は Y1・Y2・Y3 三名で均等相続 ②自宅不動産は Y3 と Y4 に相続させる ③遺言執行者に Y4 を指定
事案の背景・エピソード	A と Y1 は平成元年〜平成 12 年の間，同居，A は Y1 に月額 15 万円を送金，Y2 〜 Y4 は定期的に A を訪問し世話をやき，病院入院時保証人になっている。

これに対し X1 は平成 17 年面会以後，X2 は平成 12 年以後，他の X らと A は死亡前 10 年，交流無し。

昭和 54 年 9 月～平成 13 年 7 月 S 病院に定期的通院。当初の主訴は不安動悸息切れ体力消耗脱力感。診療録上の傷病名は当初うつ状態。昭和 62 年 11 月から高血圧症，平成 8 年から高尿酸血症・脳動脈硬化症・坐骨神経痛・湿疹・膀胱炎。S 病院通院期間全体を通じ，抗うつ薬トリプタノール及び抗不安薬ワイパックスを処方。

平成 16 年 4 月～平成 17 年 5 月別病院通院。同じ抗うつ剤処方。

平成 16 年 9 月 11 日～ 10 月 4 日総合病院に入院。平成 16 年 10 月 4 日～ 11 月 8 日リハビリ病院入院。

平成 17 年 8 月 26 日施設に入所。施設提携クリニックで診察。クリニック診療録に傷病名：老人性うつ病，心気症等。平成 17 年 8 月 26 日「痴呆＋不眠症」と記載。同年 9 月 8 日「老人性痴呆」の記載が追加。

X らは本件遺言書は Y らが共謀のうえ遺言能力のない A に書写又は口授の方法により書かせたものと主張。

病名	認知症
症状	施設では月 1 回～ 2 回クリニックから往診あり。以下は往診時医師記録

平成 19 年 4 月 19 日アリセプト使用境界域。同年 5 月 10 日「アリセプト検討　物忘れ＋，訂正困難」「表面は整えられている　短期記憶障害（＋）深い思考はできていない」と記載。認知症の進行が説明され Y3 の同意でアリセプト処方開始。5 月 31 日金銭管理不安。6 月 28 日「認知症この程度は仕方ない経過」と記載。7 月 28 日認知症進行，アリセプトの他リスパダール処方検討が示され Y3 承諾。11 月 1 日認知症進行，11 月 15 日認知症の進行著しい，12 月 6 日担当医師が Y3 に認知症に関する説明。12 月 13 日「表情硬い　他患の部屋へ怒鳴りこむ」「会話の内容に伴う表情の変化ない」「殆ど深い思考は出来ていない　感情もなくなってきている dements 中～重度　進行早い」との記載。

平成 19 年 3 月～ 6 月の施設のケア記録に，便失禁（3 月 26 日），便の付着した物品を居室内に放置する（4 月 14 日，5 月 7 日，27 日，6 月 14 日），トイレの便座に便を付着させたまま放置する（5 月 31 日，6 月 15 日）手に便を付着させたまま放置する（6 月 7 日，15 日）の記載有。担当職員に対し物とられ妄想で他者に被害を与える（3 月 22 日）大量の現金を握って廊下を歩行（3 月 27 日），見当識欠落（3 月 22 日と 24 日），普段と同じ位置の新聞や眼鏡の認識が出来ない（3 月 22 日），等の記載

平成 19 年 3 月 22 日○○区介護認定調査で要介護 1 認定。

平成 20 年 2 月 4 日○○区介護認定調査で要介護 4。認定情報に，加齢とともに認知症進行，意欲低下，無動，全介助，衣服の着脱も介助され，洗身につきタオルを持っても拭く動作を忘れており全介助されている。コミュニケーションにつき無反応で家族であることも理解で

	きない。
頭部画像所見	総合病院入院中平成 16 年 9 月 11 日 CT と MRI。脳萎縮や脳血管障害後の変化と思われる兆候。
医師所見鑑定	平成 17 年 8 月 26 日クリニック医師，傷病老人性うつ，心気症， 平成 19 年 3 月 8 日主治医意見書 ADL は概ね自立，認知症は軽度だが進行。 平成 19 年 3 月 22 日軽度から中度の認知症と評価。 平成 19 年 5 月 10 日アリセプト処方開始 平成 19 年 11 月頃以後著しい進行，平成 19 年 12 月 13 日中程度〜重度 平成 20 年 1 月 31 日主治医意見書「認知症進行（周辺症状も多彩）ADL 低下傾向」と記載。
認知症スケール	平成 16 年 10 月 5 日 HDS-R19 点，コース立方体組合テスト 58.3，10 月 24 日の再テスト 60.9 平成 18 年 9 月 28 日 MMSE＝20，正常範囲，要支援
遺言書作成状況 （公証人対応等）	平成 16 年 11 月退院後，Y4 らが A と同居してその世話。A は自分の死後も自宅不動産に居住を続け売らない様願う。Y4 らは相続人でないので，その為には遺言書が必要と説明。当時 A は「はいはい」というだけ。 平成 19 年春，A は施設入居時 Y3 に遺言書作成手配依頼。平成 19 年 5 月 10 日 Y3 が公証人役場に行き書類の収集を指示された旨伝えると「面倒だからやめる。」。Y4 が公証人の施設訪問の手法を告げるが A が拒否。A は Y4 が対応可能な 6 月 16 日に自筆証書遺言を作成することにして，A と Y4 が自宅に赴き，Y4 が財産処分について A の希望を聴取し，Y4 が文言口授，A が口授内容を記載して作成。
争点と判断枠組み	（遺言能力） クリニック医師は平成 17 年 8 月に施設に入居した当初から痴呆（認知症）であると認め，平成 19 年 3 月 22 日には軽度から中等度の認知症と評価し，同年 5 月 10 日にアリセプトの処方を開始。その後の往診でも認知症は進行，特に同年 11 月頃以降著しい進行，同年 12 月 13 日は中等度から重度認知症との評価に至っていた。A は同年 3 〜 6 月には，同話の反復・便が付着した下着を放置する・日付を正しく回答できない・普段と同じ位置の新聞や眼鏡が認識できず，本件遺言書作成時たる同年 6 月 16 日時点で，A の記憶力・時間空間に対する見当識等の認知機能は年齢相応程度をさらに下回るものであったと認められる。 しかし，話の反復や便失禁等は既に出現していた事象の頻度が上記期間に増加したにすぎないともいえ，平成 16 年 10 月 HDS-R19 点，平成 18 年 9 月の MMSE20 点で，いずれも認知症と健常者を分けるカットオフ値を若干下回る水準。平成 19 年 6 月時点で，施設で概ね意思疎通が出来，金銭管理も自分でしていた。その後遺言書作成当時までに認知機能が大幅低下する要因事情は認められない。 本件遺言書作成当時，認知機能が平成 19 年 3 月 22 日に軽度〜中等度

の認知症と評価された状態から大きく低下したとは認められない。

遺言内容は単純。本件遺言書作成当時の認知機能の低下が遺言内容を理解する上で特段の困難を伴う程度に至っていたとは認められない。

遺言作成当時，遺言内容及び法的結果を理解した上で必要な判断をするだけの能力を欠いていたということは出来ない。

Xら提出の医師意見書は診療録と介護認定情報に基づくが，平成19年3月20日頃の認知症程度を中〜高度と推認した根拠に，物取られ妄想・入居者とのトラブル等を引用するが，ケア記録に入居者トラブルの記載は無く毎日といえるような頻度で発生していたとは認められない。担当医が軽度から中等度の認知症とした評価を下回ると認めることは出来ない。平成19年4月〜6月16日にかかる認知症の程度に関する意見は，着衣失行症状の記載は3回以外無く，介護保険認定情報で認知症が原因で全介助を要する状況になっていたとも認められず，要介助はAの腰痛も原因と記載されている。Aの認知機能がさらに低下していたと認めることは出来ない。

Xらは遺言書には書字障害が多数認められ，アルツハイマー型認知症による高次脳機能障害又は認知機能の低下が顕著というが，一部の漢字形状に誤りがあるなどするが，判読困難な程度に至らず，字体は施設入所書類署名と大きな差異無し。

Xらの，Aが生前遺言書を書くことを拒否し続け遺言書を書きたくないとの意思を明確に保持しており，判断能力を失った状態で遺言書を書かされでもしない限り遺言書を書くことは考えられないとの主張には，仮にAがXらが証言する様な発言をしていたとしても直ちに確定的な真意に基づく発言であると認めることはできない。発言後遺言書の作成時点までに翻意した可能性を否定することはできない。

Y1はAの夫死亡後平成元年2月から平成12年7月までAと同居し，AはY1が体調悪化で転居した後は1か月当たり約15万円の送金をしていた。Y1転居後はY2，Y3，Y4は定期的にA方を訪れ独居のAの身の回りの世話をした。Aが平成16年に病院に入院した際はY1やY4がAの保証人となりA退院後はY4らがAと同居して身の回りの世話をした。Aが平成17年8月に施設に入居した際にはY4が保証人となり，Yらは物品の差し入れをするなどしていた。これに対してX1は遺言書作成時点までに平成17年に施設でAと面会して以来交流がなく，X2は平成12年以来交流がなく，他のXらはA死亡まで10年間は交流がなかった。

本件遺言書作成当時YらはAにとって最も関係の深い親族であったのに対し，AとXらとの関係は希薄であったといえる。Yらに遺産を相続させる一方，法定相続人であるXらに一切言及しない本件遺言書を作成したとしても不自然ということはできない。

(遺言能力なきAへの口授又は書写による作成＝偽造＝相続欠格)の主張は，遺言能力を認め排斥した。

【6】東京地判平成 28 年 3 月 4 日（前項 143 頁参照）

事件番号	東京地裁平成 26 年（ワ）22470 号
審理期間	1 年 7 か月
判決の結果	無効
遺言の種類	公正証書
遺言者 A	大正 7 年生，男性，死亡日平成 25 年 10 月 7 日
遺言日時	平成 25 年 9 月 13 日（遺言者 A 94 歳）
当事者	X1X2 ＝ A の長男 B（A より先に死亡）の子ら，Y ＝ A の長女
遺言内容の概要	従前遺言を全て撤回し，全ての不動産及び会社の株式全部を Y に相続させ，金融資産を Y，X1，X2 に 3 分の 1 ずつ相続させ，遺留分減殺は Y に相続させる金融資産からすべき，遺言執行者に Y 指定，との内容。
事案の背景・エピソード	A は昭和 20 年に会社を設立し，長年代表取締役を務め，平成 16 年 3 月に代表取締役を退任し，Y の夫が後任代表取締役になった後も相談役で経営に関与し代表者印を保管した。代表取締役交代後，会社の取締役は Y の夫，Y，B，A の妻が就任，監査役は A の長男の妻が務めた。A の妻死亡後は A の意向で X1 が成人直後の平成 19 年 5 月に取締役に就任した。A は B に家の後継ぎとして期待を寄せ会社承継者と考えていた。会社事業のうち不動産業は B，開設事業の計量器製造販売は Y の夫が中心に行っていたが計量器製造販売は赤字が続き，A 生前分社化の話はあったが，A は計量器事業に A の「家名」を用いることは許さない旨 Y の夫に伝えていた。A の長孫の X1 は会社の仕事はしていなかったが，A は X1 に家の跡継ぎとして期待を寄せていた。A は，平成 18 年 11 月の A の妻死亡後，B やかねて資産相談をしていたみずほ銀行の FP に相談の上，平成 20 年 11 月 6 日にみずほ信託銀行本店で公正証書遺言を作成し，O 市所在の不動産と金融資産の 100 分の 65 を Y に，その余の不動産・金融資産の 100 分の 35・会社株式全部を B に相続させ，遺言執行者を B とする遺言をした（平成 20 年遺言）。子らにほぼ均等に遺産を分配する内容で，付言として B に相続させる不動産や会社資産は自分が心血を注ぎ築いたので末永く家の財産として B に承継させると記載されていた。 A は平成 24 年 4 月 4 日公正証書遺言で平成 20 年遺言の一部を変更し O 市所在の不動産を B ではなく Y に相続させ，金融資産相続割合を Y100 分の 60，B100 分の 40 とした（平成 24 年遺言）。A が計画したビルの建替計画に関連して当該ビルに居住する Y の転居先を要したので Y に□不動産を相続させ，代わりに金融資産を減じる内容で，関与公証人は平成 20 年遺言と同じ。 B は平成 25 年 8 月 27 日に 55 歳で急逝。A は跡継ぎとして期待をかけていた B の急逝に大きな精神的打撃を受け元気をなくし，B の誕生日に B の妻や X1 が A を訪れると A はとりわけ悲嘆し「（B が）いなくなっちゃった。」と述べて涙を流した。X1 が A を元気付けよう

と日本物理学会の若手奨励賞を最年少で受賞することが内定していることや，従前の最年少受賞者が29歳で大学の准教授に就いたことを告げると，AはX1に「大学で研究職に就けば兼業も可能だから会社に関われる。会社を大きくしてほしい。」などと述べた。

Yは平成25年9月12日に，Bの妻が所持する合鍵ではA宅に入れない様に，A宅玄関の鍵を交換した。

平成25年9月25日Aは呼吸困難でY付添で救急搬送。呼吸不全又は心不全で重篤な状態と診断され入院。翌26日誤嚥性肺炎併発，26日～27日せん妄状態が継続。幻覚妄想見当識障害等。その後も意味不明の言動あり。Aの入院中Bの妻は毎日の様にAを見舞うがAが来訪を拒む・言合う等のトラブルはなく，Aは話はできないもののBの妻やX1に筆談をしようとし，10月5日にはXの手帳に何かを記載したが，口頭でも筆談でも趣旨を自ら明瞭にできなかった。

平成25年10月7日にAは死亡。

病名	認知症の認定なし。
症状	Aは妻の死後は単身生活し，YまたはBの妻が三度の食事を届け，Bやその妻が頻繁にA自宅を訪れて様子を見た。Aはビルの管理業務を自分で行っていたが，平成24年ころには計算が合わなくなり，平成25年4月以後はAに依頼されてBの妻が計算を行うようになった。平成24年頃にはビデオデッキの操作を自分で行えなくなった。 Aは平成24年夏頃から高血圧治療の為に定期的に通院し，Yが送迎をしていた。 Aは平成24年夏頃から散歩に出かけることも殆ど無くなり，歩行で息切れがする旨訴えていた。体重も平成25年8月末には以前の60キロから42キロに減少した。 Aは平成25年8月14日に脱水や発熱症状があり，BがYやその夫や配偶者を呼び，Aを病院に連れて行こうとしたがAが嫌がり興奮して大声を出したため，Yやその夫は帰宅してしまった。その後救急外来で感冒及び脱水症の診断。平成25年8月17日に通院したクリニック医師は，14日はAにせん妄が見られたと判断してその旨を診療録に記載。
頭部画像所見	―
医師所見鑑定	平成25年9月11日，Aが通院していたクリニック医師が公証人からの指示により健康状態照会書への回答を作成。Aの通常診察の後本人を看ずに「高血圧症・陳旧性肺結核・狭心症。夏暑さで体力消耗も現在は安定。」，本人意識の程度につき「清明。」会話や意思伝達につき「難聴あるも可能。」筆記・署名につき「可能と思われます。」一般的に遺言による財産処分の判断能力につき「判断できると思われる。」参考事情に「8月に息子さんを亡くされ気持の落込み。」と記載。 但し，同医師は遺言を見た後平成25年12月16日「Aの状況コメント」の書面を作成し，Aの認知度はHDS-R等認知症判断の基準に沿ったものでなく，9月13日時点で多額の財産分割を判断する能力があったか不明，8月27日に長男を突然亡くしAの健康状況からし

	て短期間での判断は難しいと思うと記載。
認知症スケール	—
遺言書作成状況 （公証人対応等）	Yの夫が平成25年9月9日頃会社の顧問税理士事務所にAを連れ，新たな遺言作成を相談した。その税理士は従前の遺言（平成20年遺言，平成21年遺言）を知らなかった。 Yの夫は平成25年9月20日に臨時株主総会を開催するとして招集通知を送付したが，X1が自身の出席可能な日への変更を求め結局開催せず。議案は取締役をX1からAに交代させ，監査役を長男の妻からYの子に交代させる内容。 新遺言は税理士を通じ公証人に依頼。全財産をYに相続させる原案に対し，公証人が遺留分相当額を相続人に相続させる内容がよいと助言。これに沿う内容となった。公証人はAが94歳と高齢の為，主治医に健康状態照会書への回答を求めた。 Aは遺言書作成日，Yの夫に送られYと公証人役場に出向く。
争点と判断枠組み	（遺言能力）AはB生前，Bと関わりの深いビルのみならず，当面Yの夫が代表取締役を務る会社経営についても，いずれはBさらにはその長男X1に代々引継がれることを強く望み，B急逝後もX1にこれらを承継させることを強く望む気持ちに変わりはなかったと認められる。 AはBを跡継ぎに望みつつ，相続遺産の価額面は相続人間の平等を保つよう配慮していた。Aは生活面はBの妻を頼るところ大で，死亡直前の入院中も同人に拒絶的な対応を示したと認められず，B死後本件遺言までの間にAにXらに相続させる意思を喪失させる決定的出来事は窺えない。ところが本件遺言は，AがA家への代々承継にこだわった資産全てを他家に嫁いだYに相続させるものである点も，相続人間の平等に配慮せずXらに遺留分限度の分配にとどめるものである点も，従前遺言でAが明確に示した意向と根本的に異なる内容。Aの翻意につき合理的な理由は見当たらない。 一方，本件遺言書作成手続は，会社の役員からX1やBの妻を排除して，後任にAやYの子を就かせる目的の臨時株主総会の招集手続と併せて，Y及びその夫の関与の下に進められており，遺言書作成前日にはYがA宅玄関鍵を交換し，AとBの妻の接触を断とうとしていたことが認められる。これらの事情に鑑みると，本件遺言の内容及び作成経緯はAが自らの真摯な意思に基づき本件遺言をしたとみるには不自然。 上記事実に加えAは遺言書作成当時94歳の高齢で，平成25年夏頃には知力・体力の衰えが顕著。意味不明の言動やせん妄状態に陥ることもあり，Bの急逝で大きな精神的打撃を受けてさらに心身が衰弱した状態であった。遺言書作成から12日後の入院直後はせん妄状態が継続し，治まった後も簡単な意思表明すら口頭でも筆談でもできない状態に陥っていたことを併せ考慮すると，Aは遺言作成当時，自らの行為の意味と結果を認識し，自らの意思でいかなる行為をすべきか判断できる精神状態になかったと認められる。以上によるとAは本件

172

遺言作成当時，遺言能力を欠き本件遺言は無効というべき。

【7】 東京地判平成 28 年 12 月 7 日 （前項 135 頁参照）

事件番号	東京地裁平成 27 年 （ワ） 第 26976 号
審理期間	1 年 3 か月
判決の結果	有効
遺言の種類	①公正証書②公正証書③公正証書
遺言者 A	大正 14 年生，男性，死亡日平成 26 年 1 月 30 日
遺言日時	①平成 20 年 1 月 10 日②平成 22 年 12 月 20 日③平成 24 月 5 月 9 日（遺言者 A ①83 歳頃②85 歳頃③87 歳頃）
当事者	X＝A の子（女性），Y＝A の子
遺言内容の概要	平成 20 年 1 月 10 日（遺言①）一切の財産を X に相続させる，他の相続人が遺留分減殺請求権を行使しない場合 X が A の債務をすべて弁済し他の相続人に負担をかけない。 平成 22 年 12 月 20 日（遺言②）遺言①を撤回する 平成 24 年 5 月 9 日（遺言③）一切の財産を Y に相続させる
事案の背景・エピソード	平成 19 年 10 月頃 A は X の世話を受けるため A の配偶者と X 家族と同居可能な物件を探し，A・A の配偶者・X で購入について話し合う。A は X から購入資金を借り入れ，返済のために遺言書を書くと述べ，A の配偶者も X も当初反対であったが最終的に同意。X は A 名義口座に合計 4,300 万円を送金し A が 200 万円を X に返金し借入金額 4,100 万円で調整し金銭消費貸借契約を締結（平成 19 年 12 月 19 日公正証書作成）。X は平成 20 年 1 月 7 日土地・建物購入。A は遺言書①作成。 A の配偶者は平成 20 年 2 月 8 日死亡。同年 8 月以降 X 家族は A と同居。平成 22 年 12 月 10 日 A は遺言書②作成。A と X の関係性につき症状欄参照。 平成 23 年 Y が A について補助開始審判申立。家庭裁判所調査官調査は症状欄，医師診断は医師所見鑑定欄参照。平成 23 年 9 月 21 日東京家裁で A の補助開始審判。弁護士 N が補助人に選任。 N は，①平成 19 年の AX 間の金銭消費貸借の成立，②A 名義 P 銀行から A の認識なき 900 万円の引出しを争点とする訴訟手続きを検討。A 代理人は平成 24 年 X に対し平成 19 年金銭消費貸借契約に係る借入金不存在確認を東京地裁に提訴。平成 25 年 7 月 12 日地裁・平成 25 年 11 月 21 日東京高裁とも請求棄却。 A は平成 24 年春補助人 N に遺言の相談。平成 24 年 5 月 9 日公証役場で遺言書③を作成。

病名	アルツハイマー型認知症
症状	Aには高血圧の既往症があり平成13年8月17日入院して血圧コントロールを中心に治療を受ける。平成14年11月14日から平成15年2月20日大学病院に入院して胃がんで胃全摘術の手術を受ける。平成16年12月4日から平成17年1月9日循環器専門病院に入院して腹部大動脈人工血管置換術を受ける。 平成22年2月8日認定調査票に，Aは配偶者死亡を契機にX家族と同居したが物忘れや見当識障害が出現。介護時にXにつらく当たりつじつまの合わない反抗的な態度でXに手を出すことがあり，認知機能への特記事項として「日常的で慣れている事柄に限り可能」「朝，血圧を測定したことを昼過ぎに忘れ，電話に出ても伝言できない」。精神・行動障害の特記事項として「金銭や服薬に関してXが悪いと思い込み」「書類や明細を自分で管理するがしまった場所が分からず家族がさがす。（週1～2回）」「認知症が進むにつれ金銭面で家族とのトラブル増」「家族が自分の金銭を管理することに不満」「曜日時間等の見当識障害が出現。見守り指示が必要」と記載。要介護2。 平成23年2月8日認定調査票に，物忘れやXへのいわれない被害妄想や暴言（週に2，3回），認知機能特記事項「日常的で慣れている事柄に限る。」「食事を済ませた2時間後に食べてないと訴え。」「長谷川式13点」「昨年12月一人で外出し移転前住所へ行き，帰りタクシーが拾えず通りかかりの人がタクシーを呼ぶ。1月1人で歩行器ででかけ，家族が近くをさがしまわった」旨記載。日常生活自立度の特記事項として「記憶障害に加え盗られ妄想出現。家族関係に影響」と記載。 平成23年3月7日介護認定審査会資料に，認知症高齢者自立度は「〈3〉b」「認知症の中核症状・周辺症状が共に〈2〉レベルより悪化。支援を受けていても在宅生活が困難。食事排せつ等重要行動が自力で出来ず，周辺症状で介護者へ重い負担。「当該症状が日中を中心に発生している頃」が「〈3〉a」。「〈3〉a状態が夜間にみられると〈3〉bレベルになる。」と記載。 平成23年8月9日家庭裁判所調査官の調査報告書には，Aの心身状況について意思疎通はできたこと，短期記憶に関して面接冒頭に告げた調査官の勤務先等を覚えておらず障害が見られ，長期記憶には障害が見られず，見当識は人・場所・日時すべてわかり，自らの財産の状況につき「預貯金の金額は答えられなかったが，自宅土地家屋を有し，P銀行とQ銀行に預貯金があり，年金を2か月に1回約40万円受給していることを把握」と記載。 平成23年11月29日付のK病院カルテによると，正常圧水頭症の診断に対しLPシャント手術を検討。12月12日カルテに「日常会話可能。状況理解あるも見当識あいまい」，13日カルテに身辺応答・見当識は良好。記銘力の低下みられるも全般的認知機能は年齢相応レベル」。平成23年12月14日シャント手術施術。
頭部画像所見	平成23年6月24日MRI。関心領域内の委縮「4.13」（3以上で関心

174

	領域内の委縮が強い。）海馬の萎縮，前頭葉の萎縮，脳室の拡大。
医師所見鑑定	平成21年6月25日付けでS医院の医師発行の通所リハビリテーション利用指示書に，日常生活自立度（「痴呆の状況」）につき「〈2〉b」（日常生活に支障を来すような症状・行動や意思疎通の困難さが家庭内で見られるようになるが，誰かが注意していれば自立できる状態）と記載された。 平成22年2月4日，AはL病院で「老年性痴呆症」と診断される。日常生活自立度「〈2〉b」，短期記憶「問題あり」，日常意思決定を行うための認知能力と意思伝達能力はいずれも「いくらか困難」。周辺症状「介護への抵抗」。介護者たるXが限界状態と記載。 平成23年2月8日L病院で「老年性痴呆症」と診断。日常生活自立度について「〈2〉b」，短期記憶「問題あり」，日常の意思決定の認知能力と自分の意思伝達能力は「いくらか困難」。周辺症状「妄想」「介護への抵抗」。HDS-Rは15点で成年後見人制度申請中とされた。 平成23年6月30日付け成年後見用診断書に，診断名「アルツハイマー型認知症」「白質脳症」「正常圧水頭症」。所見として「平成22年10月から当院整形外科にてリハビリ中。数年前より失見当識障害出現。併せて，認知症スケール・頭部画像所見で記載した事項も指摘。判断能力「補助相当」意見。 平成24年4月9日付診断書に「認知機能は維持，今後も念入なフォロー要。HDS-R24点」。 平成24年10月17日「MMSE21点。軽度認知症レベル。見当識日付1日のずれ場所概ね良好」。同21日は生年月日年齢住所正答，身辺応答や見当識概ね良好。語想起は概ね年齢相応」の記載。
認知症スケール	平成22年2月3日HDS-R15点。 平成23年2月8日L病院で「老年性痴呆症」診断。HDS-R15点。 同日の認定調査票にHDS-R13点。 平成23年6月30日付け診断書（成年後見用）に，I整形外科内科で同年6月9日のHDS-R18点，MRIcheckの記載。 平成23年12月16日「HDS-R：22点（昨日は6点）内容は見当識－2点，計算－1点，逆唱－1点，遅延再生－3点，即時記憶－1点」「昨日は麻酔等の影響が残存していたか。本日の時点では認知機能も改善見られている。継続的な観察を要す」と記載。 同日カルテに，「MMSE 18点 中等度認知症レベル 術前MMSE25／30に比し計算・口頭命令・書字命令の項目で減点あり。見当識は保たれているものの，注意力・指示理解力の低下を認める。」旨記載。 同月19日のMMSE26点。 平成24年1月11日K病院でHDS-R21点，同月18日HDS-R21点。 同月23日MMSE26点前認知症レベル。 平成24年4月9日付HDS-R24点。 平成24年10月17日MMSE21点。
遺言書作成状況 （公証人対応等）	遺言書③について，Aは弁護士Nに遺言書作成を相談。Nが公証人に連絡をして，証人を手配。公証人はAの遺言能力を判断の為にA

	の診断書提出を求める。平成24年5月9日AとNは公証役場へ出向き公証人と面談。公証人は診断書を確認し，Aと問答の上，遺言公正証書作成を了承し，遺言書作成。
争点と判断枠組み	（遺言能力） 遺言能力とは，遺言事項を具体的に決定しその法律効果を弁識するに必要な判断能力すなわち意思能力と解される。遺言能力の欠如について，遺言時を基準として（民法963条），当該遺言の意味内容を理解する能力を欠如しているかどうか，すなわち本件各対象遺言の各時点における遺言者である被相続人の病状，精神状態等，遺言の内容，遺言をするに至った経緯等をふまえ，遺言能力を喪失するに至っていたかどうかを判断することとなる，とし，②③各遺言時点の被相続人の病状や精神状態を直接示す資料は存在しないので前後の病状精神状態を検討している。 遺言②前の平成22年頃までに見当識障害が出現し「老年性認知症」又は「アルツハイマー型認知症」の診断を受け，平成22年2月2日HDS-Rの結果は15点で，介護認定で日常生活自立度が〈2〉b，認知症症状として見当識障害や判断力の障害といった中核症状と，はいかい・物盗られ妄想・介護拒否など周辺症状が見られる。平成23年も同様の症状が認められ介護認定の日常生活自立度が〈3〉bとされ，Aの判断能力が相当程度衰えていたことが認められる。しかし他方でAは日常的で簡単な事項は自ら処理し買い物も一応でき，②遺言がされた平成22年12月頃一人でタクシーに乗り前住所に行っており移転前住所の記憶がありタクシーに指示ができたことが窺える。②遺言半年後の平成23年8月9日の調査官面接でAとの意思疎通は可能で，長期記憶や見当識障害も特に見られず，自身の財産状況につき預貯金の内容・本件不動産・年金の額などをかなり正確に答えており，特に問題がなかったと窺われる。平成23年12月～平成24年1月水頭症で入院した際も，術前身辺応答・見当識良好，全般的な認知機能は年齢相応レベルとされ，年齢以上の認知機能の衰えがあったと断定できない。術後も平成24年1月16日カルテに見当識や礼節は保たれ会話のつじつまも合いHDS-R22点で年齢相応の理解力が認められ，カルテには一部認知機能の低下をうかがわせる記載もあるが「認知機能著変なく保たれている」の記載もあり医学的にみてAの認知能力や判断力が年齢を超え病的原因により大きく損なわれていたとは評価できない。MMSEで18点（中等度認知症レベル）ということもあったが他日は25点，HDS-Rを含む簡易検査数値を見ても特に大きな機能能力の低下があったとは認められない。遺言②直近直後の状態はある程度の記憶を保持し日常的な事柄を処理できた可能性があり，その半年後も自らの財産内容を把握できる能力があったと考えられる。遺言後Aの心身状況につき医学的見地から精神状態や認知能力に大きな低下があったと認められない。遺言③も同様で，遺言③直前のHDS-Rは24点で，医師診断内容は「認知機能を維持している」である以上，Aの認知能力等に著しい低下があったとは認められない。 本件遺言②③は公正証書遺言であり，公証人が診断書等の資料を確認

し，Aと問答をした上で遺言能力に疑義が無いものとしている。

遺言②③の意味や作成経緯につき，遺言は単独行為で遺言をした動機や経緯は明確に表示されない限り事後に第三者がその真意を確定することは困難。②や③遺言の直接的動機は遺言から明らかでなく，②に「従前の遺言を白紙に戻し，改めて考えてみたいと思っています。」と記載あるにとどまりその経緯で遺言能力がないとはいえない。②は単に従前遺言を撤回する，③はYに全財産を相続させるという単純なもの。

遺言自体は方式行為で遺言能力が15歳以上である限り認められ，方式や文言の意味内容を理解できれば遺言能力に欠けない。Xへの債務を完済させる代わりにYに全遺産を相続させる意図の可能性も否定できず，経緯に著しい誤解があったと断定できない。

【8】東京地判平成29年3月16日（前項137頁参照）

事件番号	東京地裁平成28年（ワ）第1729号
審理期間	1年2か月
判決の結果	無効
遺言の種類	①自筆証書②自筆証書
遺言者A	大正3年生，男性，死亡日平成26年2月4日
遺言日時	平成20年12月21日（遺言者A 94歳）
当事者	X＝Aの長女，Y1＝Aの亡長男C（平成20年1月2日死亡）の妻，Y2～Y4＝CとY1間の子，Y5＝Aの二男
遺言内容の概要	①目録土地（目録建物底地）の全部及び目録建物中1階2階部分のA持分（持分3分の2）全部をY1に，その余の不動産をAの配偶者Bに相続させる。遺言執行者にY1を指定。②200万円をXに相続させる。
事案の背景・エピソード	Aは昭和38年12月19日会社設立。平成20年1月17日辞任まで同社代表取締役。その後平成26年2月4日死亡まで同社取締役。Cは昭和48年1月25日同社取締役，昭和63年9月20日～平成20年1月2日死亡まで同社代表取締役であった。 Aは平成19年9月M病院認知症外来を受診。平成19年10月2日から平成20年5月まで認知症専門病棟に入院。Y1は入院病院に，Aの入院が他の親族に知れない様，面会はBC及びY1に制限することを求めた。Aの入院自体も面会制限も，浪費防止が目的。Aは病院入院中，他患者や病院職員とコミュニケーションを取り歌唱等ができていた一方で，平成20年2月5日に同日を1月20日・生年月日を大正

	2年7月2日と答え（誤り），平成20年2月6日に同じ質問に同日を平成15年10月，自身について大正2年生まれ・年齢96歳・入院歴5年・以前の職業を銀行役員と答えた（いずれも誤り）。
	平成20年1月にCが死亡した時，BはA入院先病院に「家族で相談してAにはCの死を伝えないことにした」と説明したが，後日Y1がAに事実を告げていた。Y1はC死亡後会社取締役に就任し，Cの保険金を会社に資金提供した。Aはそれを評価する発言をした。目録建物は1・2階部分（会社倉庫事務所等）がC3分の1，A3分の2の共有。3階部分はC所有（C，Y1〜Y4の住居）。
	Y1は平成20年7月22日に本件建物1，2階部分のC持分と3階所有権について相続を原因としてY1に移転登記。
	平成20年5月AはM病院を退院して老人保健施設に入所。
	平成20年9月17日にBは「A死亡の場合は自分が土地と建物のA持分全部を相続する予定だが，その場合本件土地建物をY1に遺贈する」旨の公正証書遺言作成。付言として，本件建物と少なくともその敷地は，Aと自分の相続の順に関わらずY1が取得することを強く希望する旨を他の相続人に対して縷々記載。
	平成20年12月11日にA所有土地は，本件建物の敷地部分たる本件土地と隣地に分筆。分筆に関与した土地家屋調査士は，手続きはB主導でなされ，体調不良を理由にAの直接の意思確認はされなかったと説明。
	平成20年12月21日（遺言書作成日）にBはAと面会している。遺言②には，Xに対して，C関連不動産をY1に遺贈することへの理解を求め会社の永続を願う付言の記載がある。平成25年7月16日にB死亡。
	Aの遺言書①②は平成23年頃にBからY1が預かり他の手紙と共に貸金庫で保管。Y1申立で平成26年5月本件遺言書検認。平成26年5月Y1は本件不動産のA持分につき遺贈を原因として登記手続をした。
病名	アルツハイマー型認知症
症状	平成9年頃から物忘れ及び浪費が目立つ。平成16年頃から易怒性・失禁も。物忘れ及び浪費も重症化。平成19年初め頃記銘力障害・見当識障害・易怒性による情緒不安定・浪費・失禁等が一層激しく同じことを何度も繰り返し言うようになった。 平成19年10月〜平成20年5月まで認知症専門病棟に入院。平成20年5月〜平成25年2月27日まで老人保健施設に入所した。
頭部画像所見	—
医師所見鑑定	—
認知症スケール	平成19年9月4日認知症外来でMMSE16点（30点満点。23点以下は認知症疑い）。 平成20年5月23日HDS-R8点（30点満点）で中等度痴呆と診断。 平成24年8月30日HDS-R5点で重度の認知症と診断。
遺言書作成状況	本件各遺言作成当日，BがAと面会したことを認定。

（公証人対応等）	
争点と判断枠組み	（遺言能力） 痴呆性高齢者の遺言能力の有無を検討するには遺言者の痴呆の内容程度のほか，当該遺言をするに至った経緯，当該遺言作成時の状況を十分に考慮し，遺言内容が複雑か単純かとの相関関係において慎重に判断すべき。 遺言①は本件土地と建物持分を Y1 に遺贈する，遺言②は X に 200 万円を相続させるとの内容である。本件遺言は一人が財産全部を相続ないし遺贈を受けるとか数人が按分で相続ないし遺贈を受けるのと異なり，本件土地の所在・地番・地目・地積や複数階建物の持分割合や家屋番号・種類・構造・床面積の記載を要し，①と②では遺贈と相続させるとが区別され，②には 200 万円のみを相続させる理由を記載した文章があり，公正証書遺言でなく自筆証書遺言であるなど，決して単純なものとも認められない。 本件各遺言作成当日 B は A と面会，各遺言が自筆証書遺言であること等から，B が土地の分筆や本件各遺言の作成についてこれらを主導したことが明らか。 A は遺言作成当時 94 歳であるが，遺言の 10 年以上前の平成 9 年頃から物忘・浪費が目立ち，平成 19 年 9 月 4 日にアルツハイマー型認知症の診断を受け，平成 20 年 2 月 5 日に日付や生年月日，翌日に年齢・入院歴・以前の職業の質問に正確に答えられず，同年 5 月 23 日に中等度痴呆と診断を受けていることから，A の知的能力は遺言作成当時に相当程度低下し，単純ではない本件各遺言の内容を理解しその結果を弁識し得るに足る能力を有していたとはうかがわれない。B が分筆手続や遺言作成を主導し，以後遺言を所持して Y1 に預けたこと等も併せ考慮すると A は遺言能力を欠く状態にもかかわらず B に指示されるがままに各遺言を作成したと推認するのが相当。 Y1 らは病院で排尿排便自立，他者と積極的にユーモアを交えコミュニケーションが取れ，施設入所の際も意思決定権について本人にある状態だったから，認知症でも遺言能力を失っていないと主張するが，それらの事項は本件各遺言の内容を理解できなくても行えるものばかり。施設入所時は中程度痴呆の状態であるから「意思決定権が本人にある」で不自然ではなく，逆にこのことが遺言能力を有していたことを推認するものともいえない。Y1 らは MMSE や HDS-R は遺言能力の有無の判定の為のものでないと指摘するが，これらの結果のみから遺言能力の有無を判断してはいない。Y1 は A の聴力低下が受検数値低下の原因と主張するが，証拠及び弁論全趣旨によれば A は MMSE 受検の際分からない点を家族に尋ね最後まで落着いて取組んだと認められ，Y1 主張は採用できない。Y1 らが指摘する老人性痴呆罹患者に遺言能力を認めた判例は，公正証書遺言に関し公正証書遺言では遺言者に生年月日・遺言意思等を確認するが，本件は自筆証書遺言で，A は生年月日すら正確に答えられない事案で異なる。 （自筆性） 署名中の文字は他の文書の A の署名と比較して矛盾せず，手紙を書

| | く習慣がなかった点も各遺言で平仮名が多用されていることと矛盾せず，筆跡に異なる点が見られることを前提としてもBの筆跡に酷似するとは認められない。Aが自筆したものと認められ第三者に偽造されたとの主張は理由がない。 |

【9】東京地判平成 29 年 3 月 29 日（前項 138 頁参照）

事件番号	東京地裁平成 26 年（ワ）20647 号
審理期間	2 年 7 か月
判決の結果	①無効②無効
遺言の種類	①公正証書②公正証書
遺言者 A	大正 13 年生，男性，死亡日平成 26 年 7 月 15 日
遺言日時	①平成 21 年 10 月 9 日②平成 22 年 10 月 6 日（遺言者 A ①85 歳頃②86 歳頃）
当事者	X＝A の二女，Y1＝A の長女，Y2＝Y1 の夫で遺言執行者，Y3＝Y1Y2 夫婦の子で，A 死亡時 A の養子（後に縁組無効が確定）
遺言内容の概要	ほぼ全ての遺産を Y1 及び Y3 に相続させる
事案の背景・エピソード	A は昭和 31 年に婚姻し，昭和 32 年に長女 Y1，昭和 34 年に二女 X をもうける。Y1 は Y2 と婚姻し，昭和 59 年に Y3 をもうけた。A の配偶者は昭和 62 年死亡した。 A は産婦人科医として医院開設。自宅兼医院で診療。平成 15 年 3 月自宅医院で脳出血で倒れ，入院。同月 27 日時点で重度の全失語状態，入院中のリハビリ進行は非常に遅い旨記載。 平成 17 年 12 月 A と Y3 の養子縁組届が品川区長に提出。Y1 又は Y2 は平成 16 年 11 月 8 日〜平成 26 年 9 月 17 日間に A 名義の口座等から金銭の払戻しを受けた。 平成 15 年 8 月 4 日に A は退院後介護老人施設へ。平成 15 年 8 月 4 日，翌 16 年 1 月 23 日，同 10 月 12 日，17 年 7 月 7 日，18 年 9 月 22 日，19 年 6 月 4 日，平成 20 年 3 月 6 日と施設を移動し，同月 21 日要介護者向高齢住宅施設 KN に入所。 平成 21 年 8 月 21 日 X は東京家裁に A の後見開始審判申立て。 同年 9 月頃 Y1 は A に公正証書遺言作成を発議。Y2 は平成 21 年 9 月 18 日頃行政書士に A の公正証書遺言作成を依頼。平成 21 年 10 月 1 日に行政書士は A と面談。公証人は同月 9 日施設 KN で A と面談し①遺言を作成。 平成 22 年 2 月に X は A の鑑定を申立て，平成 22 年 9 月 11 日に鑑定人医師が鑑定を実施しようとしたが，Y らは A が嫌がっているなどと述べ鑑定実施に協力せず鑑定中止。平成 22 年 10 月 6 日公証人は公

	証役場で A と面談し遺言②を作成した。 平成 23 年 1 月 28 日家裁調査官は施設 KN で A と面接し調査を実施。A の状況は簡単な質問や指示に応じたのみで，単語を理解して絵を選ぶのが精一杯。質問内容を理解していないこともままあり計算も 1 桁の簡単な計算ができる程度。調査官は後見開始の蓋然性が高く専門医による鑑定が必要と報告。医師所見鑑定欄記載の鑑定の後，平成 23 年 12 月 26 日後見開始審判。弁護士が成年後見人に選任。 平成 24 年 12 月に X は，AY3 間の養子縁組無効確認訴訟提起。平成 26 年 3 月 31 日無効確認判決。養子縁組無効が平成 26 年 11 月 14 日確定。
病名	認知症の認定なし。脳出血後の重度失語症
症状	平成 15 年 3 月 17 日に脳出血で倒れて入院し治療を受けたものの失語症が残った。直後の同月 27 日の時点において理解・表出ともに重度に障害され，状況や文脈の伴わない日常会話の理解も困難であり言語でのコミュニケーションが全く取れない状態であった。転院するまで入院した病院の医師によると，入院中の A の状態について，失語症が非常に高度でリハビリテーションの進行は非常に遅い状態であった。リハビリ病院転院後も，平成 15 年 4 月 18 日・6 月 4 日・7 月 28 日の 3 回にわたり実施された SLTA 検査結果によれば A の聴いたり読んだりする力は，単語を理解して絵を選ぶ程度の向上が見られたものの，少し複雑な命令に従うことは一貫して全く対応ができず，話したり書いたり復唱したり計算する能力は全くないか非常に乏しい状態で変化がみられず，失語症の発症初期から重篤な症状であった。 平成 23 年 1 月に家裁調査官が A の調査を行った時点でも，単語を理解して絵を選ぶのが精一杯で質問内容を理解していないこともままある状況。SLTA 検査が実施されてから 8 年経過後もほぼ同様の状態であったと認められる。
頭部画像所見	A が緊急搬送された先である病院の主治医は，12 回 CT 撮影して画像診断をした上で重度の失語症（全失語症）診断。 発症から 8 年経過後に撮像された MRI 画像がある。
医師所見,鑑定	平成 23 年 12 月 12 日に，家裁選任医師が後見審判用鑑定書を提出。同医師は平成 23 年 10 月 4 日と 7 日に A を診察。A の状態につきブローカ失語症（重度）の慢性期，自発性の低下がみられ将来回復の可能性なしと判断。A の具体的な状態につき「名前」「気分」には何とか答えられ，単語を見て対応する絵を選べたが，「鉛筆で本を触る」「椅子を指してドアを指す」との指示通り行動できず，「バナナは皮をむかないで食べる」に正答できず，長い数字の計算も出来ず，複雑な問いに応じられないなど言語面に問題があり「話す・書字の言語表出面が重度に障害され，判断したことを適切に表現できない。「はい，いいえ」での回答もやや複雑な問いは十分と言えない。自分で言語を介して情報を十分に受容できない。読みを介しても十分できない。失語が重いためある判断能力はあるとしても，示すことがきわめて難しい状態。回復の見込みはほぼない」と鑑定書に記載。

認知症スケール	―
遺言書作成状況 (公証人対応等)	平成 21 年 10 月 9 日公証人は A が当時入居していたケアホームを訪問して A と面談し同所において本件公正証書①を作成した。 平成 22 年 10 月 6 日公証人は公証役場において A と面談し同所において本件公正証書②を作成した。
争点と判断枠組み	(遺言能力の有無) 遺言能力は，遺言事項を具体的に決定しその効果を理解するのに必要な能力であると解される。A は文字を介した意思疎通は困難で，失語が重く判断能力はあるとしてもそれを示すことが極めて難しい状態であったことを考慮すると，遺言事項を具体的に決定し効果を理解して遺言意思を表現することは極めて困難であった。 本件各遺言は遺産内容を個別に取り上げ，3 名に対して具体的取分を詳細に指定し，遺言執行者や予備的遺言執行者を指定し，執行の具体的方法まで指定するもので内容は相当に複雑。公証人が内容を口頭で説明し遺言書自体を示しても，A が内容を理解することは不可能と考えられる。関与行政書士は遺言①作成時 A は公証人の問いかけに応じ「いたやど」と訂正したり，単語ごとに復唱したり，人名も発話できたと証言するが A は発話できなかったことが明らかで証言は A の客観的状況と相反し採用できない。各遺言書に A が自署しても，周囲の者に言われるがまま署名したにすぎないと推認できる。A は各遺言にあたり遺言能力を欠いていたと認めるのが相当，とした。 これに対し，Y らは，医師所見鑑定欄の鑑定について，CT 画像を撮影しながら鑑定で言及せず鑑定に使用した記録を保存しないことを根拠に信用性がないと主張したが，CT 画像は失語症原因究明のために撮影するところ，鑑定では発症入院病院のカルテが引用され失語の原因が明らかで，補助資料の画像に言及しなくても信用性は揺らがない，鑑定記載は極めて詳細で何等かの手控えは存在したと考えられる，として批判を退けた。Y ら提出の診断に対しては，平成 23 年 3 月 12 日の MRI に基づく診断については，同時期失語症状に劇的回復があったと示す記録はなく，逆に身振りでコミュニケーションを行う A に顕著な変化はなかったこと，画像撮影時に読む・書く・聞く・話すの 4 要素の神経心理学的な臨床的診察をしておらず，画像以外の要素を考慮しない「可能性の指摘」に過ぎないと排斥。他の医師の意見書に対しても，高次脳機能障害に関する文献では画像診断だけで判断せず各種検査所見を総合すべきとされ，MRI 画像診断は参考意見に留めるのが相当等として退けた。 そして，各遺言時に A は遺言能力を欠く常況にあったと認められ，民法 973 条の趣旨に照らし各遺言作成時に医師の立会いのもと A が事理弁識能力を一時的に回復していたことが具体的に示されない限り遺言無効と解するのが相当。本件各遺言作成時に医師の立会いはなく各遺言は無効。 (各遺言作成に口授は無く，969 条の 2 の要件をも欠く) 各遺言時に A には遺言能力はなく遺言①②は無効。仮に遺言能力が

182

あっても，人が話した言葉をおうむ返しにすることも出来ない状況から「口授」があったとは認められない。公証人は969条の2に基づき通訳などでAの意思を確認しその旨を公正証書に記載すべきであったがそれも無く，方式違反。手続面からも無効。

（Y1，Y3母子の遺言偽造による相続欠格）

891条は相続人の非行に対する制裁の制度で，相続法上不当の利益を得ることを目的として同条所定行為を行い相続法秩序を侵害した者から相続権を剥奪する趣旨の規定である。被相続人が事理弁識能力を欠き意思表示ができない状態にあることを利用して相続人が発議して遺言を作成させた場合も同条5号所定の遺言書偽造に当たる場合がある。但し相続欠格者は当然に相続権が剥奪されるとの重大結果が生じること及び同条規定の趣旨に鑑み，同号所定の行為をした場合でも相続に関して不当な利益を目的としないときは相続権剥奪の制裁を課するに値しないと解するのが相当。

各遺言の約4〜5年前のAとY3間の養子縁組は後日無効判決が確定。養子縁組届作成時もAは縁組意思を欠くと認められるが，Y1はAに縁組を望むメモ書をあえて作成させ養子縁組届を作成させ，法定相続分変更という本件各遺言の前段階と位置付けられる。

Y1は遺言①も②も作成を発議。遺言①と②の中間時期（平成22年3月28日）にAに対してHDS-R類似テストを行い，遺言①を作れば済むのにAに遺言作成理由を書いた念書を作成させ，Y1は証拠作りを行っていたと認めらる。

Y1はAが書面を読み上げられても読んでも理解できず，ただうなずくとの行動習性を知悉していた。

Y3は養子縁組の届出に主体的に関わり，縁組無効確認訴訟の証人尋問でY1・Y2と口裏を合わせ遺言書存在にかかる証言を実質的に拒否し，Y1の墓参写真を撮るなど証拠作成に協力し，本件遺言の予備的執行者であるなど，Y3が本件各遺言の作成に加担していることは明らか。各遺言は，Aが重度の失語症であることを利用して，Y1が発議Y3とY2と共謀して作成させたと認めるのが相当である。

各遺言の作成時期が，XがAについて後見審判を申立た直後の時期であること，各遺言でAのほとんどの財産をY1又はY3が取得する内容で，実際Y1Y3は平成26年7月23日にAの全不動産を各遺言に基づきY1又はY3に名義変更していることから，両名の行為が不当の利益を目的とするものであったことは明らか。Y1Y3の行為は遺言書の偽造にあたる。

【10】 東京地判平成 29 年 4 月 26 日 （前項 150 頁参照）

事件番号	東京地裁平成 27 年 （ワ） 7753 号
審理期間	2 年 1 か月
判決の結果	無効
遺言の種類	自筆証書
遺言者 A	昭和 4 年生，女性，死亡日平成 25 年 2 月 1 日
遺言日時	平成 24 年 1 月 13 日 （遺言者 A 82 歳）
当事者	X1＝A の亡長男 B （平成 13 年 6 月 7 日死亡）の長女，X2＝B の二女。Y＝A の長女
遺言内容の概要	「B の妻 C に預けた預金 4,000 万円はすべて Y にあげて下さい。アパートは C にあげたけれど Y に返して下さい。亡夫に（注：原文は『に』の上に×が記載されている）の建てた家も C にあげたけれど Y に返して下さい。私を老人ホームに入れるような C と同じ墓に入りたくありません。Y と同じお寺にして下さい。平成 24 年 1 月 13 日金曜日　A（拇印）。孫をかわいがって育てたのにとうし（ママ）てひどいことをするのですか。私は老人ホームに入れられて悲しいです。」
事案の背景・エピソード	A は夫との間に B と Y をもうけた。B は C との婚姻後 X1 と X2 をもうけた。A の亡夫は有限会社の代表取締役で，本件不動産の 1 ～ 2 階で会社を経営し，3 階に A 夫婦，4 階に B 一家が居住。A の夫は平成 11 年に死亡。会社の代表取締役は B が承継。しかし，B は平成 13 年 6 月 7 日に死亡。 B 死亡の数日後会社税理士が C と A を訪ね，会社は赤字で不動産売却と会社清算を進言したが，A が居住継続を望み，C が代表取締役になり平成 20 年 6 月 23 日会社清算決了までその役を務めた。B の遺産分割は，積極消極一切の財産を C が承継。A は孫たる X1 の特別代理人を務める。 A は平成 22 年 6 月に Y が金の無心をしてくるから手元に置いておくと取られてしまいそうで怖いと，C に定期預金証書を同人管理の貸金庫での保管を依頼。 平成 22 年 12 月 17 日に Y は A を信用金庫に同行させ，平成 16 年 1 月～平成 22 年 11 月の取引履歴の発行を受け，その時点の預金残が約 3,758 万円と認識した。ただし，A は同信金に他にも国債を 1,000 万円，出資金 550 万円を有し，他の銀行には定期約 550 万円を有した。 平成 23 年 1 月 26 日に，A は実弟から遺言書作成を薦められて公証役場で公正証書遺言を作成。内容は，遺産中一切の金融資産や信金出資金を Y に 8 分の 2，X1 と X2 に各 8 分の 3 の割合で相続させ，これを除く手許現金・動産その他一切財産を C に遺贈する，遺言執行者を C と指定。また「私は自分の年齢身上等を考え，この遺言を残します。私には Y がいますが，階上に住む C が私の生活やいろいろな面で気遣ってくれます。今後も私が健康を損なったときや日頃の世話をお願いし，万一の場合の葬儀・埋葬・供養や身辺整理など一切をお

願いします。その感謝の気持ちも込めて，X1 と X2 に遺産の多くを
あげたいと考え配分を決めました。Y はこのことを十分理解し今回の
配分について不満に思わないで下さい。最後に皆さんが健康で平穏な
生活を送られることを願います。」旨の付言をした。

C は平成 23 年 12 月～平成 24 年 1 月頃 A が契約してくれた入院保険
金請求手続の為 A に署名をしてもらおうとしたが A がペンを持った
まま自身の署名ができなかったため保険金請求を断念した。

平成 24 年 1 月 13 日付けで A は本件自筆証書遺言作成。A は，平成
25 年 2 月 13 日死亡。

病名	認知症
症状	A は平成 22 年 4 月頃から物忘れの症状。平成 23 年 2 月の HDS-R19 点。同月 MRI 画像診断，平成 23 年 3 月に軽度アルツハイマー型認知症と診断。 A は平成 23 年 3 月 26 日～ 29 日検査入院し直腸がんと診断され告知を受け，平成 23 年 4 月 5 日～5 年 30 日まで入院・手術を受けた。病院の医療記録には，A は自分の病名や入院理由が分からないことが度々あり，「私はどうしてここに来たの？」「私の病気は何だっけ」との発言を繰返したとある。 X2 は平成 23 年 5 月頃 A の退院後リハビリ代わりに食事後食べたものが何かを質問しメモさせようとしたが A は皿を片づけない状態でも答えることすらできなかった。A は X2 に「メモにギョウザと書いて」といわれてもペンは握るが片仮名でも書けず，X2 が見本で「ギョウザ」と書くとやっと震える字で真似ができるとの状況。同状況が平成 23 年 9 月頃まで続いたが次第に集中力もなくなり冬にはペンを持っても「もうおばあちゃんぼけちゃったからもうやめてよ」と書こうとしなくなった。 平成 23 秋頃にはデイサービスに行くため新しく購入した服をカバンに入れ準備をしたが翌日には他人の服が入っていたとカバンから出し，平成 23 年 12 月頃にはショートステイ先で用意された新しい衣類を箪笥から出し自分の服ではない旨繰り返し述べるなどした。 A は平成 23 年 11 月末リウマチで膝の手術を受け退院したが X1 らの支えがなければ歩けない状態で，同年 12 月 4 日自宅で小火を起こしたが他人に助けを求めることも出来ず部屋にうずくまることがあった。C が手術で入院する際 A を一時的に施設に入所させたが，A は C や X らから施設入所の説明を受けてもすぐに忘れ，「どうしてここ（本件施設）にいるんだ」と繰り返し尋ね，入所の理由を繰り返し説明する状態であった。
頭部画像所見	平成 23 年 2 月に実施された MRI 画像診断の結果も踏まえ同年 3 月に軽度のアルツハイマー型認知症との診断。画像内容の説明はなし。
医師所見鑑定	—
認知症スケール	平成 22 年 4 月頃から物忘れなどの症状。平成 23 年 2 月施行のHDS-R では 19 点。 平成 24 年 1 月 11 日 A が施設入所中に受けた HDS-R は 13 点。A は

	当日の年月日，曜日，現在いる場所も正答できなかった。
遺言書作成状況 （公証人対応等）	Yは平成24年1月11日Aを施設からY自宅に連帰り外泊させ，同月14日に再び連れてくるまで一緒に過ごした。Y宅外泊中の同月13日本件遺言書が作成された。
争点と判断枠組み	（遺言能力） Aは平成23年3月に軽度認知症と診断された後，同月直腸がんと診断され翌月に入院手術を受けたことの影響もあり認知症の症状は悪化していた。入院中は自分の病名も入院の理由も度々分からなくなる状態で，平成23年5月に退院した後も食べたばかりの食事内容を思い出せず，自発的に平易な文字を書くこともできない状況になっていた。本件遺言直前には年月日や自分のいる場所さえ答えられず，HDS-Rで13点であったことからすれば，Yの指摘するようにAが本件施設の職員らと日常会話をすることができたことを考慮してもその認知症の程度は中等度に進んでいたと認められる。本件遺言の内容は認知症が進行する前に作成された遺言公正証書の内容と異なり，その付言事項に表れているAの意思とも大きく異なる上，Bの遺産分割協議でAが了解した分割方法にも異を唱える内容で，これら内容の変更を合理的に説明しうるAとCやXらとの関係が悪化した事情をうかがうことはできない。Aが本件施設に入所したのはCの手術に伴う一時的なもので，同人はこの事情を説明しており，これをもって同人やXらとの関係悪化を基礎づける事情とはいえず，Aが当該事情を理解できずに本件遺言を作成したのであれば，理解できないこと自体がAの遺言能力の欠如を裏付ける一つの事情になる。 （遺言内容に関するYの影響） 遺言1項でYに遺贈する旨の記載がされた財産内容が，Yの認識していたAの預金残高と符合する一方で，実際には同じ信金に存在した他の多額の金融資産については遺贈の対象となっていないことや，本件遺言がY宅外泊中に作成されたこと，本件遺言の2項，3項の内容はAの意思というよりもむしろYの意思が強く表れていることがうかがえることなどから，本件遺言書の作成やその内容についてYの影響が少なからずあったと推認でき，かかる事情も併せて総合考慮すれば，Aは本件遺言書作成の際本件遺言をする意思能力を欠いていたというべきで，本件遺言はAの意思に基づいて有効にされたと評価することは出来ない。

【11】 東京地判平成 29 年 12 月 6 日 （前項 130 頁参照）

事件番号	東京地裁平成 28 年 （ワ） 第 13570 号
審理期間	1 年 8 か月
判決の結果	有効
遺言の種類	公正証書
遺言者 A	昭和 2 年生，女性，死亡日平成 27 年 6 月 21 日
遺言日時	平成 23 年 10 月 21 日 （遺言者 A 84 歳頃）
当事者	X1 ＝ A の長女，X2 ＝ A の二男。Y ＝遺言執行者（弁護士）
遺言内容の概要	不動産 1 乃至 4 のうち，不動産 1，2，4 を長男 B に，不動産 3 を X1 に，遺言執行者を Y とする。
事案の背景・エピソード	A は大正 10 年生まれの F （平成 17 年死亡）と婚姻。子は BX1X2 の 3 人。 不動産 2 乃至 4 は一棟の建物で不動産 1 はその敷地。従前本件不動産 1 土地と不動産 2 は F の単独所有。本件不動産 3 は A の単独所有。不動産 4 は F と A の共有（F 持分 4 分の 3，A 持分 4 分の 1）。F の遺産分割調停では不動産 1 を A・X1・X2 が分割取得。不動産 2，4 を A が単独取得。他の不動産を単独取得した X1 が B に 2,600 万円余の代償金を支払うことなどが合意。 A は F の遺産相続で不動産を全く取得しなかった B の取得分が少なかったと気にかけていた。 平成 22 年 7 月 27 日 A は X1 から認知症老年期うつ病で判断能力低下として保佐開始の審判を申し立てられ，A は 8 月 6 日・9 日弁護士たる Y から紹介された病院院長である医師 H の診断を受けるなどして反論していた。 平成 23 年 2 月 8 日に家裁の調査で後見相当と判断され後見開始審判がなされ，確定。 それなりの判断能力を有していた A は審判後も遺言方法がないかを Y に相談。平成 23 年 6 月 3 日に H 及び医師 J （精神科）の診察で，A は軽度の記憶障害や見当識障害があるが希望や意思表明思考や判断過程に明らかな障害なく遺言能力に問題ないと判断された。 平成 23 年 7 月 8 日に，Y はあらかじめ A から直接又は B を通じ遺言内容を聴取し，公証人に伝え準備された遺言書草案をファックス送信し，H 及び J に同月 22 日公正証書作成予定で立会人として署名押印してもらうほか「遺言者は，本件遺言をする時において，精神上の障害により事理を弁識する能力を欠く状態になかった。」ことを付記してもらう必要があることを連絡した。H は Y に対し本件公正証書の立会人となることに消極的な意向を示したこともあったが，Y から医師 2 名の立会いがなければ本件遺言をすることができないなどと説得され，立会人となることを最終的には承諾した。
病名	認知症

症状	―
頭部画像所見	―
医師所見鑑定	―
認知症スケール	―
遺言書作成状況 （公証人対応等）	Ａは，作成予定日を定めたが体調不良で作成を見送ったり，平成23年8月3日も本件遺言ではＢ取得分が多くなる反面Ｘ1の取得分が少なくなることにちゅうちょを覚え作成を再び見送った。 平成23年10月21日にＡは本件遺言をすることをようやく決意した後，病院で公正証書遺言を作成。Ｈ・Ｊは遺言の作成に先立ってＡを診察し遺言能力に問題がないことを改めて確認。ＡはＨから「決めかねることや迷うことがあれば遺言の作成を急ぐ必要はない」と助言されたこともあったが遺言をする意思に変わりないことを明確に表明。公証人はＡに各項目を読み聞かせて遺言内容がＡの遺言意思に合致することを確認した上で，Ａの署名押印を得た。Ｈ及びＪは遺言の際に終始同席し公証人やＹから特段注意を受けることはなかった。公証人はＨ及びＪから，公正証書に付記（付記はＨ）と立会人としての署名押印を得た。Ｈは署名押印時に持参していた印章がシャチハタ印であったため院長室に正規印章を取りに一時離席したが，Ａの署名押印終了後のことで，一時離席の間にＡが遺言作成を翻意したり公正証書の内容が修正されたりすることはなかった。
争点と判断枠組み	（争点1）本件遺言は医師二人以上の立会（民法973条1項）を欠くことにより無効，とのＸの主張について。 本件公正証書遺言にはＨ及びＪが立会い，遺言時事理弁識能力を欠く状態でなかった旨の付言と署名あり。上記「作成状況」認定事実によればＡが遺言をする際にＨ及びＪが終始同席していたので「医師二人以上の立会い」の要件に欠けるところはない。Ｈの一時離席はＡの署名押印が終了後のことで一時離席の間にＡが遺言の作成に関する態度を翻したり，Ａの意思に反して遺言内容が修正されることはなかったから遺言の効力を否定する事情であるとはいえないとした。認定に反する証人Ｈの陳述は記憶が曖昧な部分が多く各証拠とも整合していないとして信用できないとされている。 （争点2）言語をもって陳述されず口授を欠くので無効，とのＸらの主張に対しては，ＡはＹを通じて公証人に遺言内容を伝えた上，遺言の作成に当たってはその概略を改めて口頭で伝えていたから口授の要件に欠けるところもない。 （争点3）遺言内容につき錯誤があり無効，との主張に対しては，Ａは遺言までの間にＢとＸ1の相続分の多寡を再検討することがあったが，Ｆの遺産分割調停でＢの取得分が少なかったことを気にかけ作成日を変更してまで熟考した上で自分の遺産相続の際にはＢに多くの相続財産を取得させるということを慎重に決定した。公証人の読み聞かせで遺言内容がＡの遺言意思に合致する旨確認されたことに照らしてもＡ真意と合致する。Ｘらの主張する錯誤あったとは認めら

	れない。

【12】東京地判平成 30 年 1 月 15 日（控訴審判決【21】218 頁参照）

事件番号	東京地裁平成 26 年（ワ）34176 号，平成 26 年（ワ）30301 号，平成 27 年（ワ）35214 号
審理期間	3 年 2 か月
判決の結果	有効
遺言の種類	危急時遺言
遺言者 A	大正 15 年生，男性，死亡日平成 26 年 1 月 6 日
遺言日時	平成 25 年 9 月 18 日（遺言者 A 88 歳頃）
当事者	X ＝ A の長男，Y1 ＝ A の長女，Y2 ＝ 銭湯の住込従業員
遺言内容の概要	全財産を Y1 に相続させる，Y1 は A の妻 B 及び Y2 の面倒をみなければならない。
事案の背景・エピソード	X が Y1 に対し主位的に A の全財産を Y1 に相続させる旨の危急時遺言の無効確認等を，予備的に遺留分減殺請求権に基づき本件土地建物の持分（8 分の 1）の所有権一部移転登記手続及びその他の遺産の持分相当額の支払いを求め，Y1 が X 及び本件建物（銭湯）に住み込みで働く従業員 Y2 に対し建物明渡等を求めた事案。A の相続人は，B，X 及び Y1。A は本件土地建物で先代から引き継いだ銭湯を経営。Y2 は，昭和 44 年頃から従業員として本件建物に住み込み本件銭湯で稼働していた者。 下記「症状」「遺言書作成状況」欄の状況のもとで，上記「遺言内容」の通りの危急時遺言が作成された。 平成 25 年 10 月 4 日確認審判の申立てに対して，家庭裁判所調査官が意思確認調査の為に同月 10 日に生前の A の病室を訪問。調査官は A から話しかけられたが聴き取ることは出来なかった。調査官は本件遺言書を読み上げて A の真意であるか否かを確認する方法によることを説明し（A は首を縦に振った），遺言書第 1 条を読み上げ（A は首を縦に振った），少し間を置くと A が何か言いたそうな態度を示したので，「もう一つあります」と言って第 2 条を読み上げ（A はうなずく），調査官が「この二つのことは A さんの本当の気持ちと理解していいですね。」と尋ねたところ，A は首を縦に振った。 調査官は，証人たる弁護士 G に遺言作成時の状況を確認した。G は，証人たる主治医 M から A の意識ははっきりしており「はい」「いいえ」の判断ができることを確認した上で聴き取りを開始した。A はのどに管を入れておりはっきりとはしないが言葉を発することはできた。「お風呂屋は誰にあげるの」「奥さんと Y1 さんに半々ですよね」と聞

くと A は首を横に振り，「奥さんですか」と聞いたら首を横に振り，「Y1 さんですか」と聞いたら首を縦に振り「Y1」と言った。自信が無かったので F に確認すると「Y1 さんと言いました」と答えた。「X さんにはあげないの。」と聞くと，A は首を縦に振った。「お風呂屋は誰にやってもらいたいですか」と聞いたら，A は「Y2 ちゃん」と答えた。M に確認すると「Y2 ちゃんと言いました」と答えた。G が「お風呂屋の土地建物は Y1 さんにあげるということですね」「実際にお店をやるのは Y2 ちゃんでいいんですね」と確認すると，A は首を縦に振った。G が「Y2 ちゃんが一人で生活できなくなったときは，Y1 さんに面倒を見てもらいたいということですよね」と聞くと A は首を縦に振った。続けて「Y1 さんにお母さんの面倒を見てもらいたいということですよね。」と聞いたら，A は首を縦に振った。聴き取りに要した時間は 20 分ほど。G は病室外に出て聴き取った内容を基に遺言書を作成し，A にかみ砕いて説明すると，A は首を縦に振り間違いない旨の意思表示をした。説明に要した時間は 10 分ほど，と説明した。

調査官は，10 月 10 日 M に面談し遺言書作成状況を確認すると G が述べた状況と同様の状況を述べ，9 月上旬から意識は回復しており，言葉が聞き取りにくいものの治療過程で A の応答に辻褄が合わないことは無く，意思能力は有ったと考えていると説明があった。

調査官は，同月 17 日に証人 C（A の遠縁）と面談し遺言作成状況を確認すると G が述べた状況と同様の状況を述べ，のどに管を入れているので言葉は明瞭ではなかったが「奥さんと Y1 さんに半々ですよね」と聞いた時に首を振って意思表示をしたことから，意思ははっきりしてたと思うと意見を述べた。

調査官は以上の面接を経て遺言確認の審判が相当の意見を出した。

平成 26 年 2 月 4 日確認審判がなされた。同年 6 月 16 日検認。

病名	認知症認定なし。最終入院は重症下肢虚血症
A の症状	（平成 25 年 4 月の L 病院入院前後の経緯） 平成 18 年頃から体調を崩しがち。胃潰瘍で吐血して大学病院に入院。その後他病院に二度入院後，平成 22 年 10 月頃から L 病院で治療を受けるようになる。平成 24 年 12 月に左大腿骨骨折で L 病院に入院し観血的制整復術を受ける。リハビリ病院に転院したが，ほぼ寝たきりの療養生活となる。 平成 25 年 4 月 17 日重症下肢虚血症と診断され，L 病院循環器内科に入院。同年 5 月 1 日左足趾の切除術。同月 24 日 NPPV（非侵襲的陽圧換気）による呼吸管理のため ICCU に入室。同年 6 月 4 日に NPPV は離脱したが，同月 9 日ミニトラック（気管カニューレが細く患者が会話をしたり排痰的に咳をしたりすることができる，と説明書に記載）挿入。状態が安定し同月 11 日 IMCU に移床。その後徐々に意識状態の悪化及び四肢の不随意運動が認められるようになったが，意識障害の急性期の治療として 7 月 1 日より血液透析を開始したところ徐々に意識状態が改善。開眼が見られ，首を振ることではい・いいえの意思表示が可能な状態に。7 月 20 日に左胸水アスピレーションカ

	テーテルの挿入が行われたが 8 月 15 日には改善により左胸腔ドレーンを抜去。呼吸状態につき再度 NPPV を装着して改善。同月 28 日に胃瘻造設。 平成 25 年 9 月 17 日（死亡遺言書作成前日）は，呼びかけるとうなずく状態で，カルテには「JCS3」（覚醒しているが自分の名前・生年月日が言えないレベル），「本日は意識レベル清明」と記載。夜間のみ NPPV が装着。日中臥位にて四肢のリハビリテーションが行われ，カルテに「JCS10，発語あり，従命なし。」（刺激に応じて一時的に覚醒し，普通の呼びかけで開眼するレベル）。
頭部画像所見	─
医師所見鑑定	─
認知症スケール	─
遺言書作成状況 （公証人対応等）	平成 25 年 9 月 18 日病院で CGM を証人として，危急時遺言書作成。同日は，呼びかけに軽くうなずく状態で，カルテには「JCS3」。日中 NPPV の装着はなかったが，夕方血圧低下に対し NPPV の装着が行われ夕方のリハビリはなされなかった。
争点と判断枠組み	（本件遺言が民法 976 条所定の口授及び筆記の要件を満たしているか） （遺言の作成状況に関する証人 G の証言の信用性） 遺言の作成状況に関する証人 G の証言(1)平成 25 年 9 月 18 日午前 10 時過ぎ頃，G が A の病室を訪ね，A が目を覚ましてしばらく経った後，M が A に話しかけて応答するのを確認した上で，G から A に対し財産を誰にどのように残しておきたいかを書面に残すためにその内容を聞き取る旨を説明した。(2)本件土地建物たるお風呂屋を誰にあげるのか，誰にやってもらいたいかを順に確認すると，A はそれぞれ「Y1」「Y2 ちゃん」と発語した。(3)それ以外の財産を全部 Y1 にあげるか，全財産を Y1 に相続させるで間違いないか，B や X にあげないで間違いないかを聞くと，いずれもうなずき「はい」と聴き取れる発語をした。(4)G が病室の外で本件遺言書の筆記を行い，病室に戻り内容を読み上げ，間違いがないかを A に確認したところ，それまで同様にうなずき発語して肯定の意思を示した。 同年 9 月から 10 月にかけて，A が呼びかけに首を振ったり，聴き取りづらいものの発語したりすることで，意思表示をすることができる状態であったと認められ，証言が A の容体状況と矛盾しないこと，証言内容が調査官への陳述内容とほぼ同じで一貫し，調査官の他者からの聴き取りとも一致することなどから，G の証言の信用性を肯定した。 X は「A は気管内チューブ挿入で発語不能」と主張したが，使用された医療器具（ミニトラック）で患者が会話することは可能とされ，「Y1」「Y2 ちゃん」「はい」などと聴き取ることのできる発語をした旨の G の証言の信用性を否定すべき事情はないとした。 （A が口授ができる状態であったか） 平成 25 年 9 月頃の A の容体は安定しており，遺言作成時に A が首を振ったり発語をしたりすることにより自己の意思を示すことがで

きたことは，調査官の調査時にＡが同調査官に話しかけたり，本件遺言書の内容を読み上げられ首を縦に振るなどして肯定の意思を示すことができたことからも推認することができる，とした。遺言書作成当時のカルテに「JCS3」「JCS10」の記載があることは，この判断を左右するに足りないとした。

その上で，Ｇの証言によれば，Ａは土地建物を誰に相続させるのかという趣旨の質問に対し「Y1」と回答し，本件銭湯の営業を誰にやってもらいたいのかという趣旨の質問に対し「Y2ちゃん」と回答したことが認められ，Ａにとって重要な事項について具体的な発言による回答をしたと認められ，Ａの遺言の骨子を補足することができると解され口授があったものと認めた。他の財産の帰属についても遺言書読み上げに首肯して「はい」と回答しており口授はあると認定。

本件遺言書は，民法976条所定の口授及び筆記の要件を満たしており，適式に作成されたと結論づけた。

（Ａの遺言能力の有無）

遺言書作成状況からしてＡに重度の意識障害があったとは認められない。発語は限定的ではあるものの可能であったと認められる。

後日家庭裁判所調査官がＡの意思確認に病室を訪れた際，調査官から本件遺言の第1条を読み上げられこれにうなずいた後，しばらく間を置くと何か言いたそうな態度を示し，同調査官が第2条を読み上げたところこれにうなずき，「この二つのことはＡさんの本当の気持ちと理解していいですね。」と尋ねたのに対しＡは首を縦に振ったことから，Ａが本件遺言の内容を理解していたことは明らかであるといえる。

本件遺言書作成当時，Ａは遺言の意味内容及び効果を理解し，自らの行動を判断する遺言能力と遺言意思を有していた，と認定した。

【13】 東京地判平成30年1月18日（前項146頁参照）

事件番号	東京地裁平成28年（ワ）25074号
審理期間	1年6か月
判決の結果	有効
遺言の種類	公正証書
遺言者Ａ	昭和17年生，男性，死亡日平成26年9月13日
遺言日時	平成26年9月2日（遺言者Ａ 72歳）
当事者	X＝Ａの二女，Y＝Ａの長女
遺言内容の概要	Ａの財産のすべて（Ａの亡配偶者たるＢの相続持分を含む）をYが相続する。Ａの生命保険の受取人をYに変更する。Ａは平成24年に

信用金庫からXの生活援助金300万円を借入し渡したが，当該特別受益その他を考慮して，Xには財産相続はさせないものとする，遺言執行者としてYを指定。

付言事項として「私たち夫婦が会社経営していた当時，Yは事業の維持拡大に協力し，何度も資金援助をして会社や私たちを助けてくれました。Bが急逝後Yは病気療養中の身で全て行ってくれました。Xから協力が全く得られずYには多大の苦労をかけてしまいました。亡母のときのように負債遺品整理その他の精神的・金銭的負担をYのみにかけず，葬儀費用や負の遺産は姉妹で半分ずつ負担してください。Xが誠実に進んで協力し助け合うことを望みます。」との記載がある。

事案の背景・エピソード	AはBと（昭和18年生）と会社Cを経営。AとBの間には，Y，Xの二人の子がいる。 Aは平成26年4月2日に交通事故を起こして，同乗していたBが死亡。その交通事故の検査過程で余命6か月の末期の胃がんと判明。 同月下旬頃亡Bの遺産分割協議。遺産分割協議案の内容は金融資産はAに，不動産はYに，Xは生前3年内に贈与された511万円を返済，Yは亡Bへの事業資金提供債権（1,200万円）を放棄，債務は法定相続，という内容であったが，Xはこれに同意せず。 平成26年8月2日Aは自筆証書遺言を作成。その内容は，①Aの財産をYに相続させる，②Aが亡Bから相続する財産全てをYに相続させる，③Xには平成24年に300万円を貸していることから相続はないものとする，④遺言執行者をYとする。付言事項として「妻が急逝後Yが全て動いてくれたが，Xの協力が全く得られずYには心身ともに多大な苦労をかけ。Xが進んで協力することを望みます」との記載がある。 平成26年9月2日Aは入院中に本件公正証書遺言作成。同病院はYが過去に勤務し，Yの夫の当時の勤務先病院である。
病名	過去に認知症と診断。胃癌（末期），
Aの症状	平成26年7月3日がん治療の為入院。過去に認知症と診断。外科の看護要約に「理解力にムラがあり，ナースコール押す様説明するも，独歩みられる。ふらつきあり転倒リスク高い」との記載あり。 転倒・転落アセスメントスコアシートの認識力に関する項目である「譫妄・不穏行動がある」「判断力の低下がある」「不穏行動がある」「理解力の低下がある」「記憶力の低下がある」「何事も自分でやろうとする」の6つのチェックポイント中「理解力の低下」と「記憶力の低下」にチェック。 8月29日に退院するも30日再入院。疼痛コントロールが図られたが嘔気が持続。 遺言作成日である同年9月2日は，午前11時頃外科へ転科。幽門狭窄と診断。同日午前11時意識レベルがJCSI-1（刺激しないで覚醒している状態ではほぼ意識清明だが今ひとつはっきりしない状態）に低下。 嘔吐嘔気が続き午後2時に胃管挿入，午後2時30分に疼痛管理の

	フェントステープ 1 mgを右胸に貼付。午後 3 時 30 分頃までには嘔吐なく唾液様のもの排出状態となり危険行動もなかった。同日午後 8 時頃は「気持ち悪い」と唾液様のものを出している状態であり，当直医からプリンペラン（吐気止め）等を投与され，その後嘔気は自制内となり入眠した。 遺言書作成の後も嘔気が続き，フェントステープ等による疼痛コントロールも不十分となり，同月 6 日塩酸モルヒネの静脈注射がされた。その後全身状態が悪化し同月 13 日死亡。
頭部画像所見	—
医師所見鑑定	—
認知症スケール	—
遺言書作成状況 （公証人対応等）	平成 26 年 8 月 15 日頃 Y が公証人に遺言書の作成を依頼し，その後もメールや電話で連絡。A の自筆証書遺言を元に公証人が文案作成。当初 8 月 25 日に公証役場で作成する予定だったが退院延期の為に 9 月 2 日に延期。
争点と判断枠組み	（遺言能力）A は本件公正証書遺言作成日までに，①認知症にり患し，②本件公正証書遺言作成当日は嘔吐のため胃管挿入が実施され，③疼痛コントロールのためフェントステープ等の麻薬鎮痛剤が処方される状況にあった。 しかし，①認知症に関して看護要約や転倒・転落アセスメントスコアシートに理解力や記憶力に問題があるかのような記載があるものの，いずれも医師が A の理解力，記憶力及び判断能力を診察，診断したものではない。ほかに遺言作成までに，A の理解力，記憶力及び判断能力に疑義を生じさせる出来事は見当たらない。②嘔吐は胃管挿入後の午後 3 時 30 分頃までになくなり，嘔気も自制内となり同日は入眠したという。③疼痛コントロールの麻薬処方に関連しては，同日午前 11 時に JCS I -1 と判断されたほかには同日中に意識レベルに関する特段の記載はない。 遺言者について本件公正証書遺言作成までの間に，記憶力・理解力・判断能力など精神状態に特段の問題があったと認めることはできない。 （遺言の経緯や内容について）平成 26 年 4 月に交通事故で妻 B を亡くし，自身も余命 6 か月の胃がんであると判明するなど，死後の遺産の処理に関心を示す状況にあった。遺言内容が積極財産を全て Y に相続させるものであるところ，B の遺産分割や A の入院等について Y が対応していたと推認されることや，A が本件公正証書遺言とほぼ同内容の自筆証書遺言を作成していたことから，Y が公正証書作成の窓口になっていることを踏まえても，作成経緯やその内容が不自然，不合理とは認められない。 X は自筆証書遺言につき，A が Y の意のままに書かれたものであると主張するが，認定のとおり A の精神状態に特段の問題があったと認められず，遺言の内容が Y の意向に沿ったものであったからといって自筆証書遺言の信用性に問題を生じるとは認められず，作成経緯に問題があると認めることもできない。

（作成方式）弁論の全趣旨から，公証人により公正証書遺言を作成する際の通常の手順と方法で作成されたものであることが推認される。作成にあたってはそこに記載されているとおり，病室で証人2名立会のもと，Aが公証人に遺言の趣旨を口授し公証人がこれを筆記してA及び証人に読みきかせをし，A及び証人が筆記の正確なことを承認した後各自で署名押印し，公証人が民法の方式に従って作成した旨を付記して署名して押印し作成したと認められる。本件公正証書遺言は，法定の方式に従って作成されたものと認められる。
裁判所は，Xに人証を含め立証を検討するように求めたが，Xはこれ以上の主張立証はないと述べた。

【14】東京地判平成30年1月30日

事件番号	東京地裁平成27年（ワ）4795号
審理期間	2年11か月
判決の結果	遺言無効
遺言の種類	①自筆証書②公正証書
遺言者A	大正8年生，女性，死亡日平成27年2月2日
遺言日時	①平成24年9月5日，②平成24年10月18日（遺言者A 93歳頃）
当事者	X＝先行遺言によりAの遺産を相続することとされていたAの妹ら4人及びその承継人，Y＝Aの養女で，Aの妹らのうちの一人の子 ※Xらは，本訴訟とは別に，A，Y間の養子縁組の無効確認を求める訴えを東京家庭裁判所に提起している。
遺言内容の概要	先行遺言の全部を取り消し，一切の遺産をYに相続させる。
事案の背景・エピソード	Aに子は無く直系尊属及び配偶者は先に死亡。Aの父は医師で医院と薬局を有しAの夫（医師）にこれを承継させた。Aは長年この医院建物を居宅としていた。 Aは，平成19年3月23日に公正証書遺言作成（先行遺言）。内容は，Aの妹らがAの遺産を相続することとされていた。 平成24年，Aは介護老人施設への短期入所を7度，1か月超入所を4度行った。この頃からYがAの金銭の管理等身の回りの世話をするようになり，同年8月27日AとYは養子縁組。 同年11月7日，Aは医院隣の薬局建物を売却。同月21日には妹の1人の居宅の底地で賃貸されていた土地を購入。 同年12月24日，X2（Xらのうちの一人）がAに面会。Aの自宅（医院建物）解体について賛否を問うと，「誰か話ができる人をよこしてよ。」「私がもうばかになっちゃっているから，何が何だかわからないのよ。」と答えるだけで解体について自身の認識を述べられなかっ

	た。「自分のおうちを壊しちゃっても大丈夫？　嫌でしょう？」との誘導質問に対し，一度「嫌ですね。」と答えたが，「その頃のことが分かるのは，誰なの，いったい？」「一番よく知っている人をよこしてよ。」「私がわからなくなる。どれが自分の家なのよ。」と再び辻褄の合わない答えに戻った。また，「私の家って，どれのこと？」「私はもう分からない。みんな，分からなくなっちゃった。」と発言した。X2は自宅について「△△医院，おばさんが住んでいた家」「夫と一緒に住んでいた家」と言葉を尽くして説明したが，要領を得た回答をしなかった。 施設職員は，X2に，Aに家の写真を見せても理解するのが困難な状態で混乱するだけなので遠慮してもらいたいと制止し，話をするのは構わないが難しいことを言っても理解できずかえって混乱させてしまうので注意してほしいと回答する状況があった。職員は，Aは判断自体が困難な状況で，親族が話をしても内容を理解できないように思われ，そうした状態のAに長時間話をすると混乱し落ち着かなくなってしまい，夜間に寝ないなどの弊害が生じ退所になりかねないこと，認知症の方への対応としては話を聞いてあげるということが基本で，Yはそうした対応が分かっていると発言した。YもAの認知症を前提とする発言をしていた。 平成25年1月29日，Aの妹らがAについての成年後見開始の申立て。鑑定を命じられた医師が同年5月13日にAを往診，同年7月1日に成年後見開始の審判。 平成27年2月2日A死亡。
病名	アルツハイマー型認知症
症状	平成22年2月9日要介護3の認定（有効期間は平成22年3月1日から平成24年2月29日まで） 平成24年1月20日介護認定調査。認定調査票の結論は「日常の意思決定」が「困難」。認知症高齢者日常生活自立度はⅢa。根拠は，2～3年前から物忘れが出てくる。1～2年前認知症がすすみ，妹が来たことや話したことを忘れてしまう。3認知機能欄の「意思伝達」事項として「食べる食べないなど簡単な質問は答えられるが，日常生活のこと込みいった質問に答えられない。」，「日課の理解」事項として「毎日家政婦や，ヘルパーが来ているが，毎日来ていることを理解していない。4精神・行動障害欄に「同じ話」をすることとして「ヘルパーさんは誰が来ますか？　家政婦さんは何時に来ますか？　何故ショートステイに行くのか？　と1日に5～6回聞く。」との記載，「ひどい物忘れ」に関し「朝食摂ったのを覚えていない，物のしまい忘れ，妹が来たことや話したことを忘れる。」との記載，「話がまとまらない」欄に「話の内容が理解できずつじつまの合わないことを言う。」との記載。 平成24年2月21日要介護3の認定（認定の有効期間は平成24年3月1日から平成26年2月28日まで） 平成24年3月から10月22日の施設経過記録上，同年6月頃から夜間寝ないで施設内を徘徊する旨の記載が頻繁に出てくる。また，①便

	等で汚染された紙，下着等を棚の中などに置いたままにする②便等で汚染された物につき医師に見せないといけないとか自分の記録であると主張する③トイレ以外の場所で排泄する④便を日用品に付着させたままの状態にしたり自己摘便をする⑤便失禁⑥ズボンを履かずに施設内を徘徊⑦直近の出来事を忘れ，施設職員にトイレの場所，居室，ズボンの履き方，寝方，排泄の仕方といった基本的事項を繰り返し聞く，混乱して不安を訴える⑧トイレや居室の場所を間違え適切に使用できなかったり，必要もないのにエレベーターに乗ろうとし，他の入所者の物をいじり，混乱して他の入居者を起こす，旨の記載あり。
頭部画像所見	—
医師所見鑑定	医師Ｌは平成20年3月31日から平成25年1月30日まで病院でＡを診療しその内容を診療録に記載した。同診療録には軽度認知障害の診断や認知症の重症度の記載はなく，認知症の重症度の判定方法であるClinical Dementia Rating（CDR）を実施したとの記載もない。 平成24年1月介護認定調査の主治医意見書（平成24年1月23日）には罹患病名について平成21年発症のMCIであると記載され，骨折や抑うつ気分と気力の低下等により生活機能が低下しているが「認知症高齢者の日常生活自立度」は「Ⅱa」にとどまるとし「認知症の中核症状」のうち「短期記憶」には「問題あり」，「日常の意思決定を行うための認知能力」及び「自分の意思の伝達能力」には「いくらか困難」（4段階評価で問題性の低い方から2つ目）とし，「認知症の周辺症状」（具体例：昼夜逆転，徘徊，不潔行為等が挙げられる）は「無」とした。 平成24年2月17日，Ａの認知機能障害の有無・程度等について医師Ｌは，Ａから，独り暮らしで不安感が強く，集中力の低下がありもの忘れがひどくなってきたとの訴えがあった。カルテに記載していないが同年3月のの状態をCDRで評価すると，記憶及び見当識はCDR0.5以上，判断力と問題解決CDR1，社会適応CDR2～3，家庭状況・趣味・関心はCDR0.5以上，介護状況はCDR1～2。そのため軽度認知機能障害（アルツハイマー型認知症と診断される前段階の症状）であると判断でき，自覚的な記憶障害の訴えと客観的な記憶検査で記憶力の低下が認められるが，日常生活は普通に行う能力を有する状態，と診断。 施設の医師が紹介先医療機関に宛てた紹介状内に，①平成24年5月29日付で「認知症あり入所中は介助拒否や拒薬等あり。不安感強く不穏になることもしばしば。」②平成24年7月27日付で，「以前から認知症の進行有り。周辺症状の悪化。介護拒否，拒薬，見当識障害，失認識，短期記憶障害，不穏，不眠，徘徊，不安にて入所中他者を深夜に起こしてまわり共同生活が困難な状況。」③平成24年10月19日付で，「認知症の進行に対して今回アリセプト増量となり入所。施設長期利用に慣れたこともあり夜間の不眠はありますが不穏状態で夜間他者を起こしてしまう行為などは徐々に減少。便秘で自己摘便や結果的に弄便行為もみられる」旨の記載あり。 平成24年8月13日の診療の際に，被告を養子にしたいと思っており，

	ゆくゆくは Y さんの娘に医院を継いでもらいたいと思っていると述べており，A は同日時点で依然として軽度認知障害であったと判断される，との意見を述べた。
	平成 24 年 10 月分同年 11 月分平成 25 年 1 月分及び同年 2 月分の○病院の診療報酬明細書及び診療録には平成 24 年 10 月 2 日に A に対するアルツハイマー型認知症の診療が開始された旨の記載がある。同年 10 月 24 日及び同年 11 月 22 日アリセプト D 錠 5 mg をそれぞれ 60 日分処方。Y は平成 24 年 10 月 3 日公正証書遺言を作成する際に用いる診断書を得る目的で A を○病院に同道し M 医師の診察を受ける。A の「HDS-R17 点」を根拠に，A が「老人性認知症」に罹患していると診断する一方で A「判断能力はたもたれ日常の会話は可能な状態」であると判定。
	平成 25 年 5 月 13 日東京家裁から鑑定を命じられた医師が往診。今体験した事項すら忘れ自分の年齢を誤認する程の著しい記憶障害・著しい見当識障害・一桁の加算・減算もできない計算力の著しい低下・「わからない」「私はどうしたら良いの」と常に言い続け介護者が都度誘導しなければならない理解・判断力の著しい低下があると判断。同医師は①遺言者 A は重度のアルツハイマー型認知症に罹患②自己の財産の管理・処分をする能力を有せず，回復する可能性がない旨の鑑定書を作成。
認知症スケール	平成 24 年 10 月 3 日 Y が診察に同行し HDS-R17 点 当該医師は「老人性認知症」に罹患していると診断する一方「判断能力はたもたれ日常の会話は可能な状態」と判定
遺言書作成状況 （公証人対応等）	平成 24 年 10 月 9 日公証人が施設を訪れて面談。判断能力を確認するための問答を行う。税理士が最初から最後まで同席して公証人の発した問いとそれに対する回答をノートに記載。50 の問いとそれに対応する回答。対応回答がないものも多数あるが，明確な問答に以下のものがある。別途，Y 及び Y の母（死亡前原告）が途中から同席。 （正しい答）Y と 8 月 27 日に養子えんぐみをしているけど→こんど私の子供になると言ったのはまちがいない。なぜ Y さん？→私のめんどうをみてくれる。Y を養子にしましたか→はいしました，株で 3 億預貯金 2 億を誰にあげたいですか→ちゃんとやってくれる人，ちゃんとやってくれる人は誰ですか→ Y さん，前のごきょうだいにあげる遺言はとりけしますけど良いですか→ハイ　ひとりで全部やってくれるなら良いです。 （誤った答え）夫の死亡時期→戦死？，男の兄弟はいたかいないか→どうしてこんなことが分かんないの，（注：兄弟姉妹の人数）の名前と現在→自分のことがわからなんです。どうして，養子をとった記憶は→あさくさで（おてらで）さいたまの人とした（Y と別人），Y の母のムスメで Y さんと養子をしたおぼえはありますか→おもいだせない
争点と判断枠組み	成年後見審判過程で医師が平成 25 年 5 月 13 日の状況として「遅くとも同日時点で重度のアルツハイマー型認知症に罹患し，自己の財産の

管理・処分をする能力を有していなかった」と鑑定しており，同鑑定書の信用性を揺るがす事情は認められないと認定した上でいつの時点から発症し，本件遺言時点において判断能力をどの程度低下させていたのかにつき検討した。

（発症時期）エピソードや症状欄記載事項を認知症の周辺症状と認め，自筆証書遺言作成時，認知症を発症していたと認定。

（遺言書作成時の認知症の重症度）周辺症状の内容や頻度に照らし，記憶力及び見当識は，遅くとも経過記録に記載された期間の終盤に当たる平成24年9月ないし10月頃には著しく低下していたものと推認できる，とした。

このことは，公証人の面談における問答で，夫の死亡時期・兄弟姉妹の構成・名前・現在・子どもの有無・養子縁組のことすら正しく答えることができなかったこと，同年12月24日で長年住み慣れた医院建物の解体の事情を呑み込めず，賛否を問われても，意見を表明できなかったばかりか建物の所在すら思い出せずにいたこと，施設職員がX2らに対しAは何かを判断すること自体が困難であるとの認識を示し，自宅の写真を見せることは混乱させるので控えてもらいたいと要請したこと，Y自身も質問を続けることでAの認知症が悪化するおそれもあるとして早く帰るように要請したエピソードと整合する。

また，同年1月20日実施の平成24年介護認定調査において，日常の意思決定が困難な状態にある，ひどい物忘れなどの精神・行動障害も認められるとされたこととも整合する。

精神状態に関するエピソードと本件遺言作成の時的関係に照らせば，本件遺言の各作成日（平成24年9月5日及び同年10月18日）におけるアルツハイマー型認知症は相当程度進行していたというべき。日常生活の基本的な事柄を自律的に判断することも困難な程度に判断能力を著しく低下させていたものと推認できる。

本件遺言の各作成時点において，先行遺言を取り消して正面から抵触する遺言をすることの是非を判断するだけの能力はなかったものと推認でき，本件遺言が全ての遺産をYに相続させるという単純な内容のものであること，本件遺言時点において最も身近でAの面倒を見ていた親族がYであることを考慮しても左右されない。

公証人との問答について，最初の1人での回答では単純事項すら誤りが多く，Y同席後正答率が急上昇している。Yの明示又は黙示の協力下に回答された可能性を排斥できず，正答部分をもって上記推認を覆すことはできない。

経過記録の信用性に疑義を呈するY主張に対しては，施設の経過記録は施設職員において入所者の客観的な状況や入所者からの訴えの内容を業務として反復継続して記録したものであり，内容に疑義を差し挟む事情は窺われないからその記載の信用性に問題はない，と排斥。

Y主張に沿う医師意見について，医師Lに対してはCDR判定やMCI診断が診療録に記載されず，判定・診断の根拠や過程を事後的・客観的に検証できない点で信頼性が低く，MCI診断は診療報酬明細書の記載内容とも整合せず更に信頼性が低いとし，医師Mに対しても経

過記録で触れた事情を考慮に入れた判断でなく確度が高くない，公正
証書遺言作成のため Y が同道受診した診断でもあり，Y の言い分の
みを根拠に下された可能性も否定できない，として排斥。平成 24 年
11 月に A が不動産取引を行った点については，A 自身が契約内容の
交渉をしたわけでなく，A の意思確認といっても具体的内容は明らか
でなく，既に決まった契約内容を Y 同席の下で確認するだけの意思
確認であるとか，名前や生年月日等の簡単な事項を確認するだけの意
思確認にとどまるのであれば，認知症が相当程度進行していても対応
することは不可能ではないことからすると A 名義で本件不動産取引
がされたことは決定的な事実とはいえない，とした。

【15】 東京地判平成 30 年 1 月 30 日

事件番号	東京地裁平成 28 年（ワ）12766 号，平成 28 年（ワ）34085 号
審理期間	1 年 9 か月
判決の結果	有効
遺言の種類	①自筆証書②自筆証書
遺言者 A	大正 6 年生，女性，死亡日平成 26 年 6 月 6 日
遺言日時	①②ともに平成 21 年 5 月 30 日（遺言者 A 91 歳）
当事者	X＝A の二女，Y2＝A の長男，Y1＝A の長女
遺言内容の概要	①土地 1 を X，Y1，Y2 に各 3 分の 1 の割合で相続させる②土地 2 の A 持分（6 分の 3）を X に相続させる。
事案の背景・エピソード	遺言書はいずれも罫線の引かれた便せんに黒色ペンを用いて，遺言書の題名・本文・A の住所・氏名・日付が肉筆記載。A 印影が氏名の下及び欄外に押捺。平成 26 年 9 月 30 日に検認手続。 X は各遺言書は平成 21 年 5 月 30 日に預かり自宅に保管してきたが封はされていなかったと陳述。Y2 は各遺言書の筆跡が A のものか分からない。印影は A の印章によると思うが確証はないと陳述。Y1 は各遺言書の筆跡が A のものであるか分からない。印影は A の印章によると陳述。 紛争対象は土地 1，2 と建物 1，2。土地 1 は平成 27 年 3 月 30 日付で，平成 26 年 6 月 6 日相続を原因として XY1Y2 各持分 3 分の 1 ずつで登記済み。土地 2 は A の配偶者（XY1Y2 らの父）が生前購入した土地。平成 27 年 3 月 20 日付けで，平成 2 年 1 月 13 日相続を原因として A の持分 6 分の 3・原告 X の持分 6 分の 1・被告 Y1 の持分 6 分の 1・被告 Y2 の持分 6 分の 1 とする所有権移転登記がされ，平成 27 年 3 月 20 日付けで遺言②に基づき平成 26 年 6 月 6 日相続を原因として，A の持分 6 分の 3 を全部原告 X に移転する旨の持分移転

	登記済。建物1は平成16年3月13日にA持分100分の90・X持分100分の10で共同購入して所有権保存登記。平成17年7月17日売買を原因としてA持分をXに全部移転登記済み。建物2は平成16年3月13日にA持分100分の97・X持分100分の3で共同購入。平成25年2月7日売買を原因としてA持分をXに全部移転登記済み。Aは本件建物にXと同居していた。 本件は、XがA作成の遺言①②を前提に、土地1・2は相続人XY1Y2の共有であるが、Yらが分割協議に応じないとして共有物分割請求に基づく競売や価格賠償分割を訴求（請求1）、これに対しY1がX及びY2に遺言①②の無効と建物持分のAからXへの譲渡不存在、及び遺産に属することの確認を請求（請求2）。 判決は遺言作成の真正と有効性を認め、本件建物はXがAの生前に取得済みで遺産に含まれないとして請求2を棄却、土地について請求1を認めた事案。
病名	—
症状	—
頭部画像所見	—
医師所見鑑定	—
認知症スケール	—
遺言書作成状況 （公証人対応等）	—
争点と判断枠組み	（本件各遺言の有効性） 本件遺言書はいずれも罫線の引かれた便せんに黒色ペンを用いて、遺言書の題名、本文、Aの住所・氏名、日付が肉筆で記載されており、「A」と判読することができる印影が氏名の下及び欄外に押捺されている 本件各遺言の印影はAの実印。全証拠によっても印鑑冒用を認めるに足りる証拠はない。Aは旧字体で文章を作成する傾向があったが、各遺言も「相續させる」など旧字体が使用されている特徴が一致。筆跡自体もA自身によるものであると考えて矛盾がない。Aによって作成されたものであると認めることができる。 Y1は、A作成の同日付書面が本件遺言書2通を含め5通あり、同じボールペンではなく異なるボールペンを使用して作成されたものがあること、住所・氏名・日付の記載順が異なるもの、部屋番号が「○○○」と「○○○号」の記載が混在することを理由に平成21年5月30日に全て作成されたものであるか極めて疑わしく、真実遺言が成立した日を記載したものではないから無効であると主張する。しかし、これらの文書にはいずれもAの実印が押印され、同人のものと考えて矛盾のない筆跡である。文書が平成21年5月30日のうちの同一の機会に作成されたと断定することもできず、異なる時間帯に作成された可能性も否定できないから、その記載内容や体裁に軽微な違いがあるとしても各遺言が成立した日に作成されたものではないとはいえない。

201

Y1 は文字が用紙の罫線に係り筆跡も萎縮していることなどを指摘して X が自己の意のままに都合の良い内容の遺言を書かせたもので，各遺言は真意に基づくものではなく無効と主張する。しかし Y1 の指摘はいずれも多分に主観的で，A が当時 91 歳と高齢であることからして，真意に基づくものではないと認めることはできない。

内容も，A は X と同居しており，Y1 や Y2 と異なり独身のまま高齢となった X の将来を慮って他の相続人に比して有利に取り扱ったとしても，直ちに不自然で真意に基づかないということもできない。

（建物の A から X への生前譲渡について）Y1 が各建物の譲渡が通謀虚偽表示により無効，遺産に属すると訴求した点について

A は配偶者死亡後 X と自宅で生活していたがその老朽化等に伴いこれを売却して本件各建物を X と共有で購入した。その 1 につき，A と X は平成 17 年 7 月 15 日付で A の共有持分を金 3000 万円で X に売却する売買契約を締結し，同日 X が同人名義の預金口座から 3000 万円を引出して A の預金口座に入金して売買代金を支払った事実が認められる。売買代金と一致する 3000 万円が現実に支払われており通謀虚偽表示によると認めることはできない。

別の建物につき，A と X は平成 25 年 2 月 7 日付けで A の共有持分について代金 5000 万円で X に売却する旨の売買契約書を作成し司法書士に委任して同日付で上記のとおり所有権移転登記をしたことが認められる。X から A に対する 5000 万円の支払は行われず所轄税務署から本件譲渡が贈与に当たるとの指摘を踏まえ X が所轄税務署に対し贈与税及び無申告加算税として 973 万 5600 円を納付したことが認められる。A が売買代金不受領でも，支払請求した形跡がなく不払を容認していたと認められ，作成された売買契約書及び所有権移転登記必要書類には A の署名・押印があり文書の真正な成立が認められ，A の X に対する共有持分贈与意思が認められる。本件遺言②で A の持分を X に相続させる旨記載しており，A は本件持分の無償譲渡意思を元々有していたことが裏付けられる。直ちに通謀虚偽表示により無効であると解することはできない。

【16】 東京地判平成 30 年 2 月 13 日

事件番号	東京地裁平成 27 年（ワ）32087 号
審理期間	2 年 3 か月
判決の結果	有効
遺言の種類	自筆証書
遺言者 A	昭和 2 年生，男性，死亡日平成 25 年 4 月 21 日

遺言日時	平成 14 年 10 月 17 日（遺言者 A 75 歳頃）
当事者	X＝A の長男，Y＝A の二男
遺言内容の概要	遺産の全部を Y または妻 B が相続する
事案の背景・エピソード	A は昭和 2 年に長野県佐久市で生まれる。国家公務員として就労。B と昭和 33 年 3 月 13 日に婚姻。A と B の間には昭和 37 年に X，昭和 43 年に Y が出生した。 A は，昭和 55 年 3 月，茨城県土浦市に土地を購入して住居を建て，B，X，Y と居住。 昭和 59 年頃，X が就職して土浦から東京都内に転居。その後 X は平成 9 年 8 月頃，賃貸人に連絡先を伝えないまま転居した。A が出した郵便は X に転送されたが連絡はつかず，平成 10 年 3 月頃までに A が賃貸マンションの解約手続を進め，X 出捐の精算金を受領した。 平成元年 3 月頃，A は相続した長野県佐久市の住居に B とともに土浦から転居。 Y は大学卒業後単身で転居し，土浦宅は空き家となったが，平成 4 年 7 月頃から土浦の住居に戻っている。Y は平成 10 年 7 月結婚。式に両親は出席したが X は出席しなかった。 A は平成 14 年 10 月 1 日病気で入院し，同月 13 日に退院。同月 14 日と 16 日に農作業を行う。遺言書を作成した同月 17 日に印鑑証明書を取得。翌 18 日に発熱し入院，同年 11 月 23 日に退院した。A は，入院時連絡先として 10 月 1 日入院時は B と自分の兄を，同月 18 日の再入院及び同年 12 月 11 日の入院時は B と Y を指定。 平成 18 年 6 月 13 日 X からの電話を B が受け，A は同月 16 日に平成 10 年に受けとったマンション解約時の精算金を X に送金した。 平成 20 年 6 月 24 日，B 死亡。X と A は比較的間もない時期に話をしたが，A は親族で X を話題にする者は誰もいないなどと述べた。 平成 20 年 8 月 9 日，A は施設職員に，X とは 20 年間交流がなく最近手紙のやり取りを始めたばかりであると述べた。同月施設入所時，A は Y に預貯金・被相続人宅・賃貸不動産管理（10 筆以上の土地の一覧表など）を全部委ねたが，実印は A が管理を継続した。 X は，平成 20 年 10 月頃から A に宅配便で贈物をしたり数万円の現金を送ったりし，A も X に謝意を伝えた。X は平成 22 年 7 月頃，弁護士を介し Y に B の遺産開示を求め，その後遺産分割調停申立。平成 23 年 7 月法定相続分に沿った調停成立。Y は A に公正証書遺言作成を求めたが遺言者 A は手続を進めず，その理由を Y に告げることもなかった。 A が平成 25 年 4 月 21 日に死亡。Y は 6 月頃までに施設遺品整理で実印を発見して引取る。 A が締結していた生命保険契約により，X，Y はそれぞれ保険金約 533 万円を受領。 Y は平成 26 年 1 月相続税申告手続に関し X とメールでやり取り。同年 2 月 2 日 X 代理人弁護士と遺産分割について話合う。 平成 26 年 2 月 14 日に遺言書検認申立。検認で遺言書は，茶色封筒に

	Aの平成14年10月17日付印鑑登録証明書と同封，封筒表面に「遺言書」裏面に遺言者名義署名と住所が手書記載されていた。封印なし。申立ての理由欄には「Aの自宅食器棚の引出で遺言書を2月14日発見」と記載。Yは同日のXへのメールで遺言書に言及せず，17日Xの弁護士にメールで遺言書発見を伝え，発見場所を「実家のタンス引き出し」と返信。 Yは平成26年9月，Xに対して相続分割合を2分の1とすることを一旦了承したが，Xの対応が不当としてこれを撤回した。
病名	認知症記載なし。遺言書作成直前と直後，発熱・肺炎・心不全等で入院。
症状	Aは平成14年10月1日発熱，せきといった風邪様の症状を訴えて医院受診，体温が上昇して血液検査結果に炎症所見が表れていたため入院。同月13日に退院し同月14日及び同月16日に農作業を行った。同月18日に37度台の発熱で受診，血液検査でCRP値が17.6（正常値0.3以下）で肺炎（気管支炎）・心不全・鉄欠乏性貧血等として再入院。同年11月23日に退院した。
頭部画像所見	—
医師所見鑑定	—
認知症スケール	—
遺言書作成状況（公証人対応等）	—
争点と判断枠組み	（遺言の成立の真正について）署名等・印影，Aの作成可能性，作成動機について検討 遺言書の筆跡につき，A作成と認められる各手帳その他の文書の筆跡と傾向の全部又は一部に沿う傾向が認められる。作成一覧表の「長野県北佐久郡」の筆跡が遺言書に酷似。Aによる筆跡に認められる特徴を備えたものと認めるのが相当。 Xが遺言書はY筆跡との筆跡鑑定を2通提出。1通は鑑定意見は本人の字にしか現れない希少性が本件遺言書とY作成の対照資料の筆跡に共通して現れていることを理由とするが，特定された希少性が鑑定資料と対照資料の作成時期の相違等にかかわらず筆記者を十分鑑別し得るものであることを認めるに足りる証拠はないとして排斥。もう1通も遺言書の「□」の2画目が5画目の横棒に接するという特徴はAの多数の筆跡に共通する一方Yの筆跡には見当たらず，同「×」の7画目の湾曲の仕方が本件遺言書の筆跡と対照資料におけるYの筆跡とで異なることが有意な差異ではないのか判然とせずとして，採用しなかった。 印鑑の印影は，実印の印影と同一。これと異なる鑑定意見（2件）を押印状況の差として排斥。 Aの作成可能性について，Aの当時の病状から遺言書のような力強い整った文字による筆記は困難と主張したが，長年公務員を務めた職歴に加え，遺言書作成当日に印鑑登録証明書交付に公的機関に出向い

た一方で医療機関で受診せず，遺言書に認められる筆圧痕から遺言書の作成に先立ち下書きが行われたと推認されることを考慮すると，当日の体調不良が遺言書の筆記に支障を来すほどであったとは認めるに足りない。遺言書作成の動機についても，作成当時Xは Aと交流が途絶え疎遠な関係にあった他方，Yは家族ぐるみの付合いを続けて関係が良好であったことがうかがわれ Aの遺言書の作成は了解可能なもの。

遺言書発見の状況等に関するY供述に事実と異なる部分が認められるが，手続関係の経過に関する細かい事情で記憶違いの可能性を否定できず，直ちにその余のYの供述の信用性を減殺するとはいえない。相続税申告期限が1週間後に迫っており大雪のおそれでも資料探しにA宅に立寄った経過は了解可能で，遺言書発見当日に検認申立に及んだことも平日に県外から来訪し A死亡から相当期間経過後の状況下では，負担軽減や疑惑回避から合理的。発見場所を以前確認・掃除された証拠は無く，発見経緯や保管場所が不自然とのX主張は採用出来ない。

（遺言内容の確定性について）遺言の対象が全財産であることは明らか。取得者は択一的であるが，遺言を合理的に有効解釈することは相当で，遺言作成経緯や状況を考慮することも許される。本件遺言書の文言上YとBの地位に優劣をうかがわせる記載はなく，Aの日常生活で平成14年当時両者は Aと緊密な関係にあった。AにYとBの相続分に優劣をつける動機事情は見当たらない。他方で遺言書作成当時Xとは疎遠な関係。Aが遺産全部にかかる遺言書にXの記載を避けたことから，Xを除いたYとBに平等に相続させる意図であったと解するのが合理的。本件遺言書の「又は」は実質的には「及び」の趣旨。YとBの相続分を各2分の1に指定し，結果Xの相続分は認められ相続関係を意図したものと解するのが相当。遺産相続させる相続人の範囲をYとBに限定する意思で本件遺言書を作成したところ，Bが死亡した場合その範囲に残るのがYのみになる。B先行死亡の場合はBに指定した相続分をYの相続分に加えることが本件遺言書の趣旨に沿う。

AはB死亡後け本件遺言により当然にYが遺産全部を相続するという効果が生じると考えていたため，新たに遺言をする必要性を感じていなかったことがうかがわれ，Xの主張は採用できない。AはYに新たな遺言をしない理由を明らかにしていないが，本件遺言書作成に言及した場合遺言内容をめぐりXY間で兄弟仲が悪化したり，Xにも相続分を認める内容に遺言内容を変更する場合に支障が生じることを避けるための配慮であった可能性があり，Aの意図が本件遺言書の趣旨についてのAの判断と異なるものであることを認めるに足りる証拠はない。本件遺言の遺言内容が不確定であるとはいえない。

結局，Yに遺産全部を相続させるものとして遺言内容を確定し得る。遺言内容が確定性を欠くことにより無効であるとはいえない。

【17】 東京地判平成30年2月26日 （前項153頁参照）

事件番号	東京地裁平成26年（ワ）21907号，平成27年（ワ）13450号
審理期間	3年6か月
判決の結果	有効
遺言の種類	自筆
遺言者A	大正11年生，女性，死亡日平成25年10月25日
遺言日時	平成21年5月14日（遺言者A 87歳頃）
当事者	X＝Aの長男，Y＝Aの長女，Z＝共同訴訟参加申出人＝Aの二女，他にAの三女
遺言内容の概要	Yに2分の1，Z及び三女Bに4分の1ずつ相続させる趣旨。
事案の背景・エピソード	AとC夫（大正12年生）は，C所有土地上に持分2分の1ずつで建物共有（実家）。X，Y，Z，B 4人を育てる。Cは昭和32年会社D創業。娘3人は結婚して実家を出，Xは昭和45年大学卒業でDに入社，平成3年に社長に就任。昭和50年結婚後昭和62年に実家隣（C所有の土地）上に自宅を新築し以来そこに居住。Cは平成16年に入院し，以降Aの実家での単身生活を子4名が交代して泊まり実家で面倒をみる。Aは平成16年12月に足立区で要介護1認定。 Cが平成16年11月に死亡。平成17年9月①Aが実家の敷地部分を相続②XがX宅及びD社屋各敷地，実家建物持分（2分の1），会社資産（会社債務含）を相続。娘3名に対して代償金支払い③娘3名が金融資産を均等相続で遺産分割協議が成立。 AはC死亡後しばらくして認知症（アルツハイマー）診断。アリセプト処方有。 平成19年12月要介護3認定。 Aは平成20年12月3日Xと公証役場を訪れ公正証書遺言作成。①Xに相続開始時所有不動産（土地，実家建物持分）を相続させ②Yら3人の娘にさわやか信用金庫○○支店の預金各3分の1の割合で相続させる③Xにその余の財産を相続④遺言執行者に弁護士（X代理人）を指定する内容。この時点では遺言能力を有したことに争いが無い。 Aは平成21年1月5日H病院入院で婦人科手術，7日に退院。 平成21年1月16日介護認定調査実施。同月30日要介護4認定。 Xは平成21年3月29日Yに「オフクロは基本的な部分はボケてない」と記載したメール送信。平成21年4月20日から同月22日までH病院で婦人科手術。 平成21年5月介護認定調査実施。7月特別養護老人ホームM入所，平成22年11月精神科病院N入院。平成23年初め老人保健施設Oに入所。同年2月要介護5認定。 平成24年12月成年後見開始。 平成25年10月25日A死亡。 Yは平成21年5月21日に同月14日付自筆証書遺言をAから預かり，

	以来Y自宅金庫で保管の旨を主張し検認申立。平成26年1月10日検認手続。Zは平成26年2月Xに相続分全部を譲渡しXから譲渡対価1,500万円受領。
病名	認知症（アルツハイマー）
症状	平成21年1月16日要介護認定調査。日常の意思決定「日常的に困難」記憶・理解「毎日の日課を理解することができない」、「生年月日や年齢を答えることができない」、「面接調査の直前に何をしていたか思い出すことができない」、「今の季節を理解することができない」日常生活自立度について「Ⅲb」（日常生活に支障を来たすような症状・行動や意思疎通の困難さがときどき見られ，介護を必要とする。夜間を中心として上記のような症状が見られる。）意思の伝達「調査対象者が意思を他者に伝達できる」問題行動「目的もなく動き回ることがない」「1人で外に出たがり目が離せないことがない」。平成21年1月30日要介護4認定。 平成21年5月13日～同月15日介護サービス記録「連絡事項（ご家族あて）」欄に，パンツを汚すことも少なくなった，性格が穏やかになり婦人科系手術から随分変わった旨記載。 平成21年5月22日要介護認定調査実施。調査対象者の主訴「認知症の進行から昼夜をかけて目が離せない状況」認知機能の評価，意思の伝達がほとんど不可の他前回と変わらず，精神・行動障害評価について，作話がときどきある・同じ話をする・ひどい物忘れがある，社会生活への適応評価として日常の意思決定ができない。日常生活自立度「Ⅲa」（日常生活に支障を来たすような症状・行動や意思疎通の困難さがときどき見られ，介護を必要とする。日中を中心として上記のような症状が見られる。）。他方落ち着きがないということはない，話がまとまらないということはない。
頭部画像所見	―
医師所見鑑定	―
認知症スケール	―
遺言書作成状況（公証人対応等）	Y主張によると，本件遺言書はYの娘に対し「遺言を書いたから実印を出してくれ」と頼んだ上で作成したもので，その後AはYに対し「遺言を2枚書いたけど，うまく書けた方を入れたからこれを保管しておいて」と言って本件遺言書をYに預けたとの状況。AがYに「2枚書いた」と言っていたうちの1枚はAの遺品の中から見つかったとして証拠提出されている（乙5）。
争点と判断枠組み	裁判所は，本件争点を，（争点1）Zが当事者適格を有するか。具体的に①申出人の相続分譲渡に動機の錯誤が成立するか②相続分譲渡に錯誤があるとして重大な過失があったか③Zの譲渡に係る錯誤につきXが悪意か，（争点2）遺言書作成の真正，（争点3）作成時点で遺言能力を欠き遺言が無効か，（争点4）法定の方法で訂正しない不備により遺言が無効かどうかと整理。 （争点1）遺言無効か否かは遺産分割の前提問題。相続分の全部を譲

渡した者は遺産全体に対する割合的な持分をすべて失い，遺言が無効かどうか確定すべき必要性はなく，遺言無効訴訟の当事者適格を有しない。本件の錯誤の存否について，子全員での話合いの席で，Ｘは遺言の有効性を裁判で争う，裁判は高額の弁護士費用が必要で，決着まで遺産を分けられないとして，他の３名に各1,000万円支払うと提案した。Ｙはこれを拒絶し帰宅。Ｚは訴訟当事者になることの回避と早期財産取得希望から1,500万円の支払をＸに求め，三女と共に相続分譲渡を行い遺言作成当時の意思能力なしの意見書を作成。遺言無効と判断した上対価取得と引き換えにＸに対応を委ねた意思に動機の錯誤はない。Ｚの主張は，遺言の有効性に関する翻意に過ぎず，参加申出は不適法。

（争点２）自筆証書の文字はＡ記載に争いがない。公正証書上の署名他の対象文書と同一人の筆跡との鑑定を採用。ＸはＣの遺産分割時に示した相続に対する考えと本件遺言内容の齟齬をいうが，Ａが自分の固有財産を同様にＸに取得させる意向であったことを認めるに足りる的確な証拠はなく，前と異なる遺言をするに際し前の遺言に言及しない不自然を指摘するが，先の遺言に言及するのが通常と認めることはできず撤回は同じ形式の遺言でされるのが通常と認めることもできない。遺言が偽造であると推認することは出来ない。

（争点３）意思能力につき，平成21年1月5日から7日入院中の状態につき，口渇感や尿意の頻繁な訴えは婦人疾患自体の症状・アリセプトの影響，ふらつきは睡眠導入剤・催眠鎮静剤等の影響可能性も否定できず，入院患者情報の痴呆がひどくなり，自分が言ったことをすぐに忘れる旨の記載は，親族の記載・申述内容で医師の所見でない。
転倒・転落リスクアセスメントスコアシートの判断力・理解力・注意力等に問題がある旨の記載は，あくまで転倒転落防止措置を講ずるためのもので，医師の所見に基づかず，事故防止の観点から危険度を厳しめに評価することも考えられ，これらの記載から，直ちに入院時点で精神状態に看過し得ない問題があったと認め得るものではない。
平成21年1月16日介護認定調査でＡの精神状態に重大な問題が存する様な記載があるが，介護認定調査は介護保険で利用内容を決定する目的で対象者や親族の聞き取りを中心として行われるものであり，対象者や親族が利用拡大のため実際より誇張して回答する可能性が存する。調査票では，意思を他者に伝達できる・目的もなく動き回ることがない・日常生活に支障を来たす症状・行動や意思疎通の困難さはときどき見られるという評価にすぎず，要介護４認定を勘案しても，調査票の記載から直ちに精神状態に常時看過し得ない問題があったと認め得るものではない。
平成21年4月20日～22日の婦人科手術入院の経過記録に，トイレを頻繁に往復して尿意・空腹・口渇を訴えた点は，婦人科症状が改善せず認知症薬剤（アリセプト）服用中だったことから婦人科自体の症状か薬剤の影響可能性を否定できない。食事・トイレをすぐに忘れ睡眠導入剤服用後2～3時間後に起きて歩き回った，との記載は親族の申述内容で，医師の所見ではない。これら記載から直ちに入院の時点

で精神状態に看過し得ない問題があったものと認め得ない。同入院期間における転倒アセスメントの記載も同年1月と同様に評価でき，直ちに精神状態に看過し得ない問題があったと認め得るものではない。

介護サービス記録の，手術後性格が穏やかになり随分変わった旨の記載につき，記載者は証人尋問で手術後無気力になった・自分の考えがないような感じに見受たとの意味だと証言したが，同年4月にAと会話した別の証言に照らし直ちに信用できず，手術後暫くは元気のない状態になることもあり得ることから，同年5月13日〜同月15日の時点が無気力・自分の考えがないような状態に見えたとしても，直ちに当時意思能力ないし遺言能力を欠く精神状態にあったと認め得るものではない。

平成21年5月22日の要介護認定調査では，意思伝達が殆ど不可・毎日の日課が理解できない・日常の意思決定ができない等精神状態に重大な問題があるかの記載がある。しかし，子4名が介護に限界を感じて実際よりも状況を誇張して回答したと窺われ，同じ調査票に落ち着きがなくはない・話がまとまらなくはない旨記載され，日常生活に支障を来たす症状・行動や意思疎通の困難さはときどき見られるとの評価がされるにすぎない。本調査票から直ちに精神状態に常時看過し得ない程度の問題があったものと認め得るものではない。裁判所は，平成20年12月3日の公正証書遺言作成時点で遺言能力に争いがない点を根拠に，約5カ月の比較的短期間に遺言能力を欠くに至ったと認められるには，その間に精神状態の顕著な変化を伴うことが自然であると考えられるとして，X提出の2度の婦人科手術関連作成書面や介護認定調査の調査票（平成21年1月と同年4月又は同年5月）を比較。比較対照して精神状態の顕変を示すものでなく，逆にそれほど変化がなかったことを示す，と評価。平成21年1月の手術時点で意思能力ないし遺言能力を失っていたと考えるとしても，平成20年12月3日時点で遺言能力を有していたことを前提とする限り，約1か月後の間，Aが子宮脱の状態にあったという以外に特筆すべき事由なく，極めて不合理，と評価。

平成21年7月以降の生活状況に関する職員作成の陳述書や状況を撮影した動画内容や，遺言書内容がYに2分の1・他の姉妹二人に各4分の1を相続させる比較的単純な内容であることに照らし，遺言に支障を来す精神状態であったとまで認められる証拠はない。

平成21年5月14日の遺言能力を欠いていたとは認められず，遺言は有効。

（争点4）訂正方式の不備について，訂正部分が無効でも半分はY・残りは他の2人の姉妹に相続させ，Xには相続させないとの分割方法指定の記載と解し得る。帰属対象が明確でないとは認められない。

【18】 東京地判平成 30 年 3 月 29 日

事件番号	東京地裁平成 28 年（ワ）236 号
審理期間	2 年 2 か月
判決の結果	有効
遺言の種類	公正証書
遺言者 A	大正 15 年生，男性，死亡日平成 14 年 4 月
遺言日時	平成 26 年 4 月 23 日（遺言者 A 89 歳頃）
当事者	X1＝A の次子，X2＝A の三子，Y＝A の長子
遺言内容の概要	① A の不動産持分を Y に相続させる，②現金預貯金及び動産その他一切の財産を Y に相続させる。③遺留分減殺は現金預貯金動産から，④遺言執行者は Y，⑤祭祀承継者は Y
事案の背景・エピソード	A は医師（大学研究者）。配偶者 B（Y，X らの母）も医師（眼科医開業）であったが平成 14 年 4 月死亡。Y は長子で婚姻後も AB と同居，B が開業していた眼科医院で眼科医をしていた。X1 は二子で昭和 58 年から医師。配偶者の両親と養子縁組。X2 は三子。X1X2 は成人してから家を出ている。
病名	認知症
症状	平成 23 年 11 月ないし 12 月頃以後アリセプトを処方されていた。 平成 24 年 4 月 12 日頃食道がん手術，転院後同年 9 月 26 日まで入院リハビリ継続。退院後はデイサービスを利用しながら生活。平成 25 年 9 月 19 日以降認知症薬のレミニールも処方。 平成 25 年 12 月 31 日体調不良で病院に緊急搬送され，その後，平成 26 年 1 月 15 日から甥が院長をする病院に入院した。入院した際の大学病院からの診療情報提供書には，病名：肺炎及び廃用症候群，既往歴：胸部中〜下部食道（Sq），高血圧及び右陳旧性肺結核と記載。入院診療計画書の病名欄に「食道癌術後，肺炎後」症状欄に「ADL 低下」，全身状態の評価欄に「低下」，治療計画欄に「リハビリテーション」などと記載。入院診療録の表紙の裏面には，傷病名の一つとしてアルツハイマー型認知症との記載あり。 A 入院時の意識レベルは意識障害患者の意識レベルの評価指標である JCS の I -1（意識がだいたい清明であるが，いまひとつはっきりしないというレベル）。その後意識レベルについて A のカルテには意識レベルの低下がない旨の記載があり，意識レベルが低下した旨の記載もない。看護記録には A が傾眠状態との記載が頻回。他方，声掛けには返答あること，会話ができる，A が時間を尋ね苦しいと訴える，A の意識が清明であるなどの記載が繰り返しあり。 平成 26 年 4 月には，9 日，11 日，12 日，15 日，24 日に A の意識清明や意識はっきりなどの記載あり。 看護記録には，平成 26 年 4 月 22 日の午前 10 時 30 分に声掛けに返答あり，午後 4 時 30 分には返答があるが活気がない，同日午後 7 時には声掛けに「今何時」との返答，同月 23 日（当日）午前 6 時声掛け

210

	に返答があるがすぐにうとうと，午前 10 時 30 分には傾眠で「今何時」の発語。同月 24 日午前 8 時に意識清拭，午前 10 時に声掛けに返答がある旨の記載がある。
頭部画像所見	平成 26 年 1 月 15 日の CT 検査で，びまん性脳萎縮
医師所見鑑定	平成 24 年 6 月 21 日の介護保険認定調査の主治医意見書では，認知症の中核症状について短期記憶は「問題なし」，日常の意思決定を行うための認知能力は「見守りが必要」，自分の意思の伝達能力は「いくらか困難」，認知症の周辺症状は「昼夜逆転」「見当識障害・健忘」。 平成 25 年 6 月 15 日の介護保険認定調査の主治医意見書では，認知症の中核症状について短期記憶は「問題あり」，日常の意思決定を行うための認知能力は「いくらか困難」，自分の意思の伝達能力は「いくらか困難」。認知症の周辺症状は「有」で「幻視・幻聴」「妄想」。
認知症スケール	平成 25 月 6 月 15 日介護認定時に HDS-R18 点ないし 20 点。外に HDS-R 実施を認めるに足る証拠はない。
遺言書作成状況 （公証人対応等）	遺言作成には Y の知人が紹介した税理士が紹介した司法書士が関与。 平成 25 年 8 月 6 日，司法書士が A 自宅を訪問し，遺言の種類や公正証書遺言作成には公証役場に行くなどの遺言作成の一般的な説明を行う。A，Y，Y の妻及び税理士が立ち会う。司法書士は「全財産を Y に相続させる」との遺言内容を事前に聞かされていた。 司法書士は平成 25 年 12 月 20 日，再度 A 自宅訪問。A，Y，税理士などが立会う。司法書士は，不動産の所在などを手書きで書き込んで完成させる遺言書のひな型を持参して説明。司法書士が付言を勧めたところ，A はうなずいたが「めんどくさいな」とでもいう雰囲気。司法書士は A がうなずくなどの反応しか示さないことから Y に A の診断書を入手するように依頼。 平成 26 年 4 月 23 日午後 3 時頃に A の病室に公証人が赴き本件遺言書を作成。司法書士他 1 名が証人立会。A はベッドを上げ上半身を起こした姿勢。 公証人は A のベッド足元側の対面位置で原案を読み上げ，A の側に行き条項毎に原案の趣旨をかいつまんで説明し，A から必要な事情を聴取。A は公証人の原案読み上げの際，読み間違いに対して「違う」と大きな声で本件公証人を叱るように訂正したり，「よろしい」と述べたりした。A は自分で本件遺言書に署名した。
争点と判断枠組み	（意思能力）①傾眠状態，廃用症候群との診断で覚醒しても意識障害の常況にあったとの X らの主張に対しては，入院中に傾眠状態にあった記載が頻回に見られるが，同時に声掛けへの返答や会話ができ，A が時間を尋ねる，A の意識清明であるなどの記載も繰り返し認められる。A の意識レベルにつき，入院時に JCS I-1 で，その後も意識レベルの低下がない旨の記載が認められ，意識障害の常況にあったとは認められない，とした。 ②肺炎による低酸素状態で脳機能が著しく低下していたとの X らの主張に対しては，平成 26 年 4 月 23 日の酸素飽和度を具体的に指摘して（午後 2 時に 96 ないし 98 パーセント，午後 4 時に 96 ないし 99

パーセント），低酸素状態による脳機能の著しい低下を認めなかった。公証人の原案読み間違いに対して「違う」と大きな声で訂正したり，「よろしい」と述べたりしており，遺言書作成時にＡが覚醒していたことは明らかとした。Ａは本件遺言書に署名もしている。本件遺言書の署名が署名欄から外れたところに震えるような筆跡で書かれている点は，Ａには両手の震えがあったことから直ちに意識障害があったと認めることはできない，とした。

③Ａの認知症が相当程度進行し遺言能力なしとのＸらの主張に対しては，アルツハイマー型認知症の診断を受けていたが大学病院の診療情報提供書に認知症記載はなく，HDS-Rも平成25年6月頃に介護認定の主治医意見書作成の際に行われたに過ぎず，医療記録上Ａの認知症の程度は明確ではないとした上で，甥の医師の「中等度以上の認知症」との意見書については，体調不良で緊急搬送されたときの言動と体調不良のない昔の言動との比較を根拠に認知症が中等度以上であると判断することに合理性を認めず，同意見は重症の認知症ではない説明にすぎないし，同医師が後日紹介状に基づいて判断したとの説明を撤回する等もあり「Ａの認知症が中等度以上であると判断した根拠はあいまい」と評価した。逆に，平成25年6月15日作成の主治医意見書で，認知症中核症状につき短期記憶問題ありだが，日常の意思決定の認知能力及び自分の意思の伝達能力はいずれも「いくらか困難」に過ぎない点を指摘。同日のHDS-Rは18点ないし20点とそれほど低い数値ではなく，平成25年12月31日まで利用のデイサービスで将棋を指して過ごし疲れると職員に休憩部屋の場所を尋ね職員の誘導に従い職員に少し休ませてもらうと断ったうえで静養するなどしていたことを認定した上で，認知症の程度が重かったといえず，遺言内容を理解することができない程度の認知症にあったということはできないとした。

（口授が存在するか）

本件遺言は，平成25年8月6日に司法書士が遺言書作成の一般的な説明をし，平成25年12月20日に司法書士が遺言書のひな型を基にＡに内容を説明した上で本件遺言書の原案を作成し，その遺言書原案を基に平成26年4月23日に公証人がＡに本件遺言書の原案を読上げ，Ａの側へ行って条項毎にその趣旨をかいつまんで説明しＡから必要な事情を聴取するなどした上で作成。Ａは公証人の読み間違いを正したり公証人に対し「よろしい」と述べたりしたことを認定した上で，Ａは公証人に対し口頭で本件遺言書の原案と同趣旨の遺言をする意思を表明し，遺言の趣旨を口授したと認めた。

原案作成をＹが主導したとのＸらの主張に対して，原案作成時点でＡの遺言能力に問題はなく，司法書士はＹが遺言書を作ることへのモチベーションが低い印象を抱いていたことを証拠上認定し，原案作成をＹが主導したのであれば司法書士がそのような印象を抱くことは考え難いとして，これを排斥した。

当該公証人は，弁護士・司法書士等との間で事前打合せを行い，それにより遺言書原案を作成することも少なくなかったが，遺言者が直接

遺言の趣旨を口授することが基本で，要件を欠くことのないように十分留意して執務し，単に遺言書原案を読み上げるのではなく条項毎にその趣旨をかいつまんで説明し，遺言者から必要な事情を聴取し，遺言者との口頭による対話を通して遺言内容が遺言者の真意であることを確認したと認められるとし，本件でも当該方法で遺言書を作成したことが認められ，本件でことさらに通常の業務と異なる方法がとられたと認めないとした上で，Aの意思に基づく遺言書原案に基き，Aが公証人に対し口頭で本件遺言書の原案と同趣旨の遺言をする意思表明，すなわち遺言の趣旨の口授をしたと認めた。

口授と筆記・読み聞かせの順については，「民法969条2号の口授と同条3号の筆記及び読み聞かせることが前後したにとどまるのであって，遺言者の真意を確保し，その正確を期するため遺言の方式を定めた法意に違反するものではないというべき（最高裁昭和43年12月20日第二小法廷判決・民集22巻13号3017頁参照）」としてXら主張をしりぞけた。

【19】 東京地判平成30年5月29日

事件番号	東京地裁平成28年（ワ）8555号
審理期間	2年2か月
判決の結果	有効
遺言の種類	公正証書
遺言者A	大正7年生，男性，死亡日平成25年7月29日
遺言日時	平成25年6月27日（遺言者A 95歳）
当事者	X＝Aの長女，Y＝Aの二女
遺言内容の概要	A所有不動産，預貯金他金融資産現金合計からAの残存債務公租公課，葬儀祭祀，遺言執行費用を控除した残額一切をYに相続させる。他一切の財産をYに相続させる。遺言執行者，祭祀承継者をYと指定。
事案の背景・エピソード	Aは昭和20年にBと婚姻し，子XYをもうけ，昭和30年頃からクリーニング業，昭和50年代から不動産賃貸業を営む。 BはAと不動産賃貸業を営み経理事務や納税手続を行っていたが平成14年7月に死亡。 Yは昭和47年婚姻後配偶者とクリーニング事業を営む傍ら，Aが平成22年頃に要介護5認定を受ける前後からAが生活するマンションに通いA介護をしたり不動産管理を手伝った。 Xは昭和62年イタリア国籍の夫と婚姻，ベルギーで暮らし，平成11

	年頃から3年程度，平成16年頃から2年程度日本に滞在したほかは，年に数回帰国する程度。Xは平成13年頃〜平成22年頃まで不動産賃貸業に関し経理事務と税務申告を行い，Aから月額5万円の報酬を得た。 不動産のうち一部はBが相続で取得したもの。他の一部はAとBが持分2分の1づつで共有取得したもの。B相続のとき，Xは債務相続を拒んで相続放棄したので，B持分をAとYが相続していた経過あり。 平成24年11月28日に信用組合からAとYが連帯債務者，Yの配偶者・Yの子が連帯保証人となり1億2000万円借入。信用組合担当者はAと面会し契約書にもAが署名押印。 平成25年6月27日遺言書作成。遺言作成時の残債務額は1億1767万2608円。 平成25年7月29日A死亡。A死亡時の残債務額は1億1728万1876円。
病名	認知症認定なし。前立腺癌・慢性閉塞性肺疾患・脳梗塞等
症状	Aは平成22年5月14日前立腺癌で入院。慢性閉塞性肺疾患（COPD）で同年6月に退院した後在宅酸素療法・車いすの生活。その頃要介護5認定。 Aは平成22年9月10日から同月24日まで脳梗塞で入院したが，その後マンションで単身生活し，平成22年2月頃まで経理事務や納税手続に必要な書類をベルギーのXに送付手続をし，平成24年10月にXが最後にAに会った際もXと問題なく会話し認知症の症状も出現していなかった。 Aは平成25年6月10日，慢性閉塞性肺疾患・肺炎・マイコプラズマ感染・腎機能障害で病院に入院。同日「はい」「いいえ」で応答可能な質問に「はい」と返答。翌11日大きな声又は身体を揺さぶることで開眼。かすれ声であるが聞き取ることが可能な程度の発語が認められた。翌12日は酸素マスクを装着し痰を吸入すれば数値改善，解熱傾向。翌13日，氏名を問うと返答はあるがそれ以上にはうなずくのみ。翌14日以降も酸素吸入措置継続。著変なく「苦しくないよ」「大丈夫」「今，何時？」「痰とって！　痰！」など発語。同月17日以降，一時期より活気が見られる状態で，18日には食事を開始することを検討。呼吸困難や血中酸素数値の低下に痰吸引・酸素吸入すれば数値改善。「吸引してください。」「夕の点滴はまだ？」「口をしめらせてください。」の発言あり。 基本動作は全介助だが，同月20日コミュニケーションを取りながらリハビリ開始。同月22日「おかげさまで苦しくないです。気持ちがいいです。」の発言。同月24日出血のため輸血治療開始。同月27日未明「死にたい。殺してくれ，殺してくれ。苦しいのもういやだ。ありがとう」と訴えたが，朝「はいはい。どうもありがとう」と述べ，遺言作成直前の同日午後1時50分も看護師に「点滴したらよくなった」と述べ，呼吸状態も安定。 翌28日以降状態は概ね変わらず，痰の貯留や呼吸苦あり。食事中止

	の一方痰吸引で改善がみられ，同年7月7日に多弁となりしきりに話すところが見られた。以降は一進一退の状況で呼吸苦を訴える頻度が増え，同月22日には「助けてくれ」と叫びベッドの柵をたたく不穏行動がみられた。 同月29日肺気腫，誤嚥性肺炎等で死亡。
頭部画像所見	—
医師所見鑑定	—
認知症スケール	—
遺言書作成状況 （公証人対応等）	Yは信用組合から借入後，確定申告等で税理士の紹介を受け，平成25年の確定申告の際，公正証書遺言の作成について相談。税理士が公証人をYに紹介。 公証人は税理士から遺言内容を聴取り必要資料を受領して遺言書原案を作成し，Aの確認を取るように要請し税理士に渡す。公証人は平成25年6月27日午後2時頃，税理士及び税理士事務所職員，公証役場職員とA病室を訪問。Yを退室させた上でAと面会し遺言を作成。署名は公証人が代筆。
争点と判断枠組み	（方式違背） 公正証書遺言は遺言者が遺言の趣旨を公証人に口授し公証人が口述を筆記してこれを遺言者及び証人に読み聞かせることが必要。口授とは言語により公証人に対し直接伝達すること。口授の趣旨は，遺言者の明瞭な意思表示を確認し，遺言が真意に基づいて行われることを確保する点にある。口授があったといえるためには，遺言者は少なくとも遺言の核心部分に係る概括的な内容について言語によって陳述することを要する。 公証人は，本件遺言作成の状況について具体的な記憶はない。通常は遺言書作成の際遺言者本人に氏名・生年月日・住所を直接回答させ，発語ができない場合は直ちに作成を中止することとしている。就任後年間150件程度の遺言作成，中止のケースも20件程度あり。遺言がどういうものか理解しているか，家族構成を質問し，事前に原案確認しているか確認し，誰にどの財産を相続させるのかを遺言者本人に言葉で述べてもらい，遺言者の真意を確認することとしており，本件遺言も通常と同じようにやったと思うと証言。 裁判所は，YやAと特別の利害関係のない公証人が，Aが遺言書の概括的な内容すら発言しないのに遺言書作成を中止せず，あえて通常とは異なる方法で本件遺言を作成したとは考えにくい。各不動産及び積極財産をYに相続させ，一方で諸費用全てをYに相続させる旨を言語によって陳述したものと認めるのが相当と判断。 本件遺言の内容は，単純なもの。財産の種類及び数も多岐に及ぶといえない。遺言当日の前後，酸素吸入をすれば呼吸困難は解消する状態で，遺言作成日の午後1時50分，看護師に「点滴したら良くなった」と述べ発語能力に問題なく，意思疎通が可能であったといえる。 Aが遺言書内容について事前に税理士や公証人に伝えたとは考えられずYが本事前やり取りに関与していたとのXの主張に対しては，本

215

件遺言の趣旨につきＹと税理士間で事前連絡が取られた可能性は否定できないが，仮にそうであっても，公証人が平成 25 年 6 月 27 日にＡから直接遺言の趣旨を聴取したとの認定は揺らがず，本件遺言が「口授」を欠くとはいえないとした。

（遺言能力）

有効な遺言には，遺言者に遺言能力，すなわち遺言事項を具体的に決定し，その法律効果を弁識するのに必要な判断能力たる意思能力を備えている必要がある。

Ａは遺言作成時 95 歳と高齢で要介護 5 の認定を受け，救急搬送で入院しその後の疾病状況からも，Ａの全身活動レベルは一定程度低下していたというべき。しかしＡは高齢だが認知症症状はなく，判断能力に著しい影響を与えるような精神疾患もなかった。遺言作成前の時期，痰吸引・酸素吸入で呼吸困難は解消する状態で病院医師や看護師及びＹとは意思疎通が保たれていた。作成日も呼吸苦は確認されず，看護師に対して「点滴したら良くなった。」と述べ，公証人も遺言能力には問題がないとして本件遺言を作成。

平成 24 年 11 月 28 日に信用組合から連帯債務者として 1 億 2,000 万円の金銭消費貸借契約を締結しているが，Ａに対面した信用組合担当者はＡに高額契約締結能力があると判断していたと考えられる。Ａの財産管理能力に著しい低下があったとも認められない。

遺言内容は複雑とはいえず，財産種類も限られ，高度の能力が保たれていなければ意味内容が理解できないとは評価できない。Ｙにのみ遺産を相続させる点も，遺産中大部分を占める不動産はＹが残り持分を有し，ＹがＡと 1 億円を超える債務を負担し，Ｙが近隣に居住し管理に関わりＡが衰えてから頻繁に世話をしたのに対し，Ｘはベルギーを生活の本拠とし亡Ｃ相続時も債務負担を回避するために相続放棄をしたことに照らすと，格別不自然不合理はいえない。

こうした点を指摘し，遺言事項を具体的に決定して法律効果を弁識するに必要な判断能力たる意思能力を備えていなかったとは認められないとした。

【20】 東京地判平成 30 年 7 月 10 日

事件番号	東京地裁平成 25 年（ワ）21386 号・平成 26 年（ワ）2426 号
審理期間	4 年 11 か月
判決の結果	有効
遺言の種類	公正証書
遺言者 Ａ	女性，死亡日平成 19 年 12 月 15 日

遺言日時	平成 18 年 7 月 25 日（遺言者 A の作成時年齢不明）
当事者	X＝A の長女，Y＝A の長男
遺言内容の概要	X に遺言書内で特定された不動産を，その他の財産はすべて Y に相続させる内容。
事案の背景・エピソード	本訴請求は X が Y に対し，本件遺言により X が相続した不動産を Y が占有権原なく占有するとして不動産明渡と賃料相当額の不当利得の返還を求め，反訴請求は，主位的に遺言無効確認，予備的に遺留分減殺及び遅延損害金支払等を求める事案。 A は C と婚姻の後子 Y，X を設ける。C は昭和 38 年 3 月頃，□□の土地建物を取得。C は昭和 39 年 11 月 21 日死亡。□□の土地建物は Y が相続。 Y は昭和 48 年 3 月○○大学を卒業。大学在学中に英国に短期留学した。X は昭和 49 年 3 月私立高校を卒業したが大学には進学しなかった。 本件訴訟では XY が各名義で取得した財産や支出費用が多種認定され，学費等とともに特別受益か否かも争われている。 A は平成 18 年 6 月に体調を崩し，同月 28 日肺非小細胞癌及び転移性肝腫瘍等で大学病院に入院し加療を受け，同年 10 月 21 日まで同病院に入院。A は入院中の平成 18 年 7 月 25 日に本件遺言を作成。 A は平成 18 年 10 月から平成 19 年 3 月まで別病院に入院し，退院後 X の自宅に居住し定期的に大学病院に通院。2 週間くらい別場所に宿泊した後再び X の自宅に戻った。 その後 A は平成 19 年 11 月下旬に高熱を発し入院。平成 19 年 12 月 15 日死亡。
病名	認知症の認定なし。肺非小細胞癌及び転移性肝腫瘍等で入院し，腎臓内科及び呼吸器内科にて加療。
症状	―
頭部画像所見	―
医師所見鑑定	―
認知症スケール	―
遺言書作成状況（公証人対応等）	A と弁護士が内容について協議し，平成 18 年 7 月 25 日 A が入院していた大学病院のセミナールームで，弁護士と事務員が証人となり公証人により作成された。
争点と判断枠組み	（意思能力） 本件遺言は A と弁護士が内容を協議し，A が入院していた病院で，弁護士と事務員が証人となり，公証人が作成した。作成過程で特段の問題も認められない。A は平成 18 年 6 月に体調を崩し同月 28 日肺非小細胞癌及び転移性肝腫瘍等で入院，以後腎臓内科及び呼吸器内科にて加療を受けており，本件遺言はこの入院中に作成されたが，遺言作成時において A の遺言能力を疑うべき医学的証拠の提出はない。全証拠及び弁論の全趣旨によっても，遺言能力を否定すべきものは認め

られない。本件遺言がAの意思に基づくものではなく無効であるとは認められない。

Yは，遺言内容が粗雑不合理で本件遺言がAの意思に基づかないものである旨主張。不合理の内容として，不動産以外の財産内容を全く特定していない，Yにごく一部の不動産しか取得させないのに債務を全て負担させる，実質的に会社経営にかかわっていないXが会社経営権を取得する，会社等建物の底地は会社経営権を取得するXではなくYが取得する，Yが現に自宅として長年使用する建物までXの取得分とされるなどの事項を指摘。これに対して，不動産以外は全てXに相続させる内容だから不動産以外の財産について内容を特定せずとも不合理とはいえず，負債は遺言上Yのみが負担するとされても直ちに不合理とはいえず，その余の点はYが遺言内容に主観的な不満があることをいうもので客観的不合理はなく本件遺言の効力に影響しない旨判示。

またYは，重篤な疾病で入院して心身に重い負担がかかり判断能力が極めて不十分な状態にあったAに，Xが執拗な精神的圧力を加え遺言を強要し作成させた，根拠として遺言直前にAの実印が変更され，かつA自身はこれを認識しておらず，Aは遺言前後にYに心情あふれる手紙を送ったと主張した。これに対して，遺言直前にAの実印が変更され，遺言作成には以前からXが使用していた印章をAの実印として使用したことや，AからYへの手紙内容は認めたが，本件遺言の署名がA自身のものであることや作成経過に特段の問題が認められないことを指摘の上，遺言がXによるAに執拗な精神的圧力を加え遺言を強要した結果作成されたものであるとは推認できないとして排斥。

【21】東京高判平成 30 年 7 月 18 日（原判決【12】189 頁参照）

事件番号	東京高裁平成 30 年（ネ）878 号
審理期間	6 か月
判決の結果	遺言無効（口授なし）
遺言の種類	危急時遺言
遺言者 A	大正 15 年生，男性，死亡日平成 26 年 1 月 6 日
遺言日時	平成 25 年 9 月 18 日（遺言者 A 88 歳頃）
当事者	X＝Aの長男，Y1＝Aの長女，Y2＝銭湯の住み込み従業員
遺言内容の概要	全財産を Y1 に相続させる，Y1 は A の妻 B 及び Y2 の面倒をみなければならない
事案の背景・エ	（原審【12】を参照のこと）

| ピソード | A生前の銭湯の仕事に関し，銭湯近くに居住するXは本件銭湯の仕事を時々手伝っていたが，Y1は本件銭湯の仕事をほとんど手伝ったことがない。 |

証人G弁護士について，Y1の訴訟代理人である弁護士Hを指導弁護士とする弁護修習をした経験がある弁護士であるという関係性を認定事実で指摘。また，B及びXは家裁調査官の調査を受けておらず遺言確認審判の審理の対象とならなかったこと，Xは本件遺言がされたことも家庭裁判所に遺言確認の申立てがされていることも知らず，確認審判の告知も受けていないこと，Xは即時抗告期間が満了するまでの間は遺言確認審判の存在を知らず，遺言確認審判に対して即時抗告で争うことが不可能であったこと，Xは確認審判の確定直後にHからの通知により，初めて危急時遺言たる本件遺言の存在を知ったこと，Hは，誰かの代理人の資格でXに通知をしたわけではないが，Hが危急時遺言や家庭裁判所に対する遺言確認の確認申立の事実を知らなかったとは経験則上およそ考え難いこと，Xの立場からすれば，HがY1の代理人的な立場で遺言確認審判事件の推移を見守っていたのではないかと疑われるところである，と認定事実で指摘。

高裁は平成25年4月のL病院への入院に関し，AのキーパーソンがY1と扱われ，Y1はL病院にXに連絡することを禁止していたことも指摘。

平成25年6月からのAの意識障害について，首を振ってのはい・いいえの動作すらできず開眼すらできない状態から，同年7月1日には血液透析で開眼や首を振ってのはい・いいえの動作はできるようになったが，意識状態は低いままで病状は安定しなかったと指摘。L病院のAの診療録の患者プロファイル（平成25年7月10日）で「話すことが困難である」「書くことが困難である」「会話の理解が困難である」「しぐさの理解が困難である」「読むことが困難である」の全部にチェックがされる（聞くことが困難である」にはチェックがない）ことも指摘。

Y1は平成25年9月6日にAが懇意にしていたHと面談しA死亡後と病状について相談したところ，Hは危急時遺言の制度について説明。Y1は相談直近Aに遺言をする意思があることも遺言の具体的内容も確認したことがなかったが危急時遺言を作成することにし，Gは平成25年9月13日Hの事務所でY1から本件遺言の証人になるよう依頼された。その際Y1は昔の記憶に基きGに対し「Y1に銭湯をやってほしい，B及び銭湯従業員であるY2の面倒をみてほしいという趣旨のことを言われた」と話した。昔の記憶の正確性の保証はなくAから遺言書作成意思があることを聞いた記憶もなく，遺言書作成当日までAに危急時遺言をすることの説明はしておらず，遺言についてAの了解もとっていなかった。

調査官の危急時遺言確認の調査状況は一審の記載参照。BやXに対する調査は行わなかった。Aとの面談において遺言書第1条を読み上げ後少し間を置いた時，「Aが何か言いたそうな態度を示した」事実は認定が無い。

	A死亡後平成 26 年 1 月 17 日から X が銭湯再開。Y2 は従前通り住み込みで銭湯を手伝う。Y1 は銭湯営業意思がないにも関わらず，A の営業許可の承継でなく新規営業許可を受けた。現実の営業は，Y2 と X 家族の手で運営。 平成 27 年に B 死亡。B は，平成 26 年 7 月 1 日「すべての財産を Y1 に相続させる」旨の公正証書遺言を作成していた。
病名	認知症認定なし。最終入院は重症下肢虚血症
症状	遺言書作成前後の A の意識は正常なレベルに戻っておらず意識障害が続いていた。仮に公証人に公正証書遺言作成を依頼して病院に出張してもらっても一見して遺言能力の存在に確信が持てないとして依頼を断られるようなレベルと認定。 平成 25 年 9 月 17 日（遺言書作成前日）のカルテに「JCS10，発語あり，従命（問いかけに対する反応）なし」「○さんと呼びかけると頷かれる」「JCS3」「夜間 NPPV」と記載。 当日（18 日）のカルテには「BP（血圧）低下，CO2 貯留あり，NPPV 使用中←リハ（リハビリ）見合わせ」「JCS3」「呼びかけに軽くうなずかれている。」と記載。
頭部画像所見	―
医師所見鑑定	遺言の証人たる M 医師（循環器内科専門）の診断書，「平成 25 年 4 月 16 日より重症下肢虚血に対して循環器内科入院加療。感染，低栄養等による意識状態の変容はあったものの，平成 25 年 9 月 18 日，正常な判断能力を有していたと認める。気管内 tube は挿入しておらず，発語は可能であり，自己表現することが可能であった。」と記載。M は遺言確認審判事件の家裁調査官の面接調査で，「肺炎を併発して意識がなくなることもあったが，平成 25 年 9 月上旬頃から意識は回復している。」「循環器内科が専門であるが，A の応答につじつまが合わないことがなかったことから，遺言書の作成時に遺言能力があったと考えている。」と回答。
認知症スケール	―
遺言書作成状況 （公証人対応等）	平成 25 年 9 月 18 日，意識障害がある A は眠っており，目を覚ました JCS3 の状態の A に Y1 が声をかけたが眠そうであったことからしばらく待つことになり，その後 M が A が対応可能になったと述べたことから，G・M 及び C が病室に残って本件遺言書の作成を開始した。A は総入れ歯であったが遺言書作成時は入れ歯を装着していなかった。弁護士は自己紹介の後 Y1 から聴取した内容に基づき誘導尋問的な質問を繰り返した。「風呂屋は誰にあげるの」「奥さんと春子（Y1）さん半々ですね」には A は首を横に「奥さんですか」にも首を横に振り，「春子さんですか」には首を縦に振り弁護士には「はーるーこ」と聞こえる発語をし，M は「春子と言った」とした。G が「X さんには上げないの」と聞くと，首を縦に振った。G の「風呂屋は誰にやってもらいたいか」には「はなこちゃん」と聞こえる発語をし，M は「花子ちゃんと言った」とした。G の「風呂屋の土地建物は春子さんにあげる」「お店をやるのは花子ちゃんでいいですね」と聞くと首を

220

	縦に，「花子ちゃんが生活出来なくなったら春子さんに面倒見てもらいたいということですね」と聞くと首を縦に，「春子さんに御母さんの面倒をみてもらいたい」と聞くと首を縦に振り，「風呂屋以外の財産も春子さんにあげていいか」と聞くと首を縦に振った。Gは以上を文章化して筆記し，Aの面前で筆記内容を読上げると，Aは首を縦に振った。CGMが弁護士作成の遺言書に署名。
争点と判断枠組み	（遺言能力について） Aは，平成25年6月には意識障害が生じて昏睡又は傾眠状態。同年7月に開眼できて，首を振ることではい・いいえを表現できる状態への改善がみられたが，意識清明には程遠かった。遺言書作成日である同月18日や前日17日時点でも意識障害があり，カルテ上JCS3あるいはJCS10と記載。JCS3は覚醒しているが自分の名前生年月日が言えない状態。JSC10は刺激を止めると眠り込むが普通の呼びかけで開眼（一時的に覚醒する）状態を示す。（JSC0は意識清明，JSC1は覚醒しており見当識は保たれているが意識清明ではない，JSC2は覚醒しているが見当識障害がある）。Aは遺言当日に医療従事者が判定した時点でJSC3，自分の名前や生年月日が言えない状態であったことになる。G訪問時に入眠状態，目を覚ましても眠そうな状況であったことを合わせ考慮すると，意識障害があり遺言能力を欠いた状態と推認できる。 Mは家裁調査官面接で平成25年9月から意識は回復していてAの応答に辻褄が合わないことは無く遺言書作成の能力があったと考えるというが，Mは循環器内科専門医で意思能力の有無の識別専門家ではない。9月頃から意識回復していたというが裏付ける証拠は無く，見当識があったとか生年月日が言えたなどの具体的エピソードは説明に無く，刺激に対し覚醒状態に戻ることをいうにすぎないとみられる。18日や17日にJSC3やJSC10レベルの意識障害が存したことはカルテ上明らか。Mの説明は採用できない。 調査官意見については，調査官は意思能力の有無の鑑別についての専門家ではない。また，Mの説明に基づいて報告書を作成しているがMの意見は採用できず，調査官の報告をもって意思能力ありと判断するのは相当でない。 （口授について，要件を満たしていない） 口授があったという為には，遺言者自身が遺言内容を具体的に確定できる程度に遺言の趣旨を自らの声で述べるのが原則。AはGの具体的内容発言に対して肯定の動作発言をしただけで具体的な遺言内容を自ら述べておらず原則的口授はない。但し，①遺言の直近時期に遺言者から遺言内容が適切な方法で直接確認されて文章化されたこと②証人がこれを読上げて遺言者がこれを首肯する発言をした場合は，例外として口授の要件を満たすと解しても支障がない。 本件では①遺言の直近時期に遺言の内容がAから直接確認されたとの事実について客観証拠はなく，Aが遺言の3カ月前から意識障害の状況にあったことからY1証言は信用できず，Aからの直接確認によりAの希望する具体的な遺言内容が記載された文書が作成された事

実も証明されない。例外的要件を満たさないとした。

（危急時遺言全般について）

本件遺言を有効とすれば，意識障害があり，遺言意思を有するかどうかもわからない死亡の危急に迫った者の枕元を弁護士が訪れ，依頼者（法定相続人の一部）の意向に沿った遺言内容を誘導尋問的に質問して首を縦に振らせれば有効な遺言ができることになる。しかしながら，そのような不正義は法の容認するところではない。

遺言者の筆跡と押印が残らない仕組みの危急時遺言には，法定相続人その他の利害関係人の全員が危急時遺言の場に立ち会うのでなければ，不正の温床となるリスクがある。確認審判は不正リスクを排除する機能が不十分な制度。法定相続人等の利害関係人に対する手続き関与の保証がない。申立て却下審判が確定するとそれだけで遺言が無効となるから，有効の可能性が僅かでもあれば確認審判せざるを得ない制度。従って確認審判の存在を遺言の有効性を認める事情として重視するのは不相当。

（結論）以上によれば，本件遺言書作成当時，A には遺言能力がなく，遺言する意思もなく，かつ，本件遺言書は民法 976 条 1 項にいう口授の要件を欠くものであるから，本件遺言は無効であるというほかはない。

【22】 東京地判平成 30 年 7 月 19 日

事件番号	東京地裁平成 28 年（ワ）40775 号
審理期間	1 年 7 か月
判決の結果	有効
遺言の種類	自筆証書
遺言者 A	生年不明，女性，死亡日平成 27 年 10 月 16 日
遺言日時	平成 24 年 10 月 6 日（遺言者 A の遺言時年齢不明）
当事者	X1＝A の二男，X2＝X1 の妻で A の養女，Y1＝A の長女，Y2＝A の長男
遺言内容の概要	「ゆいごん　住所氏名（漢字）印　わたしのすべてのざいさんを Y1 に 1 ／ 2，Y2 に 1 ／ 2 そうぞくさせる。年月日」
事案の背景・エピソード	Y2，X1 及び Y1 は A と亡 B（平成 19 年 1 月 21 日死亡）の長男・二男・長女。 A は亡 B 死亡後，B の相続に関して X1 が Y1Y2 に対して遺産分割案を提示したが Y1Y2 がこれに応じなかったことに腹を立て縁を切ってもいいとまで言っていた。 A は平成 19 年 10 月 11 日に，財産の全部を X1 に相続させる，遺言

執行者は X1。付言として，私の財産は一人で築いたものでなく夫や
先祖の功績によるところが大きい。X1 に一切の財産を相続させるの
は X1 が家を継ぎ先祖の財産を守ってもらいたいから。兄弟仲良く，
遺留分減殺請求などをしないよう」との公正証書遺言を作成。A と
X2 は平成 20 年 3 月 25 日養子縁組。平成 20 年 10 月 8 日委任者を A
受任者を X1 とする任意後見契約公正証書 1 作成し，登記。
平成 20 年中に Y1，Y2 は家庭裁判所に亡 B の遺産分割調停を申立。
平成 22 年 7 月の診断に基づき，平成 22 年 9 月 3 日任意後見契約 1 に
基づく A の任意後見監督人として弁護士 D を家庭裁判所が選任。
Y1Y2 は平成 22 年 9 月 8 日家庭裁判所に A の保佐開始等を申立。調
査官は① X1 は A の生活費として月 31 万 5000 円を取得しながら A
の財産から更に日用品等を支出し光熱費等の家族共益費を A の計算
にしている状況，② X1 は代理人を通じて今後は任意後見監督人に
従って財産管理を改善する意向を述べ，③ A が X1 以外に財産を管理
してもらうのは嫌だと述べている旨を報告した。7 月 19 日家裁は A
の利益のために保佐開始審判が特に必要とは認められないとして申立
てを却下。
平成 23 年 4 月から A は b 施設でデイサービスを受けていた。Y1 は
同年秋施設を訪ね A に Y1 の家に移りたいと記載した書面を A に作
成させた。
平成 23 年 10 月 A は X1 に公正証書遺言を変えたいと申し入れたが，
X1 は応じなかった。
平成 24 年 2 月 9 日 A 及び X1 立会で，任意後見契約 1 の X1 報酬の
定めを無報酬から平成 22 年 9 月から毎月 6 万円に変更し，平成 22 年
9 月から平成 23 年 10 月までの報酬は X1 が A の介護費用として預
かっている金 84 万円をそれに充てる旨変更する公正証書を作成した。
平成 24 年 2 月 21 日 Y1 は b 施設から帰宅途中の A を Y1 宅に連れて
いこうとしたが諦めた。この直後，A は X1 に「調停が終わらない限
り Y1 のところには行かない」と発言。
平成 24 年 5 月から A は a 施設でデイサービスを受けた。Y1 は 6 月
19 日に施設を訪ねて面会を求めたが施設は応じなかった。Y1 は A の
帰宅直前施設玄関に入り A と目が合い，A が混乱して杖で車や職員
をたたく出来事があった。
平成 24 年 10 月 2 日 Y1・Y2・Y2 の妻・A の弟は a 施設から帰宅途
中の A を Y1 宅に連れていった。X2 は制止しようとして全治 1 週間
の加療を要する負傷をした。平成 24 年 10 月 4 日知人との電話で A
は① Y2 夫婦が来たのに X2 が家に上げなかった② X2 が Y1 を負傷さ
せたと怒った。
平成 24 年 10 月 7 日 A は Y2 に① X らが電話を架けさせないこと②
X らに自分の小遣いで家族の買い物させられることなどに不満を述べ
た。
平成 24 年 10 月 10 日 X1 は A の人身保護請求申立て。A の意見聴取
で A が Y1 のところで生活を希望すると明らかになり，X1 は申立て
を取り下げた。

	平成 25 年 1 月 27 日 A は平成 24 年 10 月 2 日に Y2 宅に連れて行かれてから初めて X1 と会ったが、A は X1 に「顔なんか見たくねえ。帰ってくれ。」と言った。 平成 25 年 4 月 10 日 A は家裁に任意後見契約 1 解除の許可を申立て。裁判所調査官は① A から申立てが弁護士等の助言教示による A の自由意思に基づくこと、申立ての契機は X1 が A の行動を制限し Y1 に電話を架けさせないことにあり、一緒に住む Y1 に財産管理をしてもらう方が良いと思うこと、A は転居の経緯につき特に不満を述べず転居が意にかなうと認めていることを確認した上で、②医師 J の診断書では A の判断能力は通常人よりも劣るが保佐相当で、③ A が Y1 宅での生活を望み財産管理を被告 Y1 に委ねたいとし、X1 の後見事務遂行は解任事由該当事項は見当たらないが A の意思を尊重して任意後見人交代をするには任意後見契約 1 の解除による他なく、身上監護・財産管理は同居者によるのが望ましいことを総合考慮し、申立には正当事由がある旨報告。任意後見契約 1 解除許可審判の後、同年 10 月 21 日委任者を A 受任者を Y1 とする任意後見契約 2 を作成し、平成 26 年 2 月 12 日契約 2 の任意後見監督人として弁護士 L を選任する審判。 A 同年 10 月 16 日死亡。平成 28 年 5 月 13 日遺言書検認
病名	認知症
症状	事件の背景・エピソード参照。
頭部画像所見	平成 21 年 2 月 12 日頭部単純 CT で異常所見は認められない 平成 22 年 7 月 8 日 MRI によると脳の萎縮が著しい
医師所見鑑定	平成 21 年 2 月 12 日診断書。市立病院医師 E による。HDS-R26 点／30 点で正常範囲内であり、頭部単純 CT で異常所見は認められない旨記載。 平成 22 年 7 月 8 日診断書。大学病院医師 F による。診断名アルツハイマー型認知症、発症時期は不詳。現在記憶力計算力等が特に障害。同年 4 月 8 日施行の HDS-R は 20 点。MRI によると脳の萎縮が著しく、同月 20 日に施行した知能検査によると知能指数は 70 の旨記載。 平成 23 年 12 月 15 日診断書。大学病院医師 F による。診断名アルツハイマー型認知症、頭部疾患により認知機能が全般に低下。同月 1 日に施行した知能検査によると知能指数は 64 で保佐該当。 平成 24 年 6 月 21 日診断書。市立病院医師 E による。病名は老年認知症、長谷川式簡易知能価尺度改訂版は 16／30。 平成 25 年 2 月 13 日診断書。クリニック医師 J による。診断名は脳血管性認知症、1 ～ 2 年前よりお金の管理が困難、同年 1 月 24 日当クリニック受診。短期記憶の低下・時間的見当識の低下・計算力の極度の低下を認む。同日の HDS-R は 14 点。
認知症スケール	平成 21 年 2 月 12 日。HDS-R26 点／30 点 平成 22 年 4 月 8 日。HDS-R20 点 平成 25 年 1 月 24 日。HDS-R14 点
遺言書作成状況	平成 24 年 10 月 2 日、Y1、Y2、その妻 H、A の弟 I が、a 施設から

（公証人対応等）	帰宅途中の A を Y1 宅に連れていった。A は，平成 24 年 10 月 4 日知人と電話で話をした際に，① Y2 夫婦が来たのに X2 が家に上げなかったこと，② X2 が Y1 を負傷させたことを怒っていた。当該状況において，A は平成 24 年 10 月 6 日遺言書を作成。
争点と判断枠組み	（本件遺言書は A が意思に基づいて自書したか） A は B 死後 Y1Y2 が X1 提示の遺産分割案に応じないことに腹を立て縁を切ってもいいとまで言い，平成 19 年 10 月 11 日公正証書遺言で財産全部を X1 に相続させるとしたことから，この頃 A は財産を X1 に承継させたいという考えを持っていたと言える。 しかし平成 23 年 10 月 A は X1 に公正証書遺言を変えたいと申し入れ，平成 24 年 10 月 7 日 Y2 に，X らが電話を架けさせてくれない，X らに自分の小遣いで家族の買物をさせられることに不満を述べ，平成 25 年 8 月 27 日付調査官報告書は，A が任意後見契約 1 を解除する許可を求める申立を決意した契機は X1 が A の行動を制限し Y1 に電話を架けさせてくれないことと報告し，平成 23 年 6 月 28 日付調査官報告書は，X1 の財産管理は A の生活費として月額 31 万 5000 円を取得しながら A の財産から更に日用品等の支出や光熱費等の家族共益費も A の計算にする状況を報告することからすると，A は平成 23 年 10 月には自分の財産の全部又は一部を Y1 及び Y2 に相続させる考えに変わっていたものと考えられる。A は，平成 24 年 10 月 4 日の知人と電話で X2 が Y1 を負傷させたことを怒り，平成 25 年 1 月 27 日には Y1 宅への移動以後初めて会った X1 に「顔なんか見たくねえ。帰ってくれ。」と言ったことからすると，平成 23 年 10 月時点で自分の財産の全部を Y1Y2 に相続させたいと考え平成 24 年 10 月 2 日以降これを実行に移そうと考えるようになった可能性，又は，平成 23 年 10 月 2 日時点で自分の財産の一部を Y1Y2 に相続させると考え平成 24 年 10 月 2 日以降は自分の財産の全部を Y1Y2 に相続させたいと考え実行に移そうと考えるようになった可能性が相当に高いと考えられる。 A は，本件遺言書を作成する可能性が相当に高かったものと考えられ，総合考慮すれば遺言書は A がその意思に基づいて自書したと認めるのが相当。 X1X2 らの反論のうち，① X らと A との関係は円満で，A は Y1 の世話になりたいと思ったり言ったこともない，A が平成 23 年に財産管理を Y2 に託すとの明確な意思を有し，任意後見人に指名した X1 に遺産を一切相続させないなど到底考えられない，との主張は，A が「本件調停が終わらない限り Y1 のところには行かない」と言ったことは調停が終われば Y1 のところに行きたいことを前提とするともいえ，Y らは A が Y1 のところに行きたいと度々訴えていたと供述し，平成 25 年 8 月 27 日付調査報告書から，A は転居の経緯に特に不満を述べず自分の意にかなうと認める等を総合考慮すると，A が Y1 の世話になりたいとは思ったり言ったこともないと認めるに足りず，A が X1 に遺産を一切相続させないことが到底考えられないとはいえない。 ② A が普段は「半分」という言葉を使ったから遺言書に「1／2」

とあるのは第三者に言われるまま作成された証左，との主張は，普段
は半分という言葉を使っても「1／2」と書く方が容易で書いたこと
も考えられ，「1／2」と記載されることで第三者に言われるままに
遺言書を作成した証左とはいえない。③AはX1X2の態度に不満を
持ったり，Aの連れ去りを阻止しようとしたことへの怒りは全くうか
がわれないとの主張に対しては，知人に電話でX2がY2夫婦を家に
上げなかったこと等を怒った事実や，XらがY2に電話を架けさせな
いことや自分の小遣いで家族のための買い物させられることなどにつ
いて不満を述べていた事実を指摘して排斥した。
(Aが本件遺言当時に意思能力を欠いていたか)
平成22年4月8日時点でHDS-Rは20点で正常値の最下限・認知症
の疑いを免れるギリギリの数値，脳萎縮が著しく，同月20日時点で
知能指数70（軽度知的障害とされる上限の数値），同年7月8日記憶
力・計算力等が特に障害されていると診断，家庭裁判所が平成22年
9月3日任意後見契約1に基づく任意後見監督人を選任，同年9月8
日の保佐開始等申立は却下されたが経緯からして，当時Aは補助開
始要件又は保佐開始要件である精神上の障害であったといえる。
以上のほか，同年12月15日頭部疾患により認知機能が全般に低下し
て知能指数は64で保佐該当と診断（IQ64は軽度知的障害），遅くと
も平成24年6月21日HDS-Rは16点，平成25年1月24日HDS-R
は14点，期記憶・時間的見当識の低下，計算力の極度の低下を認め
た。HDS-R15点以下は中程度の認知症と評価。同年8月27日付け調
査官報告でAの判断能力は通常人のそれよりも劣っているものの保
佐開始相当と判断されることを総合考慮すると，遺言書を作成した平
成24年10月6日時点でAが意思能力を欠いていたと認めることは
できない。
Xらの「平成23年12月27日に公正証書作成を依頼した公証人がA
の診断結果を見て遺言能力が認められないと言った」との主張には，
平成24年2月9日にA及びX1立会の元で，公証人がX1の任意後
見人報酬の増額変更公正証書を作成した事実を指摘して，信用出来な
いと排斥した。

【23】 東京地判平成30年8月31日

事件番号	東京地裁平成27年（ワ）21380号
審理期間	3年1か月
判決の結果	有効
遺言の種類	①自筆証書②公正証書
遺言者A	昭和2年生，女性，死亡日平成27年1月18日

遺言日時	①平成 25 年 12 月 8 日，②平成 25 年 12 月 24 日（遺言者 A 86 歳）
当事者	X＝A の二女，Y2＝A の長女，Y1＝A の長女の配偶者で A と養子縁組，Y3 と Y4＝Y1 と Y2 の子
遺言内容の概要	①全財産を Y2 に相続させる。②全財産を Y2 に相続させる。Y2 は相続の負担として一切の債務を支払う。遺言執行者は Y2。
事案の背景・エピソード	A とその配偶者 B は生前 a 社代表取締役。昭和 46 年 4 月 24 日に Y2 は Y1 と婚姻し，Y1 は昭和 60 年 5 月 18 日に A と養子縁組。Y1 はかつて a 社代表取締役。Y3 は a 社代表取締役。Y4 は循環器内科医。C は X の子で弁護士。 B は平成 25 年 7 月 25 日死亡。同年 10 月下旬から B の遺産分割協議開始。11 月 20 日に X 代理人 J は，特別受益を考慮すると Y1 が 8,000 万円弱，Y2 が 0 円，X が 3 億 4,000 万余円取得する計算。裁判手続は時間と費用が掛かるし，生前贈与が問題となるので，妥協点を見つけ早期解決が穏当と通知。Y ら代理人弁護士は平成 25 年 12 月 16 日付けで Y 側分割案を送付。 平成 26 年 5 月 14 日 B の遺産分割が成立。A は B 名義の建物持分や預金を取得。 A は，平成 27 年 1 月 18 日死亡。 X の提案に対して，Y 側弁護士は提案不承服。条件を付し，公正証書遺言に基づき税務申告や執行手続きを進めると通知。
病名	アルツハイマー型認知症
症状	平成 19 年 2 月頃から急速に健忘症状が進行。同年 4 月 5 日に頭部 CT 検査実施。結果正常。同月 13 日診断的治療目的でアリセプト処方開始。A には子宮脱の症状あり。 A は平成 19 年 4 月 19 日 B と老人ホーム入居。契約締結時，Y2 が身元引受人。平成 19 年 6 月 3 日要支援 1 と判定。 平成 20 年 2 月 27 日クリニックの医師 L は診察で年齢より多少進行した健忘症状で，本人も短期記憶欠落を認識するが通常の会話のみでは認知障害に気付かない状態と診断。平成 21 年 2 月 17 日にクリニック医師 M はアルツハイマー型認知症の可能性は否定できないとして経過診察。認知症進行は強くは感じないが定期観察を行うこととした。同年 9 月 14 日医師 N はアルツハイマー型認知症と診断。9 月 16 日に認知症は軽症から中等症で精神神経症状なく落ち着いている旨を説明。以降 N が主治医として 2 週間に 1 回 A を診察。 平成 22 年 10 月 27 日要介護 1 と認定。 平成 23 年 1 月 6 日老人ホームサービス担当者会議で，認知症はあるが日常生活動作はほぼ自立，認知症症状としてリビングの物を居室に持っていく，居室がわからなくなる，同年 2 月 1 日の会議では布パンツを着用するが失禁で汚れた下着がそのままもあることが報告。 平成 23 年 12 月 10 日親族から医師にメマリー投与の要望が出て同月 12 日から処方したが，副作用で短期で処方中止。 平成 24 年 2 月 23 日から翌年 5 月 7 日の間に 6 回失禁でパンツが汚れても A が交換を拒否すること有り。平成 24 年 10 月 7 日の担当者会

	議では，長い文章を話さなくなった・シルバーカーを置いて来る・ゴミ箱に放尿などの報告あり。 平成 24 年 10 月 15 日 N は A は中等症認知症レベルと診断。同年 11 月 7 日要介護 2 認定。同日担当者会議で Y2 の面会が月 4 回と増えたことが報告。 平成 25 年 1 月 29 日及び同 12 月 3 日の 2 回，うつ評価（GDS-15）を受検。15 問中 13 問の回答が一致。 B は平成 25 年 7 月 25 日死亡。26 日及び 27 日に B 死亡を理解しない言動あり。7 月 30 日に B の告別式。31 日 B が使用した部屋を開けようとした A に，B 死亡や告別式に参列したことを話したが，「えー？ B は主人よ。築地本願寺は家とガソリンスタンドの近くなの」「B は私の兄よ，一番上の兄」と述べた。 同年 9 月，ホーム職員は A は B 死亡後しばらく B を探しているのかボーっとしたりフロアを徘徊していることがあったが最近は食事量も増えていつもの活気が戻りつつある旨報告。 同年 11 月 7 日の担当者会議で，定時トイレ誘導時失禁していることがある，自分でパットの始末ができない，夜間失禁し衣類を脱いだりトイレでない場所に便があったりする，入浴は一般浴で介助。衣類を用意して声掛け見守りをすると自分で着替えられること等が報告。同年 11 月・12 月中，A はほぼ毎日ホームのリクリエーションに参加。 同年 12 月職員は A がフロア内を元気に散歩し笑顔を見せる，夜間の一人トイレが困難で夜定時誘導するなどを報告。 平成 26 年 1 月 1 日介助なく箸で食事ができた。平成 26 年 1 月 28 日顕著な膀胱脱が認められるが A が手術希望をせず経過観察。平成 26 年 2 月 19 日居室トイレで転倒し右上腕を骨折。自発的歩行が大幅に減少し全体的に意欲の低下が著明に。 平成 26 年 3 月 26 日名前を尋ねると旧姓を答える。平成 26 年 5 月 6 日，B や Y1 らの近況を把握せず親族関係について認識無い様子。平成 26 年 10 月 30 日要介護 5 認定。
頭部画像所見	平成 26 年 9 月 12 日頭部 CT。脳室系・くも膜下腔系はテント上でびまん性に開大し，大脳萎縮，両側海馬・海馬傍回の著明な萎縮。アルツハイマー型認知症の可能性と診断。
医師所見鑑定	Y1 ら代理人弁護士から，A の遺言書作成能力（財産管理等の判断能力を含む。）についての見解を求められた N は，平成 25 年 12 月 3 日認知機能検査を実施。中等度の機能低下を認めたが継続的な観察によれば，日常生活動作（ADL）は自立，日常生活における理解や判断力は維持，自分の財産を認識し遺言作成に関わる判断能力は十分に残存していると診断。 平成 25 年 12 月 11 日 N は，認知高齢者の日常生活自立度は IIa，病状は落ち着いており，精神状態は見守り連絡等の配慮が必要であるが，自力で摂食やトイレの使用が可能であり，入浴は介助して定期的に入浴させる必要がある旨診断した。 平成 25 年 1 月 2 日，循環器内科専門医たる Y4 が HDS-R を実施。A は自分の名前年齢や生年月日，従前居住の自宅住所を答え，3 単語の

	即時再生及び遅延再生ができ，合計得点は21点。 平成26年6月30日Nは診察でアルツハイマー型認知症罹患。最近活動性低下と認知機能低下が著しいと診断。
認知症スケール	平成25年12月3日，MMSE合計12点。時間や場所の検討識は各1点だが即時記憶は満点。 平成26年1月2日，HDS-R21点。年齢・生年月日・自宅回答。即時記憶近似記憶検査は満点。
遺言書作成状況 （公証人対応等）	①平成25年12月8日午前10時過ぎ，Aはホームから外出。全文を自書して本件遺言自筆証書を作成した。押捺印はA実印。貸金庫で保管され金庫鍵はY2管理。ホームに戻ったAに職員が家族とのドライブの感想を尋ねるとAは「誰が行ったの？」と述べた。 ②平成25年12月23日AはY1らの自宅に宿泊し，翌24日午前同所でa社の従業員D，Y2の知人であるE立会で公証人に嘱託して②の公正証書遺言を作成。作成時間は約20分間で，Y1らは作成に立ち会わなかった。 公証人は作成状況につき本裁判で書面により以下を説明。Y側弁護士が作成依頼。Aは遺言内容の口授・署名可能かを質問すると，弁護士はできる又はできると聞いている旨回答。依頼承諾。必要書類を説明。後日遺言内容記載メモ・印鑑登録証明書・戸籍・証人の確認資料・不動産登記簿謄本等必要諸資料の送付を受ける。案文を弁護士に渡し内容確認をえて日程調整。作成時のAとのやり取りの具体的な内容は全く覚えていない，と記載。他方，遺言の一般作成方法を①自己紹介後遺言者に氏名・住所・生年月日・職業等を尋ね，明確な回答なき場合は印鑑登録証明書等で確認しながら記憶を喚起し回答をもらう。証人の本人確認をする。②遺言者に対し遺言作成意思確認。③戸籍や住民票を見ながら，遺言者に誰にどの財産を継がせたいか確認。財産内容の抽象的な返事しかない場合は，資料を見ながら遺言者の記憶喚起。不動産は所在や広さや建物種類，預貯金は金融機関支店名預金種別等を確認。1人に全財産を相続させる内容の場合理由も確認。④以上にて遺言者に遺言能力があり，確認した内容と準備した内容に齟齬がないと確認されたら，遺言者に正本・証人に謄本用紙を渡し，公証人が原本を読み上げて正確な記載を確認。⑤原本に遺言者及び証人に署名・捺印してもらい，完成正本及び謄本を渡し，作成手数料支払で手続終了。⑥途中で遺言者に遺言能力があると判断できなくなったときは，その時点で手続終了。不完結事案として処理する，と説明。
争点と判断枠組み	（遺言能力） アルツハイマー型認知症とは，脳が広範囲に萎縮し，認知機能の低下や人格の変化を主な症状とする認知症の一種で，中核症状は認知機能障害で記憶障害・失語・失行・失認・見当識障害（時間・場所・人物）・実行機能障害が生じ，周辺症状（行動・心理症状）は妄想・徘徊・抑うつ等である。記憶障害は，近時記憶（登録から再生までの間に干渉が入るもので，数分から数時間もしくは数日までの記憶）はアルツハイマー型認知症の初期（軽度）から障害され，即時記憶（登録

から再生までの間に干渉が入らないもので，数秒から長くても1分ほどの記憶）は同じく初期（軽度）から中期（中等度）への移行期以降障害され，遠隔記憶（同じく干渉が入るもので，数週から数十年にもわたる記憶）は同じく中期（中等度）以降障害されるものとされている。アルツハイマー型認知症の診断は，認知機能検査（HDS-R，MMSE等）及びCTやMRI等を用いた脳画像診断等で行う。脳画像診断においては，初期には特に異常が認められないことも多いが，海馬や側頭部内側部の萎縮と側頭頭頂葉連合野に軽度の萎縮が認められる場合があり，経過とともにびまん性脳萎縮（脳溝・脳室の拡大）が認められるようになり，中期以降は萎縮が明らかとなり，高度になると全般的な大脳皮質の萎縮や脳室拡大が認められるとされる。アルツハイマー型認知症におけるFAST（Functional Assessment Staging）のステージ・臨床診断，FASTの特徴並びにHDS-R及びMMSEの得点との対応関係を証拠から認定し，認知機能が中等度低下した状態はアルツハイマー型認知症で言えば軽度（FASTのステージ4）に相当，とした。

遺言書作成状況につき，裁判所は公証人作成書面を次の様に評価。公証人は，遺言書作成時の遺言能力が問題となることは認識の上，日常業務の一環として行い，当事者と利害関係なく中立の者作成で，信用性は類型的に高く，同書も記憶にない点はないと明確に記載され，内容に不自然な点も見当たらない。基本的に信用できる。公証人にAの遺言能力を疑わせるようなものはなかったと認められる。但し，公証人には遺言能力が存在したと供述して無効遺言作成の責任回避をする動機があり，公証人陳述で直ちに遺言能力を認めることはできないとした。続いて，証人の1人が，Aは今は老人ホームに入所しているが以前は田園調布の自宅（地番含め）に居住と回答した，子供の人数は2人と回答し続けた，遺言公正証書を作成する気持ちに変わりはないとはっきり答えた，公証人が遺言書の案文に沿い登記簿を見ながらAに不動産の構造について確認すると「1番下が駐車場上に2階建ての建物があり2階建て」と回答し，公証人の全財産をY2に相続させるのでよいかとの質問に2度「Xにはもうあげてあるからそのとおりでいい」旨答えた，と証言したことに関して，証言は相当に具体的で迫真性に富み，内容が一貫して不自然な点もなく，推測を交えて証言せず自己の認識のとおり述べる謙虚さや誠実さがあり，証人が相対的にYらに近い関係でも信用できる，とした。その上で証言と公証人書面は概ね一致すると評価して遺言書作成状況を認定。そして，作成時Aの認識において養子1人を除くと子は2人で，建物構造もA認識と一致しており，遺言作成時認知機能障害で遺言内容を理解できなかったと窺わせる事情はない，とした。

医学的見地からは，主治医Nは遺言書作成日近接の平成25年12月3日認知機能検査を実施，中等度の認知機能低下（軽度のアルツハイマー型認知症相当）を認めたが，継続観察で日常生活動作自立，日常生活における理解や判断力は維持，自分の財産を認識して遺言作成に関わる判断能力は十分残存と診断。平成25年12月11日にAの認知

症高齢者の日常生活自立度はⅡa（ⅡはDSM-ⅢRの認知症軽度該当）
で，家庭外で日常生活に支障を来たす症状・行動見られても誰かが注
意すれば自立，病状は落ち着き精神状態は見守り等の配慮要だが，自
力で摂食やトイレの使用が可能等と診断。Nは老年医学の専門医で認
知症を含む認知機能低下につき専門的な知識を有する。主治医として
2週間に1回頻度で4年以上継続的に直接Aを診察しており，診断
は信用性が高い。認知症スケール欄記載のMMSEやHDS-R結果に
触れた上，認知症初期から中等度への移行期以降障害されるとされる
即時記憶が保持。両検査基準得点と比較すると，認知機能低下は軽度
から中等度，アルツハイマー型認知症程度は境界状態から軽度に相当。
認知症が進行すると漢字書字能力が顕著に障害されるが，自筆証書遺
言で漢字を含む全文自書。公正証書では漢字署名し特段の乱れはない。
平成26年1月28日には膀胱脱手術の医師提案に対し手術希望しない
旨意思表示し，理解力や判断能力を保持していることが医師によって
確認されている，と認定。

平成26年9月12日の脳画像には，大脳萎縮・両側海馬・海馬傍回の
著明な萎縮が生じ，平成26年10月には日常生活自立度Ⅳ（日常生活
に支障を来たす症状・行動や意思疎通の困難さあり。常に介護が必
要），日常意思決定について判断できないと診断され認知機能の重度
低下が認められる点については，平成26年2月の転倒骨折が契機と
認められ，遺言書作成時に認知機能の重度低下は推認出来ない，とし
た。

X主張に対し，B死亡後Aがそれを認識しない行動をとったことは，
B死後1か月程度の間に集中し長年連れ添った夫の死に直面した精神
的打撃に起因するせん妄（脳機能の一時的な低下による非特異的な症
候群。急性で可逆的な意識障害が特徴）可能性が高いとして不可逆的
進行のアルツハイマー型認知症と認めなかった。排尿失禁の頻発や介
護の必要性については認知機能の低下と認めず，別医師の意見書は，
専門分野相違・直接診察なしの点を指摘してN意見に比較した限界
を指摘し，N意見の信用性を認定。

各遺言の内容の合理性及び動機等について検討。Xが，Yらは生前贈
与を受けており内容不合理，AがXに運用管理を委ねた土地やX親
族が居住する不動産をY2に相続させる理由はなく，遺言書作成動機
はないと主張した点については，各遺言作成直前に亡Bの遺産分
割でX代理人からY2取得財産はない旨の通知があり，これを知った
AがY2を心配し，Xが亡B財産の大半を取得することとのバランス
を考慮し，Y2に全財産を相続させる意思を抱いたとしても何ら不自
然・不合理ではない。Yら側はa社の株式の大半を取得していたが，
X側もb社の株式の大半を取得していたことが窺われ，亡BやAの
事業承継という面でX側とYら側間で一応のバランスが保たれてい
たことを指摘。X親族が居住する不動産をY2相続とした点は，同不
動産はB・A家のいわゆる本家で同家の祭祀承継者はY2，a社承継
者はY3だからY3の母たるY2に相続させることが不自然とはいえ
ない。Xが運用管理する土地をY2に相続させる点は，AはXが生前

賃料収入を取得することを認めており，公正証書作成時Aが「Xには，もうあげてある」旨述べたことを指摘して，Xには既に相当利益を供与済みと認識していた可能性を指摘して不自然でないと認定。遺言内容的にも，全財産をY2一人に相続させること（Y2がA債務を承継し遺言執行者となること含む。）が内容で，遺言の内容としては極めて単純。各遺言書の作成に必要とされる遺言能力も，これに対応する程度のもので足りる。以上を証拠に基づき認定。認知機能障害により遺言内容を理解できなかったと窺わせる事情はなく，医学的見地からしても遺言書作成当時Aの認知機能の低下は中等度・アルツハイマー型認知症として軽度で，即時記憶保持・日常生活理解や判断力は維持，内容が不自然・不合理とも遺言動機がないとも考えられない。遺言書作成当時遺言能力を有していなかったと認めることはできない，と結論。

【24】 東京地判平成30年11月20日

事件番号	東京地裁平成29年（ワ）12202号・平成29年（ワ）21433号
審理期間	1年7か月
判決の結果	有効
遺言の種類	公正証書
遺言者A	昭和8年生，女性，死亡日平成28年4月18日
遺言日時	平成26年3月20日（遺言者A81歳頃）
当事者	X1＝Aの長男，X2＝Aの二女，Y＝Aの長女
遺言内容の概要	土地建物はYに相続させる。祭祀承継者Y。
事案の背景・エピソード	Aは昭和8年生。Aの夫Bは平成2年10月3日死亡。本件不動産はBが取得したのちBの相続によりAに所有権移転されたもの。 AはBと婚姻後Bと本件建物に居住し煙草具卸・小売業を経営。Bが死亡，Yが平成3年11月に婚姻して本件不動産を出てから単身で居住。Yは平成9年頃離婚後A住居徒歩圏内に転居。本件建物一角を改装しエステサロン開業。改装費用は後にYの養親となるC融通。平成12年12月頃YはCと転居したが，その後も頻繁にAと食事。Aは平成19年8月頃から物忘れが目立つ。同月頃A及び子3人が集まりA金融資産の財産目録作成。 Aは平成22年9月28日病院に通院しアルツハイマー型認知症と診断。平成24年11月9日まで治療。 X2は平成元年に婚姻して平成3年香港に移住したが離婚して平成22年8月に帰国。平成23年頃X2はその長女と本件建物に転居してAとの同居を希望。一旦Aの了解を得たが断られた。YはX2がAと

232

	同居することに消極的で，X2 も断わられた際の A の言動から，Y の反対で断られたと認識。 平成 24 年 2 月 14 日 Y は C を養親 Y を養子とする養子縁組締結。C は施設入所。Y が本件建物で A と同居を希望。A は肯定的に X1 に相談したが，X らは Y の資産管理に疑念。 平成 24 年 11 月 7 日 Y が本件建物に転居作業。X らが Y の本件建物への荷物搬入を阻止しようとして警察官が臨場する騒ぎに。A も Y の荷物量に驚き X らに促され，Y に荷物を元に戻して欲しいと述べる。同日 A は X2 宅泊。以後 X1 が A の通帳・X2 が届出印を保管。A は 1 週間程度 X2 方に居たが，本件建物に戻ることを希望し，以後 Y と同居。Y がデイサービスを利用し身の回りの世話をした。 平成 24 年 11 月 22 日 X らと Y は A の今後を話し合う。A の認知症が進み 1 人で金銭管理が出来ないことを前提に X らは成年後見手続きを提案。Y は検討すると回答。 平成 24 年 12 月 14 日，X らは成年後見申立のため，A を病院精神科の医師 G の診察に。同月 21 日も問診。A は G に，老人会の仲間と年 4 回位東京や伊豆などに旅行に行き，食事や買い物に渋谷に出かけたりしてると説明。これに対し X らは A の行動につき，近くのスーパーマーケットの買い物，お寺のラジオ体操，老人会館の 3 つで，電車は一度迷子になってから 3 年くらい乗っていない，バスも乗っておらず，旅行に行っていない旨を述べた。Y は A 本人と同様の A の状況を述べた。 X らは平成 25 年 1 月 30 日頃東京家裁に A の後見開始審判申し立て。アルツハイマー型認知症発病し，知的能力に著しい障害がある，自己の財産を管理処分できない，回復可能性は低いとの G 鑑定書を踏まえ，平成 25 年 3 月 28 日後見開始審判。 同時期に遺言書作成に関与していた Y は主治医 H に紹介された医師 I に鑑定書作成を依頼。 A は平成 28 年 4 月 18 日死亡。平成 28 年 7 月 5 日に本件不動産につき A の相続を原因として法定相続分による相続登記あり（X1，X2，Y 各 3 分の 1）。
病名	アルツハイマ　型認知症
症状	平成 25 年 7 月 16 日実施の介護認定調査票①意思の伝達　簡単なことなら伝達できている。短期記憶の 3 点提示法は提示したことも忘れている。外出は通いなれた場所は遠くても迷わず帰ってくる。②金銭の管理につき，Y が立替えた金銭を買物に使うが計算できないため財布ごとレジに渡しているとの記載が，平成 25 年 7 月 8 日主治医 H 意見書には①平成 22 年 10 月アルツハイマー型認知症を発症。物忘外来で脳萎縮がありアルツハイマー型認知症診断。物忘れがひどく食事を忘れることあり。失行症状が高度。②認知症高齢者の日常生活自立度Ⅱ b③中核症状　短期記憶問題あり，日常意思決定の認知能力はいくらか困難，意思伝達能力はいくらか困難，④周辺症状　無，特記事項に平成 2 年 3 月より物忘れ悪化を自覚。MRI 検査等でアルツハイマー型認知症の診断。現在文字の読書困難。と記載。

	平成25年10月29日，臨床心理士が知能検査。① MMSE 8点，HDS-R 5点。得点としては認知症段階だが，一生懸命考えて表情にも言葉にも葛藤的なことが伝わるテスト態度。住所や生年月日はスラスラと言え，指示で動作をすることはスムーズ，応用出題もできた。今一番望む事を尋ねると子供たちの対立に心を痛め，「一番そばにいる人が一番大変と思う」，「きっと仲良くなる」といった願望など母親らしい気持はよく伝わって来た。子供たちのことをいう時は，涙が出そうな様子。
頭部画像所見	平成24年12月14日G医師による頭部CT検査の結果，びまん性の脳萎縮が軽度 平成25年1月17日，頭部特殊MRI検査。テント上の脳溝・脳室は軽度拡大しているが概ね年齢相当。両側海馬高は比較的保たれている。VSRADによる解析では海馬傍回を含む関心領域の萎縮の程度は1.78。左大脳基底核部に陳旧性梗塞と思われる異常信号域を認めるなどの状態であり，大脳半球白質の加齢性変化
医師所見鑑定	①G鑑定書 平成24年12月14日，Aは病院精神科のG受診。HDS-R（6点）。MMSE（11点）。短期記憶に関して即時記憶以外ほとんど保たれていない状態であり，MMSEでは「わからない」と書こうとして「わ」がでてこず困惑していた。 平成25年2月22日Gは成年後見の鑑定を命じられ，平成24年12月14日や21日の問診，X1の陳述や諸検査を踏まえて次の鑑定書を作成。 （主文）アルツハイマー型認知症，重度の認知障害を認め，知的能力に著しい障害。自己財産を管理・処分することができない。回復可能性は低い（後見相当）との成年後見用診断書。しかし（現病歴）には，平成21年時期，電車に乗車したものの帰り方が分からなくなり保護。以降は近隣でのラジオ体操，老人会館，商店買物の3つの常同的行動を維持。（日常生活の状況）には，上記3つの常同的な行動以外自発的な行動はみられない。上記3つの場所の往復では場所の失見当はない。必要ない日用品を常同的に買い近隣知人に与える。簡単な引き算もできない。（記憶力）長期的記憶は良く保たれている。結婚年齢・夫の死亡時年齢・子供たちの名前などは思い出せる。中期的記憶は混乱，数年行っていない旅行を現在も行っているという。短期記憶は即時記憶以外ほとんど保たれていない。（見当識）場所が病院とは認識。日時は月のみ。（計算力）HDS-Rで100から7を引くことはできる。（理解・判断力）MMSEで簡単な指示動作には従える。一見ある程度理解が良い印象をうけるが，短期・中期の記憶の程度の障害は著しい。（現在の性格の特徴）家族の話と本人の話で食い違う生活状態について説明を求めても「分からない」と言い，常同的な行動のほかは極めて自発性に乏しい。（説明）に平成19年頃にアルツハイマー型認知症発症と考えられ，進行性記銘力障害・見当識障害・失語・失行あり。基本的な日常生活が独力ではなし得ない中等症。短期，中期の記銘力は著しく障害。日常的な買物判断もできず常同的な買い物行動を続け

	る。認知機能の低下は進行していき回復可能性はない，という A の状態を判断の前提とする。 ②I 鑑定書 平成 25 年 1 月 11 日主治医 H が紹介したクリニック受診。アルツハイマー型認知症と診断され，月 1・2 回程度の頻度で通院治療。 初診時に，Y と暮らして幸せ。苦労多かった人生，何故今も子供達の苦労があるか，老人会をずっと続けていき迷惑をかけたくないので現状維持希望。 平成 26 年 1 月 22 日頃 I は主治医 H に，臨床的には記憶障害を認め，失行・失書などの神経心理学的症状が目立つのが特徴的。HDS-R では 0 点だが，HDS-R には馴染まないこと，経過を見ていくと報告。 平成 26 年 1 月 26 日に 17 回の診察ののち，MRI 検査及び心理検査の結果を踏まえて鑑定書作成。 （主文）A はアルツハイマー型認知症と診断されるが，遺言などの意思能力は現時点においては保たれている。（生活）老人会に週 2 日，デイサービスに週 4 日などほぼ毎日予定を入れている。平成 25 年 2 月には老人会の日帰り旅行に参加。（診察所見）語健忘・空間失認があり，巣症状（それぞれの症状に対応する脳の特定の部位の障害による症状）がある。語健忘・失語によるアウトプット障害で知能検査は実際の生活能力よりもかなり低い点数となる。健忘は明らか。（検査所見）失語症状。読文字は全くできない。名字の文字を誤まったり，ひらがなで書く（失書）。語健忘が顕著で HDS-R では著しいハンディキャップ。同検査で知能判定は不適当。認知症の病期分類たる CDR では，記憶 CDR2（中等度痴呆），見当識・判断力・問題解決・社会適応・家庭状況及び趣味・関心が CDR1（軽度痴呆），身辺整理 CDR2。今回問題となる，判断力と問題解決は CDR1 相当。平成 25 年 8 月 13 日診察時，A は Y と一緒に住みたいと希望。平成 25 年 8 月 16 日診察立会の後見人の目前の発言でも，10 月 29 日の心理検査でも，一貫して Y と住むことを希望。平成 25 年 9 月 6 日頃ケアマネージャーは「今は娘さんと楽しくやっているし環境を変えない方が良い」と後見人に回答。（結論）アルツハイマー型認知症と診断され，HDS-R は 5 点，MMSE は 8 点と極めて低く，この結果のみでは重度認知症と判定されるが，本人の精神症状の特徴として失語・語健忘・失読の巣症状，アウトプット障害ハンディがあるため，検査結果は実際の本人の能力よりも低い得点。本人は認知症で財産管理能力は著しく欠いているが，遺言などの意思能力は現時点において保たれていると診断する。意思能力有り。
認知症スケール	平成 24 年 12 月 14 日病院精神科 G 医師の診察にて。HDS-R（6 点）。MMSE（11 点）。 平成 25 年 1 月 22 日頃，H 医師。HDS-R は 5 点，MMSE は 8 点
遺言書作成状況 （公証人対応等）	平成 24 年 12 月 12 日，Y と A は公証役場で遺言作成につき公証人に相談。公証人は，家族関係や生活状況を聞き，一緒に生活し面倒をみてもらっている Y に自宅を相続させお墓を守ってもらいたいとの A 意向を聴取。

	平成25年2月6日，Yは公証人にXらが後見開始申立てをしたことを相談。公証人は平成24年12月の面談状況からAが精神上の障害により事理弁識能力を欠く状況にあることに疑問を抱いたが，裁判所の判断が出るまで遺言書作成は保留した方がよい旨伝える。 平成26年1月26日にEはAの精神状態につきアルツハイマー型認知症診断をしつつ，遺言などの意思能力は保たれている旨の鑑定書を作成。平成26月2年28日，YはAと公証人に後見開始審判がなされたこと，Iに遺言能力ありの鑑定書を作成してもらったことを伝える。公証人はI鑑定書の写しをとり，被成年後見人の公正証書遺言手順を説明。同日Aは遺言内容について自ら話すことなくYと公証人のやり取りを聞いていた。同年3月5日頃，公証人は従前経緯に基づき文案を作成してAとYに送付。Yは文案確認の上公証人に電話でそれでよい旨伝える。 平成26年3月20日に公証人は証人2名並びにH及びI2名立会いの下公正証書遺言を作成。作成場所はHの医院。公証人はAと会話して遺言内容に相違なき旨直接確認。公証人は書面尋問で，具体的やり取りまでは記憶していないが，通常の確認からして，「自分の土地と建物があるよね，もし自分が亡くなったら誰に渡すの，お墓はどうするの」といった問いかけをしてAから「Yちゃんに渡す。お墓もYちゃんに頼む」といった返答があったと思われる旨を回答。 その上で公証人は本件遺言書の条項を読み聞かせ，言葉と動作でAの肯定回答を確認。Aは署名ができなかったため，公証人が代署。 H・I両名の医師は，Aに声かけや質問をすることはなかったが，その際の状況から，本件遺言時にAが精神上の障害により事理弁識能力を欠く状態になかったことを認めるとして本件遺言書に署名押印。Yは待合室の傍らのAの視界に入らない場所で待機。
争点と判断枠組み	（意思能力） ①本件遺言内容は，不動産をYに，墓守もYという平易な内容。遺言時，本件遺言をするに必要な程度の遺言能力は有していた。 ②Aは成年被後見人で，本件遺言は民法973条の方式に従う。HはA主治医。I医師は平成25年1月11日から継続的にAを診察しI鑑定書及を作成。鑑定書作成及び遺言時状況から，遺言時において精神上の障害により事理を弁識する能力を欠く状態になかったと判断したと認められる。I鑑定書の内容は，医師鑑定所見記載事実のとおりで，判断過程に特段不自然・不合理は認められない。 ③Yが本件建物でAと同居し身の回り世話をした状況に照らすと本件内容の遺言をすることが不自然・不合理であるとはいえない。墓の管理をYに委ねることは，Aが心理療法士に子供達の対立に心を痛め，特に側にいるYを心配していたことからして，Aが身近にいるYを頼りとして当該内容の遺言をすることが不自然不合理であるとはいえない。 ④公証人は遺言時にAとの対話で遺言の趣旨の口授を受け，Eがやり取りについて「本人は公証人の質問にもこたえ，公正証書の内容も理解し，公正証書が作成された」とカルテに記載している。

（Xらの主張について）

① Yが平成24年11月7日に転居して来た際，Aはそれを把握承諾しておらず，目の前の事態を理解し対処する判断能力がない状態であったと主張する点は，AはYが転居してくることを認識していなかった様子はなく，Yの荷物が多量なことに驚き荷物を戻すように発言した様子が窺われ，その応答は対話として十分理解可能で，事態を認識してそれに応じた対話をするのに必要な程度の能力は有していたことが推認。

② Xら主張がG鑑定書に依拠する点については，I鑑定書がG鑑定書が前提としたG平成24年12月14日及び21日の診察結果資料に基づいて作成されたG作成の成年後見用診断書も考察した上で作成されていること，G鑑定書の脳萎縮の程度や，GがYからの情報を収集せずに判断したことの問題点を指摘。Gは21日にXらから聴取した内容と異なることを根拠としてAの中期記憶も高度障害を受けていると判断してY聴取内容を考慮しないが，I鑑定書はA発言に一貫性・再現性が高いことを考慮している。

（Yの遺言作成への関与）

Xらは本件遺言書がY主導で作成され，遺言内容が不自然，不合理である旨主張するが，X2はAと同居しようとした際AはX2にも本件不動産を貰って欲しいとの意向を示した旨が述べられており，同居しているYに本件不動産を相続させるとの遺言が不自然・不合理とは言えない。

墓をX1に委ねなかった点も，X2の自宅から本件建物に戻った際Xらが通帳・印鑑を保管したまま返してもらえなかったことに不満を抱いたとしても不自然ではなく，同居して身近にいるYを頼りに，それまでとは異なりYにお墓を守ってもらおうとその旨の遺言をすることが不自然不合理であるとまではいえない。

YはAと同居直後から，公証役場に行くなどして積極的に遺言実現を企図していたと認められ，AがYの意向に影響され遺言をした可能性は否めないが，Aの遺言能力の有無の判断を左右する程とはいえず，AがYの意向に影響されて本件遺言をしたとしても本件遺言の効力に影響するとはいえない。

【25】 東京地判平成 30 年 12 月 14 日

事件番号	東京地裁平成 29 年（ワ）22004 号
審理期間	1 年 6 か月
判決の結果	有効
遺言の種類	すべて自筆証書

遺言者 A	生年不明，女性，死亡日平成 27 年 11 月 20 日
遺言日時	①平成 15 年 11 月 7 日②平成 16 年 6 月 6 日③平成 16 年 11 月 25 日④平成 16 年 12 月 3 日⑤平成 17 年 1 月 7 日⑥平成 17 年 3 月 4 日（遺言者 A の遺言時年齢不明）
当事者	X ＝二男，Y ＝長男
遺言内容の概要	①～⑥すべて，遺産はすべて Y に相続させる
事案の背景・エピソード	A の夫（XY の父）は，平成 11 年 1 月 7 日死亡。 平成 12 年 6 月 6 日に公正証書遺言作成。内容は，「一切を Y に相続させる，執行者を Y とする」。その後 A は 10 通の遺言書を作成。遺言書合計数は 11。うち，作成日付の古い順の 5，6 番目及び 8 番目～ 11 番目の遺言書につき無効確認訴訟が提起されたもの。 A は Y 及びその妻の居住建物内の別区画分に居住していたが，平成 16 年 12 月 1 日施設に入所した。施設入所は Y が手配し X には施設名称や住所等について知らされなかった。 平成 16 年 12 月 16 日に Y は，施設かかりつけ医師に「診断書（成年後見用）」を作成してもらい，家裁に A の後見開始審判を申立て。平成 17 年 6 月 18 日に成年後見人選任の後見開始審判確定。 A の死後，平成 28 年 4 月 13 日に 7 番目の遺言が，平成 28 年 5 月 6 日に Y 申立で 2．3．5．6．8．9．10．11 番目の遺言が，平成 28 年 5 月 31 日に 4 番目の遺言書が検認。
病名	―
症状	医師所見鑑定記載の診断書に，時間・場所・人物 etc 全ての見当識障害も著しい，正常な判断は不可能と考えられる，記銘・記憶障害・見当障害が著しく徘徊も認める。との記載あり。
頭部画像所見	―
医師所見鑑定	老人性痴呆の診断書あり（A が入所して半年で作成された，施設かかりつけ医にかかるもの）
認知症スケール	―
遺言書作成状況（公証人対応等）	―
争点と判断枠組み	（遺言書が X に作成を強いられたとの X 主張） X は，5，6 及び 8 乃至 11 番目の遺言が日付等を除いて内容同一形式酷似だから作成を強いられたというが，そのことをもって A が Y その他の第三者に強制されて自らの意思に基づかない内容の自筆証書遺言を作成したと推認することはできない。Y は A の初めての自筆証書遺言（2 番目の遺言）作成の際，遺言をしたいとの A の意向で自筆証書に係る遺言書の方式等を調査し，A にひな型を示して書き方を教えたことや，その後遺言をするとの A の言を受けて従前 A が作成して Y が預り保管していた遺言書を渡し，A がこれを見ながら新たな遺言書を作成したと陳述するが，遺言作成に当たり Y が方式等を教示し，A が「お手本」を見ながら遺言書を作成したからといって，

遺言書がAの意思に基づかずに作成されたものであるということはできない。Xは，酷似性の他にAの意思に基づかない遺言との事情を主張せず，全証拠でも当該事情は窺えない。

（遺言8乃至11作成時期，Aは遺言能力を有したか）

訴訟に提出されたAの意思能力に関するものは診断書のみ。診断書には「自己の財産を管理・処分することができない。」との欄にチェックがあり，判定根拠として「時間・場所・人物等全ての見当識障害も著しい。正常な判断は不可能と考えられる。」と記載され，診断名が「老人性痴呆」，所見に「記銘・記憶障害，見当障害が著しく，徘徊も認める。」などと記載されている。

しかし①診断書には判定ないし診断の基礎となるべき画像診断やHDS-R その他の認知症検査の結果は摘示されていない。②診断書作成者医師は施設のかかりつけ医で，Aは診断書作成日のわずか半月前に入所したばかりで，長期的な診察等を行っていない。ほぼ初診と推察される。③Aの施設への入所日と診断書作成日との近接性及びAと院長との関係性並びに訴訟で診断書以外に検査結果等医学的資料が全く証拠提出されておらずAに対し特段の検査等がされていない可能性がある④クリニックは診療科目として消化器科・循環器科・内科・外科・リハビリテーション科及び皮膚科を標榜し，院長も消化器科を中心とする内科系に精通した医師で精神科・神経科・神経内科・心療内科等の認知症に関する専門的診療科目に精通しているわけではないと認められる。

遺言の内容は，自らの財産を全て長男であるYに相続させるという単純明快なものである。

YおよびX尋問の結果でも，遺言した当時，Aが上記内容の遺言をする能力がなかったと推認することができるような事情を認めることはできず，他に当時Aが遺言能力を欠いていたと認めるに足りる証拠はない。

8番目の遺言がされた平成16年1月25日時点で「財産の全てをYに相続させる」程度の内容の遺言をする能力がなかったというのであれば，わずか9日前の「XとYで2分の1ずつ相続させる」との遺言7番目もAに遺言をする能力がなかったといわざるを得ず，7番目の遺言も無効ならば有効なのはその前の6番目の遺言になるが，同遺言も全ての財産をYに相続させる遺言でAのどのような内容の遺言が最終的に有効であるかという紛争の帰結には差がない。

【26】 東京地判平成 30 年 12 月 26 日

事件番号	東京地裁平成 29 年（ワ）22204 号
審理期間	1 年 5 か月
判決の結果	有効
遺言の種類	公正証書
遺言者 A	大正 12 年生，男性，死亡日平成 25 年
遺言日時	平成 25 年 6 月 5 日（遺言者 A 89 歳）
当事者	X2＝A の長女，X1＝X2 の長男（AB 夫婦（祖父母）と平成 2 年 11 月 27 日養子縁組）。Y＝A の長男。
遺言内容の概要	同書以前作成の全遺言を撤回の上「相続開始時の全財産を Y 被告に相続させる」。遺言執行者は信託銀行。遺言証人は信託銀行の担当者 2 名。
事案の背景・エピソード	A の相続人は配偶者 B（大正 12 年生まれ），A と B 間の子が X2 と Y である。A は昭和 45 年会社設立して代表取締役になった。平成 8 年 7 月 22 日 A は代表取締役を辞任して取締役に。X2 の夫が後を継ぐ。Y は昭和 57 年歯科医院開業。平成 21 年 7 月 30 日 A は取締役退任。平成 22 年 2 月 A は B と居住していた自宅不動産から有料老人ホーム施設に入居。同年 11 月 B も同施設に入居し，自宅不動産には X1 が居住。X1 は A だけが施設入居の頃は週に 1 回位 B を訪ね買物や食事をしたが，A が本件遺言をした頃は仕事が忙しく施設訪問回数は 4 か月から 5 か月に 1 回程度。Y は平成 22 年から平成 24 年頃は施設訪問回数少だが，平成 25 年 9 月歯科医院閉院後は，週一回程度訪問。施設は Y をキーパーソンと認識。 日常の様子として（Y 証言も含めて認定），平成 25 年 1 月から 6 月頃新聞を購読，平成 25 年 1 月 20 日頃 Y が職員に対し A のインターネット商品購入を止めさせ大きな買い物は自分が応する対応で統一をと要望し，平成 25 年 1 月 22 日頃主治医に「3 つのうち 1 つは忘れる。」「…土地が整理できればいいです。」と発言。 平成 25 年 4 月 8 日。18 時 30 分頃ナースコールしながら「何を言うつもりだったのか忘れてしまった」。21 時頃職員に「何か頭が混乱して訳が分からないんだよ。おかしくなったんだぁ。」と発言。 介護支援専門員作成のモニタリング表の毎月の総評。平成 25 年 3 月「物忘れが多くなる。被害妄想的発言。物が無くなった，お掃除のおばさんに盗られた，等発言」。平成 25 年 4 月「入院中チューブを抜去してタクシーでホームに戻る」「病院が退院させないようにしている」など発言。退院後は物忘れはあるがせん妄症状は見られず」平成 25 年 6 月「物忘れがひどく，期日前投票に関し投票用紙が届いていないと食事隣席者と騒ぐ」，平成 25 年 7 月「物盗られ被害的な発言」，平成 25 年 9 月「被害的な発言は聞かれない。」，平成 25 年 11 月物とられ妄想。以後も物とられ妄想有と記載。 遺言について，A は本件遺言以外に，平成 16 年 4 月 30 日（平成 16

年遺言），平成21年2月16日（平成21年遺言），平成24年9月26日（平成24年遺言）の3通の公正証書遺言がある。

平成16年遺言要旨は全財産をB2分の1，Y3分の1，Xらに各12分の1相続させる，というもの。

Aは平成20年から平成22年，孫（Yの子及びX1）や甥姪（兄の子ら）を年金受取人とする終身年金保険契約を16件締結。X1への保険料7億7,000万円，Yの子の保険料1億円，甥姪につき計5,650万円。

平成21年遺言要旨は，元自宅以外の不動産と預貯金・有価証券等をX1に，自宅不動産とその余の財産をBに相続させるもの。遺言執行者は本件信託銀行で証人は銀行担当者2名。

平成24年遺言書要旨は，平成21年遺言全部撤回，自宅不動産を除く不動産をX1に，貴金属等と貸金庫内全財産をYに，自宅不動産と預貯金・有価証券等とその余の財産をBに相続させる。遺言執行者は信託銀行というもの。証人は銀行の担当者2名。

平成24年10月〜11月，隣地所有者から境界確定申入れ再々有。AはYに協力を求めY立会を経て境界確認書作成（平成25年7月）。

平成25年2月20日には，ABは千葉県の工場用不動産を売却。Aは1億4,000万，Bは6,600万ほど取得。司法書士打合や決済にY協力。

A名義口座で平成22年12月から平成26年10月の間に金地金取引あり。平成25年4月以降は1回あたり1,000万円分の金売却。平成25年4月11日〜15日A名義口座からネットバンキングでYとその家族Aの兄とその家族らに500万づつ計3,500万円送金。平成25年5月2日自宅不動産隣地工事で自宅給水管破損の事故。Aの求めでYが破損撤去新管工事の業者対応。

Aは平成25年9月頃兄の子（甥）との交流で兄の親族関係図入手。Yは平成25年9月歯科医院を閉院後は，週1回程度施設訪問，継続的にAらの面倒をみた。

平成25年11月16日自宅建物でA，B，YとX1が偶然会い話合い。X1は自宅建物への居住を続け電気ガス料金を支払う。話合後A携帯でX1携帯からの着信拒否設定。以後ABはX1に会わずAはX1から借りていたルーターをX1に返送。

A遺品のノートの1冊に，Yが書いたAB名義の金地金・証券の情報（会員番号パスワード等），X1が書いたX1名義口座の情報（銀行・支店名口座番号）。別のノートに平成25年1月10日「千葉土地売却」，平成25年1月12日や13日付でA夫婦名義の金取引残高の記載（各日付の筆跡は異なる）。平成25年2月14日「チバ土地代金A・13800万計6600万　20400万との記述。平成25年4月7日付でYやAの兄ら送金先7名の右に「500」「7名×500＝3500万」と記載。平成25年7月13日，7月15日，9月25日で金地金取引残記載。うち9月25日の筆跡は異なる。他財産管理に関する記述や体調に関する記述あり。

Aは91歳で死亡。その後Bも死亡。

病名	認知症
症状	平成25年7月17日チームカンファレンスサービス担当者会議記録の

241

	要点資料に・機能評価基本日常生活動作は自立，日常生活動作中服薬は不可・その他（外出金銭管理等）は可，と記載。異常行動として，思い込み（新聞が1枚抜かれている）。他の入居者との関係良好，今後の問題点として，認知症の進行，娘様との関係，と記載
頭部画像所見	―
医師所見鑑定	平成25年6月5日（遺言作成日）にも診察。平成25年6月10日主治医意見書。障害高齢者日常生活自立度（寝たきり度）J2（日常生活はほぼ自立。独力で外出する―隣近所へなら外出。），認知症高齢者の日常生活自立度はⅡa（家庭外で日常生活に支障を来す症状・行動や意思疎通の困難さが多少みられても誰かが注意していれば自立。）。認知症中核症状は，短期記憶問題あり，日常意思決定を行うための認知能力はいくらか困難，意思伝達能力は伝えられる，認知症周辺症状やその他の精神・神経症状は無。
認知症スケール	MMSEは，それぞれ，平成24年1月30／30点，平成25年1月25／30点，平成26年1月28／30点。MMSEは言語性課題と4項目の動作性課題の計11項目から構成される30点満点の認知機能検査で，一般にカットオフ値（認知機能の障害程度が加齢か病気かを判断する際の基準値。）は23／24点（23点以下は認知症疑い）とされる。HDS-Rは，平成25年7月頃19/30点。HDS-Rは9項目から構成される30点満点の認知機能検査で，一般にカットオフ値は20／21点（20点以下は認知症疑い）。CDTは，平成24年1月3／3点（満点），平成25年1月3／3点（満点），平成26年1月3／3点（満点）。CDTは，時計の描画を通じた視覚動作性検査。
遺言書作成状況（公証人対応等）	Aは平成25年4月半ばから5月，少なくとも2度信託銀行担当者と打合せ。銀行担当者はAに，全財産をYに相続させることを前提とした平成25年4月30日付「財産目録と分割案の試算」の資料を提示。公証人は平成25年6月5日遺言書作成のため施設に赴き遺言書作成。公証人はAの様子を見ながら，本件遺言の内容を一字一句読み上げて確認。Aは頷いたり折折返事をしながら聞いていたがAが積極的に発言をすることはなかった。Aは「遺言書の追加保管に関する確認書」に署名押印。信託銀行に遺言書の追加保管を依頼。
争点と判断枠組み	遺言能力とは，遺言事項を具体的に決定し，その法律効果を弁識するのに必要な判断能力を指すものと解される，とした上で，①診療記録の記載②Aの生活及び財産管理の状況からみたAの精神状態③本件遺言前後の事実経過からみた遺言動機・理由，④遺言書の作成手続と本件遺言の内容の各観点から，判断 ①診療記録から判断される意思能力 遺言当時Aは89歳で，遺言当日の状態で認知症高齢者の日常生活自立度が「Ⅱa」，認知症中核症状として短期記憶で問題あり，日常の意思決定の面でいくらか困難さを伴うなどと評価され，朝食を食べたかどうかなどの近時の出来事を記憶できない様子が記される一方で，遺

言頃 A は自らの物忘れを自覚している様子もみられ，自覚があるの
は認知症症状ではなく加齢に伴う物忘れの特徴の一つともされ，平成
25 年中のエピソードは特に著しい能力低下を伺わせるものでない。A
へのスクリーニング検査は，平成 25 年 7 月頃の HDS-R は CDT で
カットオフ値を 1 点下回るが，平成 24 年〜平成 26 年の MMSE，
CDT はすべてカットオフ値を上回る。平成 24 年〜平成 26 年の
MMSE や CDT は全てカットオフ値を上回る。買い物金銭管理等の日
常の活動も大半について可能との評価がされ，買物金銭管理の日常は
大半可能と評価されている。

A の認知症が進行し判断能力が大きく損なわれる程度に達していたと
はみられない。

②生活と財産管理状況から　少なくとも本件遺言頃まで新聞の購読を
続けて居室でパソコンを利用し，遺言 3 カ月後の平成 25 年 9 月時点
で親族とも手紙等を通じた交流を続けていた。平成 25 年 2 月に不動
産売買を成立させ，同年 4 月に親族に計 3500 万円送金し遺言前後頃
まで財産状況を気にかけ，金地金取引に関しては具体的な取引残高を
自ら確認し把握していた。X らは親族への送金や金地金取引を Y が
行ったというが，遺言前後頃 A は排便障害のため便通を気にしてい
たが本件ノート②には関連記述が繰り返しみられるなど，本件ノート
②は基本的には A が継続使用し保管していたと認めることができる。
A の活動及び財産管理状況からは遺言当時 A の判断能力に一定程度
衰えがみられていたことは直ちに否定できないが，大きく損なわれて
いたと評価することはできない。

③動機・理由から　Y は施設や医療機関から A 介護に当たるキー
パーソンとして認識されていた。A の商品購入に関し施設に対応を要
望するなどしており，A が本件遺言をした頃週に 1 回程度は施設にい
る A や B の下へ足を運び継続的に同人らの面倒をみていた。これに
対して X1 は平成 24 年遺言後の時期 4 か月から 5 か月に 1 回施設を
訪れる程度で，自宅不動産に居住したにも関わらず設備の修繕や境界
確定等の対応を委ねられることも無かった。A は平成 24 年遺言でも
X2 は何らの相続財産も取得しないこととされており，その後 X2 に
何らかの財産を相続させようと考える事情はうかがえない。X1 は A
は生前契約した 7 億 7,000 万円の終身年金保険において A から既に多
額の財産を受け取っていると評価できる。平成 26 年には B も 89 歳
と高齢で相応の財産を有し A と共に施設入所していたもので，平成
24 年遺言を撤回し本件遺言をすることで，当時最も近しい長男とし
て自分たちの面倒を継続的にみていた Y に対し，残る相続財産の全
てを取得させようと考えたとしても，何ら不自然でない。

④遺言書作成手続きと内容　A は遺言作成 1 か月以上前から遺言内容
に特段利害関係を有しない信託銀行担当者と繰返し打合せを行ってい
る。本件遺言と同内容の資料も受領して，信託銀行の担当者 2 名が証
人として遺言書作成に立ち会った。公証人作成の遺言につき公証人手
続の問題をうかがわせる証拠は無い。X は Y の不当な関与を主張す
るが，遺言書作成までの準備状況等を考えると，Y が遺言書作成手続

に立会ったとしても，それで遺言の内容が左右されたり，Ａが真意に基づいて遺言をすることが妨げられたりしたというのは想定し難い。

遺言書の内容　本件遺言は相続開始時にＡが所有する全ての財産を被告に相続させるというもので，内容の把握に高度の理解力を要するような複雑なものでもない。

【27】 東京地判平成 31 年 1 月 21 日

事件番号	東京地裁平成 29 年（ワ）37818 号
審理期間	1 年 2 か月
判決の結果	有効
遺言の種類	公正証書
遺言者Ａ	昭和 8 年生，男性，死亡日平成 27 月 8 月 6 日
遺言日時	平成 27 年 5 月 15 日（遺言者 A 81 歳）
当事者	Ｘ＝Ａの弟（同母弟），Ｙ＝Ａの配偶者
遺言内容の概要	一切の財産をＹに相続させる。遺言執行者としてＹを指定する。
事案の背景・エピソード	Ａには両親を同じくするＸと，異母兄弟 4 名がいる。異母兄弟との関係は疎遠。Ａは平成 16 年 5 月 6 日Ｙと婚姻（Ａにとり 2 回目の婚姻）。Ｙ（昭和 22 年生）は 2 回離婚。最初の夫との間に 3 人の娘が居るがＡと養子縁組はしていない。ＹとＡ間に子はなし。Ａは自宅でＹと同居。 Ａは平成 27 年 2 月頃から体調不良を自覚し，平成 27 年 3 月活動性が低下し，平成 27 年 4 月 10 日には水しか飲めず，4 月 11 日にはぐったりして這って移動する状態。病院に救急搬送され入院。 ＡとＹとの関係性は，婚姻の 2 年ほど前から交際。交際中Ａは自分の財産をＹに明らかにして何かあったらＹに全部渡すとして結婚を求めたこともあった。ＡとＹは平成 16 年婚姻以来同居。食事をＡが作ることも有り。二人の旅行の他Ｙの孫と一緒の旅行を楽しむ。Ａは自分のことは他人に話さない性格で，ＹはＡの病状経緯，既往症・服薬状況を把握せず。 Ａ入院後Ｙは，当初ほぼ毎日，状況が落ち着いた後は 1 日おきに病院に通うなどしていた。病院には午前 10 時頃から午後 2 時過ぎまでいることが多く，Ａは眠っていることも覚醒していることもあり，気分が良いときにはＹの問いに答え会話した。Ｙの娘や孫の見舞いにも喜んだ様子。 ＡとＸとの関係性は，ＡとＸの父親の遺産分割で揉め，必ずしも良好とはいい難いものであったが，Ａは不動産の管理等について時折Ｘに相談に赴くこともあった。ＡはＹとの婚姻後ＹをＸに紹介するこ

	とには消極的であった。 X が A を見舞いに平成 27 年 5 月 4 日に訪れた際，X は Y 及びその娘の前で異母弟の話をした。Y は A に X のほか異母弟がいることを初めて知り，Y の娘は遺言書を作った方が良いのではないかと述べた。Y は X の話を A に伝え A の意向を確認。遺言書は作って当たり前だということでしその了承を得た。平成 27 年 5 月 15 日遺言書作成。 平成 27 年 6 月 29 日に A は転院し同年 8 月 6 日転院先病院で死亡。死因は老衰（6 か月）。
病名	―
症状	平成 27 年 4 月 11 日の入院時両腎に水腎症。神経因性膀胱による尿路感染で全身状態が悪化，急性腎盂腎炎と診断。胸部に縦隔気腫あり。A の入院中の意識状態（すべて平成 27 年）は，4 月 12 日簡単な質問に的確に応えられず，会話のつじつまが合わない。4 月 13 日問掛けに対し応答がある。4 月 14 日問掛けに反応がない。4 月 17 日〜 19 日声を掛けると開眼。質問に対し頷きや短い反応あり。4 月 20 日自分の名前を回答。4 月 21 日〜 28 日傾眠傾向だが，声掛けに対し発言。4 月 29 日看護師と「日本語分かんねえのか，もういいよ」とのやり取り。4 月 30 日〜 5 月 4 日「はい」「大丈夫」「苦しくない」等の発言。5 月 5 日看護師と「違うんだよ，ずれんだよ」とのやり取り。5 月 6 日〜 9 日問掛けに「痛くないよ」「どこも痛くも痒くもない」「大丈夫」「はい」等の返答。5 月 10 日発熱し声掛けに反応なし。5 月 11 日〜 12 日声掛けに「うん」と頷くことがあるものの意味はあまり通じていない。5 月 13 日〜 16 日声掛けに「うん」と頷く。体動が激しく療養上の指示を受け付けずミトン着用に四肢抑制。
頭部画像所見	―
医師所見鑑定	平成 27 年 5 月 15 日前後 A の状況につき病院は，意思疎通が可能な時と不可能な時があったとし，具体的な要求は A から発言があったが，病院側の指示の理解は不十分。当時は軽度の意識障害を認め，遺言書作成のための理解力及び判断力は不十分と考えるとの意見が示されている。認知症診断のための検査はしていない。
認知症スケール	なし
遺言書作成状況 （公証人対応等）	公証人は平成 22 年 4 月 1 日からその職に従事し，年間 350 〜 450 件程度遺言公正証書を作成してきた。作成を断ったのは 5 件前後あり，口述を得られない場合が多かった。本件遺言書は，作成 2 週間ほど前に Y の娘から作成依頼があり，母親の夫が入院中で財産を母親に遺す遺言をしたいと急ぐ様子であった。公証人が A の意思能力を尋ねると，Y の娘は，意識ははっきりしていて字は分からないが書けると思うと返答した。作成までに，遺言書文面について Y の娘とメールでやり取り。但し遺言書内容は基本的に Y の発案。 平成 27 年 5 月 15 日午後 4 時 30 分頃公証人は，被相続人が署名ができる場合の案の原本等と署名できない場合に備えた案の原本等とを持参し，公証人紹介に係る証人 2 名と病院に赴き作成。 公証人は Y 及びその娘に席を外させ，挨拶の後 A の名前を確認し来

訪目的を告げた。誰に財産を遺すかということをはっきり質問したのに対し，A は Y を示す言葉を発し Y に財産を遺す旨を答えた。遺言執行者を誰にするかの問いにも，全て Y に任せる趣旨の回答あり。公証人は事前に用意した案の原本を読み上げ，A が正本，証人が謄本を見て同一性を確認。A は頁をめくることができず，公証人又は証人が頁をめくる。公証人から今読み上げた内容でよいか確認すると A は「はい」と返事。

A の署名作業で A は起き上がれない状況。仰向けで署名できるよう，公証人は署名ができる場合の文案の署名欄頁を開いて A の方に向け眼前に近付けた。A はペンを持ち署名しようと必死な様子で右手を動かし複数箇所に線を書くことはできたが，文字は書けず署名にならなかった。そこで，A の了解を得て公証人が代筆・押印した。遺言者が仰向けのまま署名を試みた例は公証人の経験上本件のみ。公証人は遺言書原本に A が署名を試み線を書いた用紙を添付して綴った。遺言書作成後 A は Y に対し，声には出なかったが指で OK のサインを送るなどしていた。

| 争点と判断枠組み | (事理弁識能力)
A は遺言書作成当時，その時の体調に応じて，簡単な受け答えが可能な場合と頷くのみで発語をすることが困難な場合とが混在する状況にあったと認められ，公証人の問掛けに応答していたこと，自分の財産を渡す相手として Y を選択する旨の発語をしたこと，必死になって署名をしようとしたこと等を踏まえると，遺言書作成時点では，少なくとも基本的な事理を弁識できる状況にはあったと認められる。
遺言書内容は，全ての遺産を A に相続させ A を遺言執行者に選任する内容。遺言書の内容の基本部分は理解できていたものと認められ，この程度の理解があれば，遺言書の定めの詳細まで完全に理解ができていなくとも，本件遺言についての遺言能力に欠けるところはないと認めるのが相当。
遺言の実質的内容も，A は Y と 10 年余り婚姻生活を送り，不仲という事情は認められない。Y の孫を大変可愛がっていた様子。A との交際当時の言動も踏まえると A に全財産を相続させて特段不自然な点はない。A と X との関係は決して良好とはいい難いようで，晩年にあえて Y と婚姻したことからも A が X に財産を遺す積極的な意思を有していたとは考えにくい。X の法定相続分は 12 分の 1 に過ぎず，X は遺留分もない。遺言書文面が Y の考案に基づき，Y の娘と公証人のやり取りで決められた点を踏まえても，遺言書内容が A の意思に反するとは認められず，相応の経験を経た公証人が職務として A の意思を確認したことに照らせば，公証人証言通り，A は公証人に対して，Y に財産を遺す回答をしたと認められる。
(医師意見に対して)
X が「病院医師が遺言書作成のための理解力及び判断力について不十分であった旨の意見を述べている」と主張することに対しては，病院意見は意思疎通が可能な時と不可能な時があるとし，遺言書作成の理解力及び判断力も「不十分」とするにとどまり，公証人による意思確 |

認にもかかわらず遺言書作成当時のAの遺言能力を否定するものではない，と評価。
（X証言の信用性について）
XはAとの病院面会は平成27年5月25日が最初と主張するが，Yは同月4日の面会後のXの話が契機で遺言書の作成に至ったと供述し，その経緯は公証人の証言とも整合し，Xの供述には曖昧な点が多々あること等を踏まえるとXの話は疎信できない。

【28】 東京地判平成31年3月26日

事件番号	東京地裁平成29年（ワ）27100号
審理期間	1年7か月
判決の結果	有効
遺言の種類	公正証書
遺言者A	昭和10年生，女性，死亡日平成27年11月4日
遺言日時	平成26年7月1日（遺言者A 80歳頃）
当事者	X＝Aの長男，Y＝Aの長女
遺言内容の概要	全ての遺産をYに相続させる，遺言執行者をYと指定。判明の遺産総額は合計153万6925円
事案の背景・エピソード	Aは昭和10年生まれ。夫の亡B（平成26年死亡）と，都内で公衆浴場を営んでいた。XYは両者の子。 Aは平成26年4月左下肢骨折で整形外科に入院。心不全の症状で循環器内科に転科，心血管センターIMCU病棟に転棟。同年6月腎機能低下で維持透析が導入。気管切開の上酸素投与を受けていた。 平成27年10月6日高度徐脈。ペースメーカー埋込みは家族の反対で見送り。同月30日血圧低下で透析が危険と判断された。脈拍徐々に低下の上平成27年11月4日死亡。
病名	認知症認定なし。心不全等
症状	事案の背景・エピソード参照。
頭部画像所見	―
医師所見鑑定	―
認知症スケール	―
遺言書作成状況（公証人対応等）	A入院の病院で，証人2名（うち1名はY訴訟代理人の1人である弁護士）立会人の下，Aが署名の上作成した。
争点と判断枠組み	（偽造）作成状況に関し公証人が裁判所に回答書を提出。裁判所は以下の通り十分信用できると認定。

回答書は，現時点の公証人の記憶のみならず遺言作成時の公証人作成の遺言者面接メモに基づいて記載されている。同メモは遺言の有効性が争われてから作成された事情はなく，公証人の職務上作成され，亡Aの発言も具体的な記載で，遺言作成当時に作られたメモと推認される。公証人が本件当事者と特段の利害関係がある事情も認められない。Yの供述も，反対尋問に対する供述を含め不自然あるいは不合理な点はなく，具体性もあり，十分信用ができる。

Xの偽造の主張は病院の診療録に遺言書作成日の公証人や証人の来訪記録が無いことに依拠するが，同日午後に家族面会の記載が認められる。Xは家族以外の来訪があれば正確に記載されるはずと主張するが，Y以外にも複数の面会が可能で，「ご家族」という記載は誰か・複数か等不明で，公証人や証人が含まれないと断定できない。Xの主張は採用出来ない。

X提出の筆跡対象証拠に対しては，遺言にAが署名した場合IMCU病棟のベッドの上で上体を一定程度起こしてなされたと考えられるが，対象とされた署名はいずれも異なる時期・異なる環境での署名可能性が高く直ちに対象結果を信用出来ない。Aのものと推認される来院時預り所持品リストの署名・リハビリ実施計画書上のA署名と同一人の署名か一見して疑わしいことを指摘の上，筆致等が異なると評価されているからといって直ちに同一人の署名でないということはできず，本件遺言の署名はAによるものと認められる。

（遺言能力）Xの主張は，診療録に平成26年6月末～7月初旬せん妄や見当識障害の記載があること，意識レベルにつきJCS I -2からII -10の範囲とされることを根拠とする。しかし，Aの具体的な理解力は不明で，ごくわずかでも当該病状がある者全てが遺言能力を欠くとみるのは不合理。証拠上も話すことや書くことが困難との項目にチェックある一方，会話の理解が困難との項目にはチェックがない。基本経過表でも遺言作成翌日にAは名前及び場所を言うことができた。証拠上認知症等の判断能力に係る疾病に罹患していたとの診断もなく検査等が行われた形跡もない。

本件遺言は全財産をYに相続させ遺言執行者をYとする，との内容で，内容理解が困難とは到底いえない。公証人がAの「ムスメのY」「Y」との発言を聞き取り，遺言内容の応答として齟齬がなく，A自身がYの名を告げた（Y代理人でない方の証人の回答書）ことを併せ考えると，遺言作成時にAが遺言能力を欠いていたことを認めるに足りない。

Xが遺言者の遺言能力について，遺言が有効と主張する側が遺言能力を有したこと主張立証する必要があるとして，最高裁昭和62年10月8日判決を挙げた点は，同判決は自筆証書遺言の無効確認訴訟で，遺言が民法968条の方式に則ること（成立要件）は，遺言が有効と主張する側に主張・立証責任があると述べるにとどまり，遺言能力（意思能力）の欠如について特段触れるものでない，事案を異にし，採用できないとした。

（口授の要件を欠くか）Y代理人でない方の証人の回答書によれば，

	遺言作成当日 A は酸素マスクを装着しベッドに横臥し，聞き取り及び読み聞かせの際はそのまま行い，署名の際は医師の許可を得てベッドを起こして署名したと認められる。その際の状況として特異な事情は認められず，当該公証人が通常行なう方法（遺言者に遺言書正本を渡して公証人が声を出して読んで確認するか，公証人が遺言書原本を遺言者の顔の前に持って見てもらいながら公証人が原本を読む方法）で行ったと推認される。公証人が A から「ムスメの Y」「Y」という発言を聞き遺言内容が同旨であることを併せると，公証人が A に財産を誰に相続させるか・遺言執行者を誰にするかを尋ね，A がいずれも Y と答えたと推認されると認定の上，口頭で遺言内容と同趣旨の遺言をする意思を表明し，遺言の趣旨を口授したというべきで，民法 969 条所定の要件を満たす。

【29】　東京地判平成 31 年 3 月 28 日

事件番号	東京地裁平成 29 年（ワ）16969 号・平成 29 年（ワ）29717 号
審理期間	1 年 10 か月
判決の結果	無効
遺言の種類	公正証書
遺言者 A	大正 10 年生，女性，死亡日平成 27 年 3 月 5 日
遺言日時	平成 27 年 2 月 19 日（遺言者 A 94 歳）
当事者	X ら＝A の二男の子ら（代襲相続人）＝遺言無効確認請求（反訴）原告＝遺言有効確認請求（本訴）被告 Y＝A の長男
遺言内容の概要	A 所有の土地 2 筆及び建物 1 棟を Y に相続させる。その余の A 所有の一切の財産を Y に相続させる。遺言執行者として Y を指定し執行権限一切を与える。
事案の背景・エピソード	Y，亡 C（二男，平成 21 年 4 月 18 日死亡）及び亡 D（三男，平成 20 年 12 月 10 日死亡）は，A と夫の B（平成 8 年 3 月 21 日死亡）との間の子。X らは亡 C とその配偶者間の子。D には子がいない。A は財産関係に疎く管理を D に任せ D は A の事実上の代理人であった。Y は平成 11 年頃，A 及び亡 D との間でトラブル。原因は Y が，平成 7 年に Y の債務の担保の為に A 及び亡 D 名義の文書を無断作成し，B 所有不動産に極度額 4,000 万円超の根抵当権を設定したこと（当該不動産は B 死亡後 A が相続したが，Y が代表取締役の会社の債務担保の為に根抵当権を設定し直した後，平成 13 年債務弁済のため売却。約 8,000 万円（売価半分超）の債務弁済に充当。）や，Y が平成 10 年

	にAに十分説明せず同社の債務2,000万円の連帯保証をさせたこと等。Aは「あの時書いたのがそうだったのか。我が子にそんなことをされるとは。育て方を間違ったのかも知れない」と嘆いた。亡DはAの心情に配慮して，Yに実家への来訪を当分避けるよう求めた。 亡Dは，存命中はA自宅でAと同居し面倒をみた。D死亡後はYの家族が，当初はY宅で，平成23年頃からはYがA自宅に引っ越してAと同居し面倒をみた。 A死亡時点の積極財産の合計額は7016万4961円，債務等の合計額は221万5255円。自宅不動産につき平成29年度固定資産評価額は合計1億3,000万余，不動産会社査定（平成29年3月6日時点）売価は2億4000万円。
病名	主治医Fは，平成23年頃に認知症発症と診断。
症状	平成23年頃から意思伝達や短期記憶に問題。作話，物忘れ（糖尿病のインシュリン注射の打ち方も忘れて危険）症状出現。金銭管理や日常意思決定，買物や簡単な調理・着替え・食事・排泄すらできない状態になり，金銭管理・買物・調理はYが行った。同年3月病院にいる理由を理解せず，見当識が保たれていないことを疑わせる言動あり。 平成25年頃には，意思伝達（自分から意志を伝える事がない）や短期記憶（昼ご飯を食べたか覚えていない）の問題が進行。昼夜逆転，ひどい物忘れ（殆ど寝たきり。物忘れも進み言葉が出て来ず会話がなりたたず）といった症状で，金銭管理や日常の意思決定は全くできなくなっていた。 平成25年12月26日Aは心不全で総合病院に緊急入院。入院中，昼夜逆転に加え見当識障害（『靴履かなきゃね。病院いかなきゃ。』といった不穏言動や独語あり。退院・転院調整依頼書のチェック項目の「コミュニケーション」欄には「意思疎通困難（どんな方法を使用しても）」にチェック。「精神的機能障害」欄には「意識混濁」「見当識障害」「判断力・理解力・注意力の低下」にチェック。 平成26年1月18日Aは退院し，自宅に戻る。 平成26年1月18日から3月31日までAはリハビリ目的で入院。リハビリ総合計画書に「認知機能低下」と記載。見当識障害（「はい，72，3歳です」，見学に来たYについて「わからない。あ，リハビリの人？」「だれだかわからない」）の症状あり。 平成26年12月20日うっ血性心不全で緊急入院。入院中幻覚あり。枕を赤ちゃんと勘違いし食事をスプーンで運び食べさせ，赤ちゃんでないとの説明を理解せず。短期記憶障害（トイレに行きたいときナースコールする方法を「わすれていました」），見当識障害（入院を忘れ混乱した会話）あり。身体抑制基準スコアシートには，同月23日から26日全時間帯「せん妄」欄に「2」（即時想起，近時記憶の傷害及び時間場所又は人物に関する見当識障害が共にあるという基準に該当）が記載される。平成27年1月6日退院。自宅に戻る。 平成27年2月5日以降手足に痙攣が生じベッドから転落が何度かあり。2月16日手の震えや低体温。17日には意識レベルが傾眠状態で，応答が弱々しい上低酸素状態。肺雑音息切れあり。主治医は心不全の

	再発であろうと診断。18 日も低体温・低酸素状態が続き呼吸苦ですぐに臥床。立位も不安定。 遺言書作成日たる 19 は朝から意識レベルは傾眠状態で食欲低下。両手の震えが止まらず手足の力は全くなく，呼吸激しくゼイゼイ音あり。夕方頃には呼吸苦が著明で傾眠状態が続き，うっ血性心不全の徴表である左肺水泡音が多くみられた。同日主治医は定期診断と別に臨時訪問診療を行う。 同月 20 日も低体温・低酸素状態。低血糖状態で左上葉雑音。手の震えも継続して終始眠そうで集中力を欠く。21 日も傾眠・低体温状態。23 日は体調が一時回復したが，25 日以降再び低体温状態。26 日は幻覚症状が出る。28 日には食欲不振状態，肺水泡音が聞かれ声をかけても話をしない状態。
頭部画像所見	平成 23 年 3 月の頭部 CT 検査の結果，中等度の大脳萎縮，多発性脳梗塞がみられた
医師所見鑑定	平成 23 年 9 月時点で，主治医 F は，A の「認知症高齢者の日常生活自立度」「Ⅱb」，「認知症の中核症状」として「短期記憶」「問題あり」，「日常意思決定の認知能力」「見守りが必要」，「自分の意思伝達能力」「いくらか困難」という意見 平成 25 年 9 月時点で，F は，A の「認知症高齢者の日常生活自立度」「Ⅲa」，「認知症の中核症状」として「短期記憶」「問題あり」，「日常意思決定の認知能力」「見守りが必要」，「自分の意思伝達能力」「具体的要求に限られる」という意見。
認知症スケール	平成 26 年 3 月末リハビリ病院退院の際，「HDS-R」11 点。
遺言書作成状況 （公証人対応等）	文案は Y が公証人と平成 27 年 1 月 30 日及び同年 2 月 4 日の 2 回面談の上，公証人が作成。第 1 回面談時，Y は全財産を Y に相続させる内容の遺言書を作成したい旨伝え，公証人が遺留分の説明をすると，Y は A ともう一度話すと帰宅。第 2 回面談時，Y は，A と話合い X らにも財産の一部を相続させる内容の遺言にしたい旨伝え，公証人は不動産は全て Y に，金融資産の一部を X らに，その余を Y に相続させる文案を作成。Y は面談時，公証人に A の認知機能の程度について話はしなかった。 遺言作成日公証人は，A に名前を尋ね少し雑談した後事前に準備した文案に基づき，土地建物・自宅を誰に相続させるのか，金融資産を誰に相続させるか尋ねて意思確認した。A は財産全てを Y に相続させたいと述べた。公証人は遺留分を説明し遺留分権利者に残さなくてもいいのか説明をしたが，A は遺留分の意味を理解できず，財産全てを Y に相続させたいという意思を示した。やり取りを踏まえ，公証人は A の遺言能力に問題はないと判断して文案を変更し，公正証書を作成。Y は公証人に当日の A の体調について特段話はしなかった。公証人は A に全財産を Y に相続させたい理由を尋ねなかった。
争点と判断枠組み	（遺言能力の有無） 遺言は全財産を Y に相続させるというもので，内容自体は比較的単純なもの。しかし，A の相続開始時財産は不動産（自宅）と金融資産。

不動産価額は平成29年固定資産評価額で1億3,000万円余，不動産会社査定金額で2億4,000万円。本来の推定相続人は，子3名のところ，子CDが相続開始前に死亡していた。遺言内容を形成する過程では，不動産の財産的価値を評価認識するとともに，代襲相続の知識を踏まえてY以外の推定相続人の存否を把握して推定相続人との関係を理解した上で，全財産をYに相続させることがその他の推定相続人に及ぼす影響を考慮した上で，全財産をYに相続させる意味を理解する必要があり，それ相応の能力が必要。

しかるにAは，平成23年頃（当時90歳）に認知症を発症し，平成25年頃（当時92歳）には意思の伝達や短期記憶の問題が進行していたほか，昼夜逆転，ひどい物忘れといった症状が現れ，金銭の管理や日常の意思決定が全くできず，病院入院の際には見当識障害がみられた。

平成26年1月〜（当時93歳）リハビリ入院時のHDS-Rの点数は11点。

その後認知機能は更に低下し，同年12月に緊急入院した際には幻覚・短期記憶障害・見当識障害がみられ，平成27年（当時94歳）2月5日以降は手足に痙攣。16日以後は，加えて傾眠状態・低体温低酸素状態が続き，遺言書作成日たる19日には，朝から意識レベルが傾眠状態，両手の震えが止まらず手足の力がなく，雑音を伴う呼吸苦が強く続き，夕方頃も労作時の呼吸苦が著明で傾眠状態で，主治医が臨時訪問診療を行う状態であった。

以上から，Aは遺言書作成当時，意思能力が相当に減弱した状態にあったといわざるを得ない。

Yと，A及び亡D（Aと同居し事実上の代理人役を担っていた）との間では，平成11年頃から，Yが無断で根抵当権を設定したことに起因してAの財産を処分することを余儀なくされたり，YがAに十分な説明なく債務を負担させたりしたことを巡って対立があった。AはYが代表取締役を務める会社債務を弁済するために少なくとも約8,000万円の経済的負担を強いられ多大な精神的苦痛を受け，DがYにA宅への来訪を避けるよう求めるなど，YとAの関係は芳しいものとはいい難い状態。他方でXらとAとの関係が悪かったことをうかがわせる事情は見当たらない。それにもかかわらずAが全財産をYに相続させる遺言を作成したのは，平成20年12月頃からYが約6年3か月にわたりAの身の回りの世話をしていたことを考慮しても不自然。Aが全財産をYに相続させる遺言を作成する合理的な理由は見当たらない。

YはAは公証人から「誰に相続させるのか」と問われたのに対し，財産全てをYに相続させたいと述べ，公証人から他にも法定相続人がいて遺留分がある，文案に遺留分権利者と記載される相続人に残さなくてもいいか，と説明をされても，遺留分の意味を理解できず，財産全てをYに相続させたいという意思を示している。公証人は，Aの認知機能の程度についてYから事前に話をされておらず，Aに財産内容や財産的価値，法定相続人がYのほかに何名いるか，それが

具体的に誰か，法定相続分の割合といった，遺言の前提となる事情をAが十分に理解しているか何ら確認していない。全財産をYに相続させる理由を尋ねることもしていない。公正証書作成当日のAの心身状態等を考慮するとAは遺言の前提事情を十分に理解して本件遺言をする意思で応答したものと認めることは困難。
遺言時に，Aが遺言能力を有していなかったものと認められるから，本件遺言は，無効である。

【30】 東京地判平成 31 年 4 月 26 日

事件番号	東京地裁平成 28 年（ワ）25126 号・平成 28 年（ワ）40717 号
審理期間	2 年 9 か月
判決の結果	①有効，②～④却下（確認の利益なし）
遺言の種類	すべて自筆証書
遺言者 A	生年不明，女性，亡亡日平成 27 年 9 月 13 日
遺言日時	①平成 7 年 1 月 1 日付「念書」，②平成 9 年 1 月 1 日付「委任状」，③平成 9 年 1 月 1 日付「遺言書」，④平成 10 年 1 月 1 日付「遺言書」（遺言者 A の遺言時年齢不明）
当事者	X1，X2，X3，X4，Y，C，D はすべて遺言者 A とその夫 B（平成 18 年 10 月 24 日死亡）の子（兄弟）。 第 1 訴訟は X1，X2，X3，X4 が Y に相続不動産の独占使用による不当利得の返還を求めたもの。 第 2 訴訟は YFG が X1，X2，X3，X4 を被告として遺言無効の確認を求めたもの。
遺言内容の概要	①全財産を X4 に対して「譲渡」，「誓約」するとの記載，③④の本文には印字された部分がある。
事案の背景・エピソード	A と B の間には他にも子 E が居たが平成 15 年 1 月 13 日死亡。亡 E に妻子はなく亡 E の法定相続人は A と B。 目録 1 の建物は平成 3 年 8 月 30 日に新築。新築時の登記簿上の共有者は A が 4 分の 2，E 及び X3 が各 4 分の 1。遅くとも平成 9 年 5 月までに 1 階に店舗が増築され Y が土産物店を経営，平成 18 年 7 月ころから増築部分の一部がテナントとして賃貸された。平成 20 年 2 月 6 日 Y に対する贈与を原因とする所有権移転登記がされたが，贈与無効を原因として後日移転登記抹消。 目録 2 の建物は平成 3 年 8 月 30 日に新築。新築時の登記簿上の所有者は A。平成 20 年 2 月 6 日 Y に対する贈与を原因とする所有権移転登記がされたが，贈与無効を原因として後日移転登記抹消。 平成 3 年 5 月 15 日，銀行は A と金 2,000 万円の金銭消費貸借契約を

	締結してA名義口座に金1988万2850円を送金。資金使途は「貸事務所兼住宅建築費」。X3, Y及び同人が取締役である会社がAの債務を連帯保証した。Aは同人所有土地に根抵当権を設定, Y所有土地及びA所有建物を追加で共同担保とした。借入金返済はA口座から行われ最終期限に完済。 平成4年4月ころからAは自分の財産全てをX4に取得させたいという話をしだしたが, しばらく遺言書が作成されることはなかった。平成7年1月1日にA, X1及びX4はA自宅に集まっていたが, X4考案文案を基に, Aは①念書を自書で作成し押印及び指印した。平成9年1月1日に②委任状及び③第1遺言書が作成され, 平成10年1月1日に④第2遺言書が作成され, いずれの書面も手書き部分はAが自書し, 押印及び指印は同人が行った。 Aは平成27年9月13日死亡。 本件訴訟で, Xらは, 目録1建物に関し, 以下のとおり主張した。すなわち, Eの死亡によりEの持分を両親たるAとBが相続し, 次いでBが死亡。Bの相続分はA, X1, X2, X3, X4, Y, C及びDが法定相続分で相続。X3は平成26年9月1日に当初から有していた持分4分の1をX1に売却。Aが死亡し, 遺言に基づいてAの持分はX4が取得。その結果, 目録1建物の持ち分は, X1が112分の29, X2とX3が112分の1, X4が112分の78となる(この場合, YCDは各112分の1)。また, Xらは目録2建物について, A死亡で遺言に基づきA持分をX4が取得したと主張した。 これに対しYは, 目録1建物及び目録2建物ともにAの持分は形式的なものにすぎず, 実質的所有者は, 建物請負契約を締結して建築費用を一部支出したYである旨主張した。既に死亡したEやBの遺産分割は未了であり, Aの遺言が無効であることも主張した。
病名	—
症状	—
頭部画像所見	—
医師所見鑑定	—
認知症スケール	—
遺言書作成状況 (公証人対応等)	—
争点と判断枠組み	(目録不動産が遺産に含まれるか) 目録1のA名義の不動産について, 原資の借り入れ状況及び返済状況からA遺産に含まれると認定。 Yは, 目録1のA持分の実質的な所有者は自分であると主張した, 根拠は, 建築請負契約をYが締結したこと, 建築費用中金1,000万円程度をYが支出したことにあると主張。しかし, Y本人尋問でも建築費用は銀行からのAを債務者とする借入れが前提とされ, 建築請負契約当事者をYとすることに合理的理由が見出せず契約の成立自体に疑いが残る。仮にYを当事者とする建築請負契約が存しても, Y

の建築費用金 1,000 万円の支出を推認させるものではない。建築当時の価格を金 3,000 万円程度とする査定書もあるが，どのような根拠で判断しているか不明で信用できず，評価額が Y の支出を裏付けるものではない。Y の供述は金 1,000 万円の現金支出の点について客観的な裏付けはなく，証拠提出しないことに対する合理的な説明をしない。Y の主張を前提とすると登記簿上の所有者は実態と異なることになるが，Y の供述に客観的裏付けはなく内容自体も直ちに合理的とはいえない。その後 A の預金口座に入金された月 30 万円の金銭について Y は税金対策上の便宜というが，実際に入金されている以上結論に影響なく Y の供述は信用できない。Y が目録 1 の家の実質的な所有者であると認めるに足りる的確な証拠はない。

目録 2 も，Y は自らが実質的な所有者であると主張するが客観的な証拠はなく，A 名義の所有権保存登記がされたことへの特段の合理的な説明もない。目録 1 の認定に鑑みても，新築当初から A 所有と認められる。

目録 1 の建物の E 持分・B 持分については，遺産分割協議が完了していないかどうかは，X らの主張が各法定相続分によるから結論を左右しないと指摘の上，X3 の X1 に対する当初から有していた目録 1 の売却（平成 26 年 9 月 1 日）は事実と認定。

（作成が遺言者の意思に基づくか）

Y が①念書②委任状③第 1 遺言書④第 2 遺言書はいずれも A の自筆証書遺言でないと主張する点について，①念書が作成されるまでの経緯や，②委任状も①念書と同一人物による指印がされていること，念書の指印が A による可能性があり，A は年金について X4 に受領させる発言をしたことに照らせば，本件念書には「遺言」という記載はないが，死亡時点で存在する財産を包括的に X4 に承継させるとの意思に基づいて A が作成したものとみるのが相当で，A の自筆証書遺言として有効とした。Y は平成 13 年に A から土地の贈与を受けている点を主張したが，①念書等と A の贈与意思が矛盾するものではなく結論を左右しない，として Y の主張を採用しなかった。

②ないし④の無効確認請求については，②委任状③第 1 遺言書④第 2 遺言書の有効性が否定されても当事者間の紛争解決に何ら影響しないことになるから確認の利益がないといわざるを得ないとして却下した。

【31】 東京地判令和元年 5 月 31 日

事件番号	東京地裁平成 29 年（ワ）34238 号
審理期間	1 年 7 か月
判決の結果	有効

遺言の種類	公正証書
遺言者 A	大正 12 年生，女性，死亡日平成 28 年 7 月 25 日
遺言日時	平成 22 年 9 月 29 日（遺言者 A 87 歳頃）
当事者	X ＝ A の前夫たる亡 C と A の長男。Y ＝ A の後夫たる亡 B（亡 C の実弟で，平成 18 年 2 月 14 日に死亡）と A の長男。 A の相続人として，他に亡 B と A の二男たる亡 D の子である（代襲相続人）E 及び F が存し，A の相続人は 4 名。
遺言内容の概要	①借地権・建物（自宅）・自宅目的の損害保険契約・共済契約は X と Y に各 2 分の 1 で相続させる。②金融資産は X に 15 分の 6，Y に 15 分の 1，E 及び F に各 15 分の 4 の割合で相続させる。③ a 社株式はすべて Y に相続させる。④その余の一切の財産は Y に相続させる。④ Y は債務を負担する。⑤①及び④を除く遺言執行者として Z 信託銀行を指定。付言として，遺言を遺すのは相続手続きで家族の皆に負担を掛けず，a 社を中心とする事業の永代に亘る繁栄を考えたから。a 社株式は株式の分散を防ぐため現社長 Y に全株遺す。金融資産は X に多く遺し，不幸にも亡くなった D の子供達にも預貯金の一部を遺す。金額に違いはあるが皆に対する思いは変わりない。私の意を汲んで気持ちよく受取って下さい。自宅は亡 B の遺産分割後手続が終わっていないので対応は Y にお願いする旨の記載と，幸せな一生だったと皆に感謝する旨記載がある。
事案の背景・エピソード	Z 信託銀行が遺言公正証書作成の支援業務を行う。契約上遺言作成支援の際顧客の遺言作成能力の確認・判断を行う旨記載がある。具体的状況は以下の通り。 平成 22 年 8 月 2 日 Z 信託銀行担当者 J らが A 自宅で A 及び Y と面談。遺言作成・信託銀行の業務報酬・外部専門家紹介等を説明。 J が平成 22 年 8 月 18 日 A に電話で戸籍に不足がある旨伝えると，A は Y に対応してもらうと述べた。 平成 22 年 9 月 1 日 J は A 自宅で A と面談。パンフレット等を示しながら遺言作成の進め方を説明。戸籍が揃っていない点について A は「私は日本生まれで，ずっと日本におり，他に相続人はいません。戸籍のことはよろしく。私が言うのだから間違いないでしょ。XY は今の会社の会長・社長で，孫達と揉める心配はない。」と説明。E の住民票取得ができない点を質問すると「アメリカに留学しているようです。来年夏には戻ってくる。」と回答。借入金や海外資産を確認すると「借入は一切なく，海外資産もありません。」と回答。J が遺言案文を提示すると，A はその内容でよいと回答。 平成 22 年 9 月 3 日 J は A 自宅で A と面談し，信託銀行内で不動産に関する事項を記載したほうがよいとの結論になったことを説明し案文を提示。A は「不動産が載ってる方がいいのですね。これで問題ないです。お願いします。」と回答。 平成 22 年 9 月 22 日 J は A 自宅で A と面談し，信託銀行内で 2 条 7 項に日本国内の金融資産に限定する文言を挿入し，a 社株式は 3 条にする方がよいとの意見があると説明して訂正案文を提示。A は「第 2

条7を修正し，日本国内の金融資産に限定されるという意味ですね。自社株は第2条から除くという意味ですね。わかりました。問題ないです。これでお願いします。」と回答。

平成22年9月27日に公証役場に信託銀行担当者が赴き案文を交付。

平成22年9月28日JはA自宅でAと面談し，公証人から得た遺言原稿の読み合わせをした。Aは「これで大丈夫です。作成手続を進めて下さい。」と述べた。

平成22年9月29日Aは自宅でZ信託銀行と本件遺言執行引受予諾契約を締結。遺言執行者への就職予諾と，執行前に法的紛争が生じる等と判断したときは就職しないことができる旨の約定がある。

Aは先行して，平成18年頃からA専属訪問ヘルパーのIに対し遺言作成時の証人になることを依頼した。平成22年9月29日A自宅で公正証書遺言作成。

Aは平成28年7月25日に死亡。

Xは平成29年3月Yを相手方とする遺言無効確認等請求調停申立て。Z信託銀行は遺言執行者に就任せず，同年6月9日付でYに遺言執行者就職辞退を通知。調停は不成立で終了。

病名	認知症
症状	介護保険の主治医意見書を詳細に引用。「医師所見鑑定」参照。
頭部画像所見	―
医師所見鑑定	平成18年4月18日「介護保険 主治医意見書」（医師K作成）①傷病に関する意見に，平成11年1月8日頃から「高血圧，慢性胃炎」，平成12年4月頃から「不安神経症，認知症」，平成17年8月23日頃から「発作性心房細動」に罹患と記載。平成18年2月14日夫Bが急死以後，精神的に不安定で外出は一人では困難。血圧の薬は付添人が管理（薬が分からなくなる），話途中で何を言ってるか分からない，買い物で何を買うか分からない，と記載。②心身の状態に関する意見として「認知症高齢者の日常生活自立度」「Ⅱa」（日常生活に支障を来す症状・行動や意思疎通の困難さが多少見られても誰かが注意していれば自立。家庭外で上記状態がみられる），「障害高齢者の日常生活自立度（寝たきり度）」「A1」（屋内生活は概ね自立。介助なしに外出しない，介助により外出，日中はほとんどベッドから離れて生活。）。「認知症の中核症状」は短期記憶に問題なく，日常の意思決定を行うための認知能力や意思伝達能力はいくらか困難，「認知症の周辺症状」は，暴言及び火の不始末が記載。 平成19年4月16日の主治医意見書（K作成）①傷病に関する意見にほぼ平成18年と同記載，但し平成12年4月の記載の「認知症」を『健忘』とした。また「物事に対していつも不安外出困難。身体的歩行障害等はない。イライラ，外出すると倒れそう。時々買い物等を付き添ってもらうが，急に何を買うのか分からなくなることもある。」旨記載した。②「認知症高齢者の日常生活自立度」「Ⅰ」（何らかの認知症を有するが，日常生活は家庭内及び社会的にほぼ自立），「障害高齢者の日常生活自立度（寝たきり度）」「A1」，「認知症の中核症状」

短期記憶に問題なく，日常の意思決定を行うための認知能力は『自立』，意思伝達能力は『ある』，「認知症の周辺症状」は『ない』旨記載した。

平成20年4月18日主治医意見書（K作成）①傷病に関する意見にほぼ平成19年と同記載，但し平成12年4月「認知症，不安神経症」。平成17年8月頃から「発作性心房細動」罹患が記載。「認知症は健忘が中心，外出や買い物には付添が必要。常に不安感，外出時倒れたらどうしよう。一層外出困難」等を記載。②「認知症高齢者の日常生活自立度」「Ⅱa」，「障害高齢者の日常生活自立度（寝たきり度）」「A1」，「認知症の中核症状」短期記憶に問題あるが，日常の意思決定を行うための認知能力は『自立』，意思伝達能力は『ある』，「認知症の周辺症状」は『ない』旨記載した。

平成21年4月8日主治医意見書（K作成）①傷病に関する意見に平成20年同様記載の他，「昨年11月転倒。不安が強く外出しなくなった。」「認知症は以前より健忘が中心で前日の出来事を覚えていない，買物途中何を買うのか分からなくなる等の事あり，外出や買物に付き添い必要。」②心身の状態に関する意見として，「認知症高齢者の日常生活自立度」「Ⅱa」，「障害高齢者の日常生活自立度（ねたきり度）」「A1」，「認知症の中核症状」「短期記憶に問題あり」，日常の意思決定を行うための認知能力や意思伝達能力は「いくらか困難」，「認知症の周辺症状」は『ない』旨記載。

平成21年6月12日の診察診療録に「銀行員が勝手に倉庫の中の物を取った」と認知症症状，脱水で点滴，入院拒絶を記載。

平成21年6月17日～同年7月8日胃潰瘍，高血圧，血小板減少症，心房細動，便秘症の傷病名で久我山病院に入院。

平成21年12月1日～平成22年5月31日期間の「訪問看護指示書」にKは①「主たる傷病名」「高血圧，不安神経症・うつ病」等を記載②「現在の状況」「病状・治療・状態」に「全身的には改善。不安等精神的問題多くなるべく外出させ気分転換必要。」，「日常生活自立度」「寝たきり度」に「J-1」（何らかの障害等を有するが日常生活はほぼ自立。独力で交通機関等を利用して外出），「認知症の状況」に「Ⅰ」（何らかの認知症を有するが日常生活は家庭内及び社会的にほぼ自立），「要介護認定状況」「要介護1」と記載。

平成22年4月13日「介護保険主治医意見書」（K作成）①傷病に関する意見に「高血圧」平成12年4月頃から「認知症」平成21年6月頃から「廃用症候群」。「21年6月初旬より食欲不振6月9日タール便等，Hb6.7と高度貧血で入院。以後寝たきり状態。ここ1ヶ月位で自分でトイレに行けるまでになる。認知症は健忘が中心。時に失見当識。周囲のヘルパーに反抗的態度を取り介護への抵抗あり。訪問者面会拒否，多弁等種々認められる。」等と記載あり。②「認知症高齢者の日常生活自立度」「Ⅱa」，「障害高齢者の日常生活自立度（寝たきり度）」「A2」（屋内での生活は概ね自立。介助なしには外出せず，外出の頻度少，日中も寝たり起きたりの生活）と記載。「認知症の中核症状」短期記憶に問題あり，日常の意思決定を行うための認知能力はい

くらか困難，意思伝達能力はある，「認知症の周辺症状」は暴言や介護への抵抗と記載。

平成22年5月21日「要介護2」の認定（有効期間同年6月1日～平成24年5月31日）。

平成22年6月1日～同年11月30日期間の「訪問看護指示書」にKは①「主たる傷病名」に「高血圧，不安神経症，陳旧性胃潰瘍，不整脈」②「現在の状況」に「日常生活では普段着に着替えて庭に出ることあり。全身状態（筋力も含めて）改善。」と記載，「日常生活自立度」「寝たきり度」に「A-2」（屋内での生活は概ね自立。介助なしに外出しない，外出の頻度少，日中寝たり起きたりの生活），「認知症の状況」に「0～I」「要介護認定の状況」「要介護1」。

平成22年12月1日～平成23年5月31日の「訪問看護指示書」にKは①「主たる傷病名」「高血圧，不安神経症，貧血等」②「現在の状況」の「病状・治療・状態」欄に「日常生活で少し活動に意欲も出てきた。メンタル面でストレス多い様である。」，「日常生活自立度」「寝たきり度」には「A-2」，「認知症の状況」欄には「0～I」，「要介護認定の状況」欄に「要介護2」と記載。

平成23年12月28日「介護保険主治医意見書」にKは①傷病に関する意見として，発症年月日不詳の「高血圧，胃潰瘍，貧血」，平成12年頃から「認知症，うつ病」，平成21年頃から「廃用症候群」への罹患を記載。「半年の間室内歩行でもよく転倒。排便について神経質。ヘルパーにお金を持ち去られ妄想等出現。床から出ず寝たきり状態。」など記載。②「認知症高齢者の日常生活自立度」「Ⅲa」（日常生活に支障を来たす症状・行動や意思疎通の困難さあり。介護必要。日中の状態例：着替え・排便排尿が上手にできない。徘徊・失禁・大声・奇声をあげる・火の不始末等。「障害高齢者の日常生活自立度（寝たきり度）」「B1」（屋内での生活は何らかの介助要。日中ベッド上の生活主体。座位を保ち，車いすに移乗食事排泄はベッドから離れて行う），「認知症の中核症状」短期記憶に問題があり，意思決定を行う認知能力及び意思伝達能力いくらか困難，「認知症の周辺症状」は妄想・昼夜逆転・暴言や介護への抵抗がある旨記載。

平成24年4月17日「介護保険主治医意見書」にKは①傷病に関する意見として，発症年月日不詳の高血圧貧血・平成12年4月頃認知症うつ病・平成21年6月頃につき廃用症候群，腰痛症。「約2か月前より『もう直，死ぬ』『お世話になりました。』と周囲に言い，ベッドより起き上がろうとせず，暗い部屋（カーテンを閉め室内の明かりも付けず）ボーッとしている。排便について神経質。ヘルパーに物を取られたとない事もよく言う。」など記載。②「認知症高齢者の日常生活自立度」「Ⅲa」，「障害高齢者の日常生活自立度（寝たきり度）」「B1」。「認知症の中核症状」短期記憶に問題があり，意思決定を行う認知能力及び意思伝達能力いくらか困難，「認知症の周辺症状」は妄想・昼夜逆転・暴言や介護への抵抗がある旨記載。同年5月9日引き続き要介護2（有効期間同年6月1日～平成26年5月31日）。

平成29年1月26日付け主治医診断書には，病名認知症，平成12年

259

	頃より健忘症がみられ，19年頃には買い物に行っても何を買うと良いか分からず，特に21年以降は話・文書等，理解は困難。社会的判断能力が著明に低下していたと証する，との記載あり。
認知症スケール	—
遺言書作成状況 （公証人対応等）	平成22年9月29日公証人は必要書面を持参してA自宅訪問。公証人はAに，R信託銀行を通じて公証役場に申し出た内容で遺言公正証書を作成してよいか尋ねたところ，Aは「はい」と返答。公証人がX，Y，B，D，E，Fの氏名の読み方を尋ねるとAは各読み方を告げた。公証人は証人たるH（Yの友人）及びI立会で，遺言書作成。Aに正本，H及びIに謄本となるものを交付し，自らは原本を手に記載内容を読上げ，読み聞かせた。 Aに対し遺言内容が読み上げ通りで間違いないかを尋ねると，Aは「間違いありません。よろしくお願いします。」と回答。Aと証人らが署名押印。
争点と判断枠組み	（遺言能力の有無） 遅くとも平成18年4月以降健忘症状が出ていた。平成21年6月には物盗られ妄想，同年入院の際は失禁・多弁で会話内容が変わり意味不明な言動も多く，平成22年5月「要介護1」から「要介護2」に認定。同年9月当時認知症を患っていたことがうかがわれる。しかし平成21年頃「殺せ」等罵声・暴言を浴びせ続けたり，弄便を繰り返した事実を認めるに足りる的確な証拠はない。 見当識障害も，平成21年の○○病院入院時にかなり重く出現していたとは認められず，平成22年4月13日の主治医意見書も「認知症は健忘が中心で，前日の事を覚えていない等があり，時に失見当識，周囲のヘルパーに反抗的態度を取り介護への抵抗もみられる。時に訪問者面会拒否，多弁等種々認められる。内服も自分で適当にする為要注意。」との記載にとどまり，恒常的な健忘や見当識障害をうかがわせない。かえってAは平成21年の入院の際，自己の置かれた状況を把握し医者の指示でリハビリを試みたことが認められ，主治医意見書にも，短期記憶に問題があり意思決定を行う認知能力がいくらか困難であるが，自分の意思伝達能力はある旨の記載がある。主治医は訪問看護指示書の「日常生活自立度」「認知症の状況」欄で貧血といった全身状態の改善を報告しているにすぎず，認知症による認知機能低下の危険因子を有していたとしても，平成22年頃に重度の認知症に至り健忘や見当識障害の常況であったと認めることはできない。 Kの最終診断書等は記載内容を裏付ける客観的証拠を十分伴わず，Kへの反対尋問も経ておらず，直ちに信用し得ない。 認知症に罹患したから直ちに遺言能力を欠くものではなく，KもAにつき相手によって態度が変わりいつも同じ状態ではないという認識を示し，恒常的に事理弁識を欠く状態であったと判断してはいない。K判断に従っても遺言書作成時に事理弁識能力を欠く状態であったと断じ得ない。 平成22年8月2日〜同年9月28日Z信託銀行担当者らと遺言内容

について相談した際，Aは種々発言をしていたと認められる（注：
「事案の背景・エピソード」参照）。

遺言内容が不動産につきXとY各2分の1で，金融資産につきXに
5分の2，Yに15分の1，E及びFに各15分の4で，a社株式その
他財産（債務含）はYに相続させるとの，それほど複雑なものでな
いことを併せ考慮すれば，遺言書作成日に遺言能力を欠いていたと認
めることはできない。

遺言書作成手続の主要なところにYが関わっていたこと，証人Hが
Yの友人であること，Aがプライドの高い性格だったことをもっても，
認定を覆し得るものではない。遺言能力の欠如を理由として無効であ
ると認めることは出来ない。

（口授の有無）

平成22年8月2日〜9月28日にAは遺言能力を欠く状態とは認め
られず，信託銀行担当者らと遺言内容を相談した際，自らの意向を伝
え，案文に意見を述べ，公証人が担当者からAの意向を伝えられて
作成した遺言書原稿について担当者と共に読み合わせをし，作成日に
は公証人から信託銀行を通じて公証役場に申し出た内容で遺言を作成
することの可否確認に対し了解する旨を回答し，遺言に登場する者の
氏名の読み方を告げ，作成された遺言公正証書の正本となるものを交
付されて記載内容を読み聞かされ「間違いありません。よろしくお願
いします。」と回答の上原本に署名押印をした。文案読み上げにAが
受動的にうなずいただけで作成されたのでなく，A自身が意思を口頭
で申し述べ，公証人においてAの意思を確認することが行われたもの
というべき。口授の要件に欠くところはない。

巻末資料

■巻末資料１　認定調査票

調査は、調査対象者が通常の状態（調査可能な状態）であるときに実施して下さい。本人が風邪をひいて高熱を出している等、通常の状態でない場合は再調査を行って下さい。

保険者番号＿＿＿＿＿＿　被保険者番号＿＿＿＿＿＿＿

認定調査票（概況調査）

Ⅰ　調査実施者（記入者）

実施日時	平成　　年　　月　　日	実施場所	自宅内　・　自宅外（　　　　　　　　　　　　　　）
ふ り が な 記入者氏名		所 属 機 関	

Ⅱ　調査対象者

過去の認定	初回・2回め以降 （前回認定　　年　月　日）		前回認定結果		非該当・要支援（　　）・要介護（　　）	
ふ り が な 対象者氏名		性別	男・女	生年月日	明治・大正・昭和 　　年　　月　　日（　　歳）	
現住所	〒　　－			電　話	－　　　　－	
家族等 連絡先	〒　　－ 氏名（　　　　　　）調査対象者との関係（　　　　）			電　話	－　　　　－	

Ⅲ　現在受けているサービスの状況についてチェック及び頻度を記入してください。

在 宅 利 用　【**認定調査を行った月**のサービス利用回数を記入。（介護予防）福祉用具貸与は調査日時点の、特定（介護予防）福祉用具販売は過去6月の品目数を記載】

□（介護予防）訪問介護（ホームヘルプ サービ ス）	月　　回	□（介護予防）福祉用具貸与			品目
□（介護予防）訪問入浴介護	月　　回	□特定（介護予防）福祉用具販売			品目
□（介護予防）訪問看護	月　　回	□住宅改修			あり・なし
□（介護予防）訪問リハビ リテーション	月　　回	□夜間対応型訪問介護		月	回
□（介護予防）居宅療養管理指導	月　　回	□（介護予防）認知症対応型通所介護		月	回
□（介護予防）通所介護（デ イ サービ ス）	月　　回	□（介護予防）小規模多機能型居宅介護		月	回
□（介護予防）通所リハビ リテーション（デ イケ ア）	月　　回	□（介護予防）認知症対応型共同生活介護		月	日
□（介護予防）短期入所生活介護（特養等）	月　　日	□地域密着型特定施設入居者生活介護		月	日
□（介護予防）短期入所療養介護（老健・診療所）	月　　日	□地域密着型介護老人福祉施設入所者生活介護	月	日
□（介護予防）特定施設入居者生活介護	月　　日	□定期巡回・随時対応型訪問介護看護		月	回
□複合型サービス	月　　日				
□市町村特別給付　　［					］
□介護保険給付外の在宅サービス［					］

施 設 利 用	施 設 連 絡 先
□介護老人福祉施設 □介護老人保健施設 □介護療養型医療施設 □認知症対応型共同生活介護適用施設（グ ループ ホ ーム） □特定施設入居者生活介護適用施設（ケ アハウス等） □医療機関（医療保険適用療養病床） □医療機関（療養病床以外） □その他の施設	施設名　＿＿＿＿＿＿＿＿＿＿＿＿＿＿＿ 郵便番号　　　　　－ 施設住所 　　　　　電　話　　　　－　　　　－

Ⅳ　調査対象者の家族状況、調査対象者の居住環境（外出が困難になるなど日常生活に支障となるような環境の有無）、日常的に使用する機器・器械の有無等について、**認定調査票（特記事項）**の下部、「**概況調査の特記すべき事項**」欄に記入してください。

認定調査（基本調査）

調査日　　年 月 日　　　　保険者番号＿＿＿＿＿＿　　被保険者番号＿＿＿＿＿＿

1-1 麻痺等の有無について、あてはまる番号すべてに○印をつけてください。（複数回答可）

1. ない	2. 左上肢	3. 右上肢	4. 左下肢	5. 右下肢	6. その他（四肢の欠損）

1-2 関節の動く範囲の制限の有無について、あてはまる番号すべてに○印をつけてください。（複数回答可）

1. ない	2. 肩関節	3. 股関節	4. 膝関節	5. その他（四肢の欠損）

1-3 寝返りについて、あてはまる番号に一つだけ○印をつけてください。

1. つかまらないでできる	2. 何かにつかまればできる	3. できない

1-4 起き上がりについて、あてはまる番号に一つだけ○印をつけてください。

1. つかまらないでできる	2. 何かにつかまればできる	3. できない

1-5 座位保持について、あてはまる番号に一つだけ○印をつけてください。

1. できる	2. 自分の手で支えればできる	3. 支えてもらえればできる	4. できない

1-6 両足での立位保持について、あてはまる番号に一つだけ○印をつけてください。

1. 支えなしでできる	2. 何か支えがあればできる	3. できない

1-7 歩行について、あてはまる番号に一つだけ○印をつけてください。

1. つかまらないでできる	2. 何かにつかまればできる	3. できない

1-8 立ち上がりについて、あてはまる番号に一つだけ○印をつけてください。

1. つかまらないでできる	2. 何かにつかまればできる	3. できない

1-9 片足での立位保持について、あてはまる番号に一つだけ○印をつけてください。

1. 支えなしでできる	2. 何か支えがあればできる	3. できない

1-10 洗身について、あてはまる番号に一つだけ○印をつけてください。

1. 介助されていない	2. 一部介助	3. 全介助	4. 行っていない

1-11 つめ切りについて、あてはまる番号に一つだけ○印をつけてください。

1. 介助されていない	2. 一部介助	3. 全介助

1-12 視力について、あてはまる番号に一つだけ○印をつけてください。

1. 普通（日常生活に支障がない）	2. 約1m離れた視力確認表の図が見える
3. 目の前に置いた視力確認表の図が見える	4. ほとんど見えない
5. 見えているのか判断不能	

1-13 聴力について、あてはまる番号に一つだけ○印をつけてください。

1. 普通	2. 普通の声がやっと聞き取れる
3. かなり大きな声なら何とか聞き取れる	4. ほとんど聞えない
5. 聞えているのか判断不能	

2-1 移乗について、あてはまる番号に一つだけ○印をつけてください。

| 1. 介助されていない | 2. 見守り等 | 3. 一部介助 | 4. 全介助 |

2-2 移動について、あてはまる番号に一つだけ○印をつけてください。

| 1. 介助されていない | 2. 見守り等 | 3. 一部介助 | 4. 全介助 |

2-3 えん下について、あてはまる番号に一つだけ○印をつけてください。

| 1. できる | 2. 見守り等 | 3. できない |

2-4 食事摂取について、あてはまる番号に一つだけ○印をつけてください。

| 1. 介助されていない | 2. 見守り等 | 3. 一部介助 | 4. 全介助 |

2-5 排尿について、あてはまる番号に一つだけ○印をつけてください。

| 1. 介助されていない | 2. 見守り等 | 3. 一部介助 | 4. 全介助 |

2-6 排便について、あてはまる番号に一つだけ○印をつけてください。

| 1. 介助されていない | 2. 見守り等 | 3. 一部介助 | 4. 全介助 |

2-7 口腔清潔について、あてはまる番号に一つだけ○印をつけてください。

| 1. 介助されていない | 2. 一部介助 | 3. 全介助 |

2-8 洗顔について、あてはまる番号に一つだけ○印をつけてください。

| 1. 介助されていない | 2. 一部介助 | 3. 全介助 |

2-9 整髪について、あてはまる番号に一つだけ○印をつけてください。

| 1. 介助されていない | 2. 一部介助 | 3. 全介助 |

2-10 上衣の着脱ついて、あてはまる番号に一つだけ○印をつけてください。

| 1. 介助されていない | 2. 見守り等 | 3. 一部介助 | 4. 全介助 |

2-11 ズボン等の着脱ついて、あてはまる番号に一つだけ○印をつけてください。

| 1. 介助されていない | 2. 見守り等 | 3. 一部介助 | 4. 全介助 |

2-12 外出頻度について、あてはまる番号に一つだけ○印をつけてください。

| 1. 週1回以上 | 2. 月1回以上 | 3. 月1回未満 |

3-1 意思の伝達について、あてはまる番号に一つだけ○印をつけてください。

| 1. 調査対象者が意思を他者に伝達できる | 2. ときどき伝達できる |
| 3. ほとんど伝達できない | 4. できない |

3-2 毎日の日課を理解することについて、あてはまる番号に一つだけ○印をつけてください。

| 1. できる | 2. できない |

3-3 生年月日や年齢を言うことについて、あてはまる番号に一つだけ○印をつけてください。

| 1. できる | 2. できない |

3-4 短期記憶（面接調査の直前に何をしていたか思い出す）について、あてはまる番号に一つだけ○印をつけてください。

| 1. できる | 2. できない |

3-5　自分の名前を言うことについて、あてはまる番号に一つだけ〇印をつけてください。

1. できる	2. できない	

3-6　今の季節を理解することについて、あてはまる番号に一つだけ〇印をつけてください。

1. できる	2. できない	

3-7　場所の理解（自分がいる場所を答える）について、あてはまる番号に一つだけ〇印をつけてください。

1. できる	2. できない	

3-8　徘徊について、あてはまる番号に一つだけ〇印をつけてください。

1. ない	2. ときどきある	3. ある

3-9　外出すると戻れないことについて、あてはまる番号に一つだけ〇印をつけてください。

1. ない	2. ときどきある	3. ある

4-1　物を盗られたなどと被害的になることについて、あてはまる番号に一つだけ〇印をつけてください。

1. ない	2. ときどきある	3. ある

4-2　作話をすることについて、あてはまる番号に一つだけ〇印をつけてください。

1. ない	2. ときどきある	3. ある

4-3　泣いたり、笑ったりして感情が不安定になることについて、あてはまる番号に一つだけ〇印をつけてください。

1. ない	2. ときどきある	3. ある

4-4　昼夜の逆転があることについて、あてはまる番号に一つだけ〇印をつけてください。

1. ない	2. ときどきある	3. ある

4-5　しつこく同じ話をすることについて、あてはまる番号に一つだけ〇印をつけてください。

1. ない	2. ときどきある	3. ある

4-6　大声をだすことについて、あてはまる番号に一つだけ〇印をつけてください。

1. ない	2. ときどきある	3. ある

4-7　介護に抵抗することについて、あてはまる番号に一つだけ〇印をつけてください。

1. ない	2. ときどきある	3. ある

4-8　「家に帰る」等と言い落ち着きがないことについて、あてはまる番号に一つだけ〇印をつけてください。

1. ない	2. ときどきある	3. ある

4-9　一人で外に出たがり目が離せないことについて、あてはまる番号に一つだけ〇印をつけてください。

1. ない	2. ときどきある	3. ある

4-10　いろいろなものを集めたり、無断でもってくることについて、あてはまる番号に一つだけ〇印をつけてください。

1. ない	2. ときどきある	3. ある

4-11　物を壊したり、衣類を破いたりすることについて、あてはまる番号に一つだけ〇印をつけてください。

1. ない	2. ときどきある	3. ある

4-12 ひどい物忘れについて、あてはまる番号に一つだけ○印をつけてください。

1. ない	2. ときどきある	3. ある

4-13 意味もなく独り言や独り笑いをすることについて、あてはまる番号に一つだけ○印をつけてください。

1. ない	2. ときどきある	3. ある

4-14 自分勝手に行動することについて、あてはまる番号に一つだけ○印をつけてください。

1. ない	2. ときどきある	3. ある

4-15 話がまとまらず、会話にならないことについて、あてはまる番号に一つだけ○印をつけてください。

1. ない	2. ときどきある	3. ある

5-1 薬の内服について、あてはまる番号に一つだけ○印をつけてください。

1. 自立	2. 一部介助	3. 全介助

5-2 金銭の管理について、あてはまる番号に一つだけ○印をつけてください。

1. 自立	2. 一部介助	3. 全介助

5-3 日常の意思決定について、あてはまる番号に一つだけ○印をつけてください。

1. できる	2. 特別な場合を除いてできる	3. 日常的に困難	4. できない

5-4 集団への不適応について、あてはまる番号に一つだけ○印をつけてください。

1. ない	2. ときどきある	3. ある

5-5 買い物について、あてはまる番号に一つだけ○印をつけてください。

1. できる	2. 見守り等	3. 一部介助	4. 全介助

5-6 簡単な調理について、あてはまる番号に一つだけ○印をつけてください。

1. できる	2. 見守り等	3. 一部介助	4. 全介助

6 過去14日間に受けた医療について、あてはまる番号すべてに○印をつけてください。（複数回答可）

処置内容	1. 点滴の管理　　2. 中心静脈栄養　　　3. 透析　　　4. ストーマ（人工肛門）の処置
	5. 酸素療法　　　6. レスピレーター（人工呼吸器）　　　7. 気管切開の処置
	8. 疼痛の看護　　9. 経管栄養
特別な対応	10. モニター測定(血圧、心拍、酸素飽和度等)　　　11. じょくそうの処置
	12. カテーテル(コンドームカテーテル、留置カテーテル、ウロストーマ等)

7 日常生活自立度について、各々該当するものに一つだけ○印をつけてください。

障害高齢者の日常生活自立度（寝たきり度）	自立・J1・J2・A1・A2・B1・B2・C1・C2
認知症高齢者の日常生活自立度	自立・I・IIa・IIb・IIIa・IIIb・IV・M

（出典：厚生労働省）

■巻末資料２　障害高齢者の日常生活自立度（寝たきり度）

障害高齢者の日常生活自立度（寝たきり度）

（1）判定の基準

調査対象者について、調査時の様子から下記の判定基準を参考に該当するものに〇印をつけること。
なお、全く障害等を有しない者については、自立に〇をつけること。

生活自立	ランクJ	何らかの障害等を有するが、日常生活はほぼ自立しており独力で外出する 1.　交通機関等を利用して外出する 2.　隣近所へなら外出する
準寝たきり	ランクA	屋内での生活は概ね自立しているが、介助なしには外出しない 1.　介助により外出し、日中はほとんどベッドから離れて生活する 2.　外出の頻度が少なく、日中も寝たり起きたりの生活をしている
寝たきり	ランクB	屋内での生活は何らかの介助を要し、日中もベッド上での生活が主体であるが、座位を保つ 1.　車いすに移乗し、食事、排泄はベッドから離れて行う 2.　介助により車いすに移乗する
	ランクC	1日中ベッド上で過ごし、排泄、食事、着替において介助を要する 1.　自力で寝返りをうつ 2.　自力では寝返りもうてない

※判定に当たっては、補装具や自助具等の器具を使用した状態であっても差し支えない。

（2）判定にあたっての留意事項

　この判定基準は、地域や施設等の現場において、保健師等が何らかの障害を有する高齢者の日常生活自立度を客観的かつ短時間に判定することを目的として作成したものである。
　判定に際しては「～をすることができる」といった「能力」の評価ではなく「状態」、特に『移動』に関わる状態像に着目して、日常生活の自立の程度を4段階にランク分けすることで評価するものとする。なお、本基準においては何ら障害を持たない、いわゆる健常高齢者は対象としていない。
4段階の各ランクに関する留意点は以下のとおりである。

朝昼夜等の時間帯や体調等によって能力の程度が異なる場合

　一定期間（調査日より概ね過去1週間）の状況において、より頻回に見られる状況や日頃の状況で選択する。
　その場合、その日頃の状況等について、具体的な内容を「特記事項」に記載する。

【ランクJ】

　何らかの身体的障害等を有するが、日常生活はほぼ自立し、一人で外出する者が該当する。なお”障害等”とは、疾病や傷害及びそれらの後遺症あるいは老衰により生じた身体機能の低下をいう。

　Ｊ－１はバス、電車等の公共交通機関を利用して積極的にまた、かなり遠くまで外出する場合が該当する。

　Ｊ－２は隣近所への買い物や老人会等への参加等、町内の距離程度の範囲までなら外出する場合が該当する。

【ランクA】

　「準寝たきり」に分類され、「寝たきり予備軍」ともいうべきグループであり、いわゆる house-bound に相当する。屋内での日常生活動作のうち食事、排泄、着替に関しては概ね自分で行い、留守番等をするが、近所に外出するときは介護者の援助を必要とする場合が該当する。

　なお”ベッドから離れている”とは”離床”のことであり、ふとん使用の場合も含まれるが、ベッドの使用は本人にとっても介護者にとっても有用であり普及が図られているところでもあるので、奨励的意味からベッドという表現を使用した。

　Ａ－１は寝たり起きたりはしているものの食事、排泄、着替時はもとより、その他の日中時間帯もベッドから離れている時間が長く、介護者がいればその介助のもと、比較的多く外出する場合が該当する。

　Ａ－２は日中時間帯、寝たり起きたりの状態にはあるもののベッドから離れている時間の方が長いが、介護者がいてもまれにしか外出しない場合が該当する。

【ランクB】

　「寝たきり」に分類されるグループであり、いわゆる chair-bound に相当する。Ｂ－１とＢ－２とは座位を保つことを自力で行うか介助を必要とするかどうかで区分する。日常生活動作のうち、食事、排泄、着替のいずれかにおいては、部分的に介護者の援助を必要とし、１日の大半をベッドの上で過ごす場合が該当する。排泄に関しては、夜間のみ”おむつ”をつける場合には、介助を要するものとはみなさない。なお、”車いす”は一般のいすや、ポータブルトイレ等で読み替えても差し支えない。

　Ｂ－１は介助なしに車いすに移乗し食事も排泄もベッドから離れて行う場合が該当する。

　Ｂ－２は介助のもと、車いすに移乗し、食事または排泄に関しても、介護者の援助を必要とする。

【ランクC】

　ランクＢと同様、「寝たきり」に分類されるが、ランクＢより障害の程度が重い者のグループであり、いわゆる bed-bound に相当する。日常生活動作の食事、排泄、着替のいずれにおいても介護者の援助を全面的に必要とし、１日中ベッドの上で過ごす。

　Ｃ－１はベッドの上で常時臥床しているが、自力で寝返りをうち体位を変える場合が該当する。

　Ｃ－２は自力で寝返りをうつこともなく、ベッド上で常時臥床している場合が該当する。

（出典：厚生労働省）

■巻末資料３　認知症高齢者の日常生活自立度

認知症高齢者の日常生活自立度

(1) 判定の基準

　調査対象者について、訪問調査時の様子から下記の判定基準を参考に該当するものに〇印をつけること。

　なお、まったく認知症を有しない者については、自立に〇印をつけること。

【参考】

ランク	判　断　基　準	見られる症状・行動の例
I	何らかの認知症を有するが、日常生活は家庭内及び社会的にほぼ自立している。	
II	日常生活に支障を来たすような症状・行動や意思疎通の困難さが多少見られても、誰かが注意していれば自立できる。	
II a	家庭外で上記 II の状態がみられる。	たびたび道に迷うとか、買物や事務、金銭管理などそれまでできたことにミスが目立つ等
II b	家庭内でも上記 II の状態が見られる。	服薬管理ができない、電話の応対や訪問者との対応など一人で留守番ができない等
III	日常生活に支障を来たすような症状・行動や意思疎通の困難さが見られ、介護を必要とする。	
III a	日中を中心として上記 III の状態が見られる。	着替え、食事、排便、排尿が上手にできない、時間がかかる。やたらに物を口に入れる、物を拾い集める、徘徊、失禁、大声・奇声をあげる、火の不始末、不潔行為、性的異常行為等
III b	夜間を中心として上記 III の状態が見られる。	ランク III a に同じ
IV	日常生活に支障を来たすような症状・行動や意思疎通の困難さが頻繁に見られ、常に介護を必要とする。	ランク III に同じ
M	著しい精神症状や問題行動あるいは重篤な身体疾患が見られ、専門医療を必要とする。	せん妄、妄想、興奮、自傷・他害等の精神症状や精神症状に起因する問題行動が継続する状態等

(2) 判定にあたっての留意事項

　認定調査項目に含まれていない認知症に関連する症状のうち、「幻視・幻聴」、「暴言・暴行」、「不潔行為」、「異食行動」等については、関連する項目の特記事項に記載するか、認知症高齢者の日常生活自立度の特記事項に記載すること。また、「火の不始末」は、「4-12 ひどい物忘れ」で評価されるので適切な選択肢を選び、特記事項に具体的な状況を記載する。

（出典：厚生労働省）

Ⅰ　介護保険制度における主治医意見書について

1　主治医意見書の位置付け

　　介護保険の被保険者が保険によるサービスを利用するためには、介護の必要性の有無やその程度等についての認定（要介護認定）を保険者である市町村から受ける必要があります。

　　この要介護認定は、市町村職員等による調査によって得られた情報及び主治医の意見に基づき、市町村等に置かれる保健・医療・福祉の学識経験者から構成される介護認定審査会において、全国一律の基準に基づき公平・公正に行われます。

　　介護保険法では、被保険者から要介護認定の申請を受けた市町村は、当該被保険者の「身体上又は精神上の障害（生活機能低下）の原因である疾病又は負傷の状況等」について、申請者に主治医がいる場合には、主治医から意見を求めることとされています。主治医意見書は、この規定に基づき、申請者に主治医がいる場合には、主治医がその意見を記入するものであり、その様式等については全国で一律のものを使用することとします。

　　要介護認定の結果如何によって、申請を行った高齢者は介護保険によるサービスを利用できるかどうかが、また利用できる場合には在宅サービスの上限や施設に支払われる報酬が決定されることとなるものですから、審査判定に用いられる資料である主治医意見書の役割は極めて大きいものです。

　　介護認定審査会では、医療関係者以外の委員もその内容を理解した上で審査判定を行うことになりますので、なるべく難解な専門用語を用いることは避け、平易にわかりやすく記入してください。

2　主治医意見書の具体的な利用方法

　　主治医意見書は、介護認定審査会において、主として以下のように用いられます。

（1）第2号被保険者の場合、生活機能低下の直接の原因となっている疾病が特定疾病に該当するかどうかの確認

　　申請者が 40 歳以上 65 歳未満の場合は、要介護状態の原因である身体上又は精神上の生活機能低下が政令で定められた 16 疾病（特定疾病）によることが認定の要件となっています。介護認定審査会は、主治医意見書に記入された診断名やその診断の根拠として記入されている内容に基づき、申請者の生活機能低下の原因となっている疾病がこの特定疾病に該当していることを確認します。その上で、介護の必要度等について、65 歳以上の方と同様に審査及び判定を行います。

　　従って、特定疾病に該当している場合の診断根拠については、本主治医意見書内に記入してください。

（2）介護の手間がどの程度になるのかの確認（介護の手間に係る審査判定）

　　介護認定審査会ではまず心身の状況に関する 74 項目の調査項目と主治医意見書に基づく一次判定結果を原案として介護の手間に係る審査判定を行います。審査判定にあたっては、認定調査票の特記事項や主治医意見書に記入された医学的観点からの意見等を加味して、介護の手間の程度や状況等を総合的に勘案することとなりますので、必要に応じて一次判定結果は変更されます。

　　従って、介護の手間の程度や状況等について具体的な状況を挙げて記入してください。

（3）状態の維持・改善可能性の評価（状態の維持・改善に係る審査判定）

　　介護認定審査会における介護の手間に係る審査判定において「要支援2」「要介護1」「要介護認定等基準時間が 32 分以上 50 分未満である状態（当該状態に相当すると認められないものを除く。）又はこれに相当すると認められる状態」と判定された者に対しては、続いて状態の維持・改善可能性に係る審査判定を行い、「要支援2」「要介護1」のいずれの要介護状態等区分に該当するか、判定を行います。審査判定にあたっては、認定調査項目や、特記事項、主治医意見書に記入された医学的観点からの意見等を加味して、心身の状態が安定していない者や認知症等により予防給付等の利用に係る適切な理解が困難な者を除いた者を「要支援2」と判定することとなります。

（4）認定調査による調査結果の確認・修正

　　認定調査員による認定調査は、通常は1回の審査に対して1回行うこととされており、また、認定調査員の専門分野も医療分野に限らず様々です。従って、申請者に対して長期間にわたり医学的管理を行っている主治医の意見の方が、より申請者の状況について正確に把握していることが明らかな場合には、介護認定審査会は認定調査員の調査結果を修正し、改めて一次判定からやり直すこととなります。

（5）介護サービス計画作成時の利用

　　介護サービス計画の作成に際し、介護サービスを提供するにあたっての医学的観点からの意見や留意点等についての情報を、申請者等の同意を得てサービス提供者に提供することになります。

　　サービス提供時の医学的観点からの留意点や禁忌等は主治医意見書の記載内容のみから判断されるものではありませんが、介護サービス計画作成等に有用となる留意点をお分かりになる範囲で具体的に記入してください。

Ⅱ　記入に際しての留意事項

1　記入者

主治医意見書の記入は、申請者の主治医が行ってください。

2．記入方法

主治医意見書への記入は、インク、またはボールペンを使用してください。なお、パーソナルコンピュータ等を使用することはさしつかえありませんが、その場合には感熱紙等長期間の保存に適さないものは用いないでください。記入欄に必要な文字または数値を記入し、また口にレ印をつけてください。

Ⅲ　記入マニュアル

0．基本情報

「申請者の氏名」等
　申請者の氏名を記入し、ふりがなを併記してください。
　性別については、該当する口にレ印をつけてください。
　生年月日及び年齢（満年齢）については、該当するものに〇印をつけ、必要事項を記入してください。
　住所及び連絡先については、居住地（自宅）の住所及び電話番号も記入してください。施設に入院・入所している場合は、当該施設の施設名、住所及び電話番号を記入してください。
　主治医として主治医意見書が介護サービス計画作成の際に利用されることについて同意する場合は「口同意する」に、同意しない場合には「口同意しない」にレ印をつけてください。
　主治医意見書における「介護サービス計画作成等」の想定する範囲は、介護保険事業の適切な運営のために必要な範囲であって、介護サービス計画作成に加えて、例えば、
・総合事業における介護予防ケアマネジメントのケアプラン作成
・地域ケア会議における個別事例の検討
・指定介護老人福祉施設及び指定地域密着型介護老人福祉施設における入所に関する検討のための委員会での特例入所対象者の判定及び施設への優先入所対象者の判定
・認知症日常生活自立度を基準とした加算における日常生活自立度の決定

に関する利用を考えており、その範囲内において取り扱っていただきますようお願いします。

同意する場合には、介護サービス計画の内容についての検討を行うサービス担当者会議に本主治医意見書が提示されます。

なお、申請者本人の同意を得た上で主治医意見書をサービス担当者会議の参加者に示すことについては、主治医に「守秘義務」に関する問題が生じることはないことを申し添えます。

「医師氏名」等

主治医意見書を記入する主治医の所属する医療機関の所在地及び名称、電話番号、主治医の氏名を記入してください。

なお、医師氏名の欄には、押印の必要はありません。また、医療機関の所在地及び名称等は、ゴム印等を用いても構いません。

ただし、医師本人の記入であることを確認する必要があることから、医師氏名のみは医師本人による自署をお願いします。氏名にもゴム印等を用いる場合は、押印してください。

（１）最終診察日

申請者を最後に診察した日を記入してください。

（２）主治医意見書作成回数

申請者について主治医意見書を初めて作成する場合は「□初回」に、２回目以降の場合は「□２回目以上」にレ印をつけてください。

（３）他科受診の有無

申請者が他科を受診しているかどうかについて、お分かりになる範囲で該当する□にレ印をつけてください。有の場合は、該当する診療科名の□にレ印をつけてください。主治医意見書中に該当する診療科名がない場合には、その他の（　　　）内に診療科名を記入してください。

１．傷病に関する意見

（１）診断名

現在、罹患している傷病の診断名と、その発症年月日を記入してください。

発症年月日がはっきりわからない場合は、おおよその発症年月を記入してください。例えば、脳血管障害の再発や併発の場合には、直近の発作（発症）が起きた年月日を記入してください。

「１．」の傷病名には、65歳以上の第１号被保険者については、生活機能(※)低下の直接の原因となっている傷病名を、40歳以上65歳未満の第２号被保険者については、介護を必要とさせている生活機能低下等の直接の原因となっている

特定疾病名を記入してください。

生活機能低下を引き起こしている傷病が複数ある場合もまれではありませんが、より主体であると考えられる傷病を優先して記入してください。

なお、4種類以上の傷病に罹患している場合については、主な傷病名の記入にとどめ、必要であれば、「5．特記すべき事項」の欄に記入してください。

特定疾病の診断については、以下に示す「特定疾病の症候・所見のポイント」を参考としつつ、別添3の「特定疾病にかかる診断基準」に従って記入するとともに、診断上の主な所見については「（3）生活機能低下の直接の原因となっている傷病または特定疾病の経過及び投薬内容を含む治療内容」に記入してください。

※：　生活機能とは、①体・精神の働き、体の部分である「心身機能」、②ＡＤＬ（日常生活行為）・外出・家事・職業に関する生活行為全般である「活動」、③家庭や社会での役割を果たすことである「参加」、のすべてを含む包括概念。

生活機能には健康状態（病気・怪我・ストレスなど）、環境因子（物的環境・人的環境・制度的環境）、個人因子（年齢・性別など）などが様々に影響する。

特定疾病の症候・所見のポイント

	疾病名	症候・所見
1	がん （がん末期）	以下のいずれかの方法により悪性新生物であると診断され、かつ、治癒を目的とした治療に反応せず、進行性かつ治癒困難な状態（注）にあるもの。 ① 組織診断又は細胞診により悪性新生物であることが証明されているもの ② 組織診断又は細胞診により悪性新生物であることが証明されていない場合は、臨床的に腫瘍性病変があり、かつ、一定の時間的間隔を置いた同一の検査（画像診査など）等で進行性の性質を示すもの。 注）　ここでいう治癒困難な状態とは、概ね6月間程度で死が訪れると判断される場合を指す。なお、現に抗がん剤等による治療が行われている場合であっても、症状緩和等、直接治療を目的としていない治療の場合は治癒困難な状態にあるものとする。
2	関節リウマチ	指の小関節から股・膝のような大関節まであらゆる関節に炎症が起こり、疼痛・機能障害が出現する。とくに未明から早朝に痛みとこわばりが強い。筋、腱にも影響し筋力低下や動作緩慢が顕著になる。
3	筋萎縮性側索硬化症	筋萎縮・筋力低下、球麻痺、筋肉の線維束性収縮、錐体路症状を認める。それに反して感覚障害、眼球運動障害、膀胱直腸障害、褥瘡は原則として末期まで認めない。
4	後縦靭帯骨化症	靭帯の骨化は頸椎に最も多く、頸髄の圧迫では手足のしびれ感、運動障害、腱反射亢進、病的反射出現等の痙性四肢麻痺となる。胸髄圧迫では上肢は異常なく、下肢の痙性対麻痺となる。
5	骨折を伴う 骨粗鬆症	脊椎圧迫骨折 … 腰背部痛を伴う脊柱の変形が特徴的である。軽微な外傷後もしくは誘因なく急性の腰痛を生じ寝たきりになる場合が多い。 大腿骨頚部骨折・転子部骨折 … 転倒等の後に、大転子部の痛みを訴え起立不能となる。膝の痛みを訴える場合もある。転位の少ない頚部骨折の場合、歩行可能な場合もある。
6	初老期における 認知症（ｱﾙﾂﾊｲﾏｰ病、血管性認知症、レビー小体病等）	ｱﾙﾂﾊｲﾏｰ病 … 初期の主症状は、記憶障害である。また、意欲の低下、物事の整理整頓が困難となり、時間に関する見当識障害がみられる。中期には、記憶の保持が短くなり、薬を飲んだことを忘れたり、同じ物を何回も買ってくるようになる。後期には、自分の名前を忘れたり、トイレがわからなくなったり、部屋に放尿するようになる。また失禁状態に陥る。薬物治療で進行の遅延効果が得られる場合がある。 血管性認知症 … 初発症状として物忘れで始まることが多い。深部腱反射の亢進、足底反射、仮性球麻痺、歩行異常等の局所神経徴候を伴いやすい。一般に、記憶障害はかなりあっても、判断力は保持されており、人格の崩壊は認められない。 レビー小体病 … 進行性の認知症。リアルな幻視体験が特徴。パーキンソン症状が先行する事もあり、薬物治療で効果が得られる場合がある。

7	進行性核上性麻痺、大脳皮質基底核変性症及びパーキンソン病(パーキンソン病関連疾患)	臨床的に、これら三疾患にはパーキンソン症状が共通に認められる。すなわち、筋肉のこわばり(筋固縮)、ふるえ(振戦)、動作緩慢(無動)、突進現象(姿勢反射障害)などのうちのいくつかを認めるものである。 ① パーキンソン病は、パーキンソン症状を中心とし、薬剤などの治療効果が高いものが多い ② 進行性核上性麻痺は、異常な姿勢(頚部を後屈させ、顎が上がる)や、垂直方向の眼球運動障害(下方を見にくい)といった多彩な症状を示す ③ 大脳皮質基底核変性症は、パーキンソン症状と大脳皮質症状(手が思うように使えないなど)が同時にみられる など、症状や病状の進行に差が見られる。①振戦 ②筋強剛(固縮) ③動作緩慢 ④姿勢反射障害 ⑤その他の症状(自律神経障害、突進現象、歩行障害、精神症状等)
8	脊髄小脳変性症	初発症状は歩行のふらつき(歩行失調)が多い。非常にゆっくりと進行。病型により筋萎縮や不随意運動、自律神経症状等で始まる。最終的には能動的座位が不可能となり、寝たきり状態となる。
9	脊柱管狭窄症	腰部脊柱管狭窄症 … 腰痛、下肢痛、間欠性跛行を主訴とする。 頚部脊柱管狭窄症 … 両側の手足のしびれで発症するものが多い。手足のしびれ感、腱反射亢進、病的反射出現等の痙性四肢麻痺を呈する。
10	早老症(ｳｪﾙﾅｰ症候群等)	若年者で老人性顔貌、白髪、毛髪の脱落とともに肥満の割に四肢が細い。若年性白内障、皮膚の萎縮と角化、足部皮膚潰瘍、四肢の筋肉・脂肪組織・骨の萎縮、血管・軟部組織の石炭化、性腺機能低下症、糖尿病、髄膜腫等を認める。
11	多系統萎縮症	多系統萎縮症(MSA)は臨床的に、①起立性低血圧、排尿障害、発汗低下など自律神経症状、②筋肉のこわばり、ふるえ、動作緩慢、小刻み歩行などパーキンソン症状、③立位や歩行時のふらつき、呂律が回らない、字がうまく書けないなどの小脳症状、を様々な程度に組み合わせて呈する疾患である。 自律神経症状が強いものを「シャイ・ドレーガー症候群」、パーキンソン症状が強いものーを「線条体黒質変性症」、小脳症状が強いものを「オリーブ橋小脳萎縮症」とする。MRIなど画像検査が診断に有効である。パーキンソン病や小脳萎縮症に比して、やや進行が早い傾向がある。
12	糖尿病性神経障害、糖尿病性腎症及び糖尿病性網膜症	糖尿病性腎症 … 糖尿病の罹病期間が長い。糖尿病に伴う蛋白尿を呈する。また、高血圧や浮腫を伴う腎機能障害を認める。 糖尿病性網膜症 … 主な症候は視力低下。末期まで視力が保たれることもあり、自覚症による と手遅れになりやすい。 糖尿病性神経障害 … 下肢のしびれ、痛み等を認める。
13	脳血管疾患(脳出血、脳梗塞等)	脳出血 … 発症状況と経過は一般に頭痛、悪心、嘔吐をもって始まり、しだいに意識障害が進み、昏睡状態になる。半身の片麻痺を起こすことが多く、感覚障害、失語症、失認、失行、視野障害等が見られる。 脳梗塞 … 発症状況と経過は、アテローム血栓性脳梗塞やラクナ梗塞では、夜間安静時に発症し起床時に気が付かれ、症状が徐々に完成することが多く、心原性脳栓症では、日中活動時に突発的に発症して症状が完成することが多い。 注)高次脳機能障害については、言語・思考・記憶・行為・学習・注意障害等が生じ、社会生活をさまたげることが多いが、外見からは分かりにくく、注意が必要である。
14	閉塞性動脈硬化症	問診で閉塞症に由来する症状ー下肢冷感、しびれ感、安静時疼痛、壊死 等があるかどうか聞く。視診により下肢の皮膚色調、潰瘍、壊死の有無をチェックする。触診ですべての下肢動脈の拍動の有無を調べる。
15	慢性閉塞性肺疾患(肺気腫、慢性気管支炎、気管支喘息、びまん性汎細気管支炎)	肺気腫 … ほとんどが喫煙者で、男性に多い。体動時呼吸困難が特徴的であるが、出現するのはある程度病変が進行してからである。咳、痰を訴えることもある。 慢性気管支炎 … 喫煙者に多く 慢性の咳、痰を認める。体動時呼吸困難が、感染による急性増悪時には認めるが、通常は軽度である。身体所見では、やや肥満傾向を示す人が多いといわれる。 気管支喘息 … 発作性の呼吸困難、喘鳴、咳(特に夜間・早朝)が、症状がない時期をはさんで反復する。気道閉塞が自然に、または治療により改善し、気流制限は可逆的である。その他、気道過敏性を示す。 びまん性汎細気管支炎 … 呼吸細気管支領域にびまん性炎症により、強い呼吸障害をきたす。初期には肺炎球菌、インフルエンザ桿菌等が感染しやすく、痰、咳、喘鳴を呈し、長引くと菌交代現象を起こし、緑膿菌感染になり重症化しやすい。
16	両側の膝関節または股関節の著しい変形を伴う変形性関節症	初期の場合は、歩行し始めの痛みのみであるが、次第に、荷重時痛が増え、関節可動域制限が出現してくる。

(東京都医師会:介護保険における特定疾病診断の手引き. 東京都医師会雑誌, 51(9):1763-1821,1999 を一部改変)

（2）症状としての安定性

上記（1）で記入した「生活機能低下の直接の原因となっている傷病による症状」の安定性について、該当する口にレ印をつけてください。

脳卒中や心疾患、外傷等の急性期や慢性疾患の急性増悪期等で、積極的な医学的管理を必要とすることが予想される場合は「不安定」を選択し、具体的な内容を自由記載欄に記載してください。記載欄が不足する場合は「（3）生活機能低下の直接の原因となっている傷病または特定疾患の経過及び投薬内容を含む治療内容」に記載してください。

現在の全身状態から急激な変化が見込まれない場合は「安定」を選択してください。不明の場合は「不明」を選択してください。

なお、症状には日内変動や日差変動があるため、介護者からの情報にも留意してください。

（3）生活機能低下の直接の原因となっている傷病または特定疾患の経過及び投薬内容を含む治療内容

上記「（1）1．診断名」に記入した生活機能低下の直接の原因となっている傷病または特定疾患の経過及び投薬内容を含む治療内容について要点を簡潔に記入してください。

高齢者においては、傷病による生活機能低下に、転倒、入院等を契機として日中の生活が不活発になったこと、外出の機会の減少、配偶者との死別や転居などを契機とする社会参加の機会の減少、家庭内での役割の喪失等の様々な要因が加わることにより、さらに生活機能が低下することが考えられます。これら更なる生活機能低下を引き起こしている要因があれば、具体的に記載してください。

投薬内容については、生活機能低下の直接の原因となっている傷病以外についても、介護上特に留意すべき薬剤や相互作用の可能性がある薬剤の投薬治療を受けている場合は、この欄に記入してください。（ただ単に投薬内容を羅列するのではなく、必ず服用しなければならない薬剤、頓服の必要な薬剤等を整理して記入するようにしてください。）

また、意識障害がある場合には、その状況についても具体的に記載してください。

2．特別な医療

申請者が過去14日間に受けた12項目の医療のうち、看護職員等が行った診療補助行為（医師が同様の行為を診療行為として行った場合を含む）について該当する口にレ印をつけてください。

「医師でなければ行えない行為」、「家族／本人が行える類似の行為」は含まれないので注意して下さい。

なお、この項目は、訪問調査においても、調査員によるチェックの対象となっていますが、訪問調査員は必ずしも医療の専門家ではないことから、主治医意見書においても記入をお願いするものです。

なお、12項目以外の医師が行った治療行為は含まれない点に留意してください。

3．心身の状態に関する意見

（1）日常生活の自立度について
　　　現状から考えられる障害高齢者の日常生活自立度及び認知症高齢者の日常生活
　　自立度について、以下の判定基準を参考にして、該当する□にレ印をつけてください。
　　い。
　　遷延性の意識障害等で、認知症高齢者の日常生活自立度が判断不能である場合は、
　　□Mにレ印をつけ、「1．（3）生活機能低下の直接の原因となっている傷病または特
　　定疾病の経過及び投薬内容を含む治療内容」の欄に具体的な内容を記入して下さい。

障害高齢者の日常生活自立度（寝たきり度）判定基準

生活自立	ランクJ	何らかの障害等を有するが、日常生活はほぼ自立しており独力で外出する 1．交通機関等を利用して外出する 2．隣近所へなら外出する
準寝たきり	ランクA	屋内での生活は概ね自立しているが、介助なしには外出しない 1．介助により外出し、日中はほとんどベッドから離れて生活する 2．外出の頻度が少なく、日中も寝たり起きたりの生活をしている
寝たきり	ランクB	屋内での生活は何らかの介助を要し、日中もベッド上での生活が主体であるが、座位を保つ 1．車いすに移乗し、食事、排泄はベッドから離れて行う 2．介助により車いすに移乗する
	ランクC	1日中ベッド上で過ごし、排泄、食事、着替において介助を要する 1．自力で寝返りをうつ 2．自力では寝返りもうたない

認知症高齢者の日常生活自立度判定基準

ランク	判断基準	見られる症状・行動の例	判断にあたっての留意事項及び提供されるサービスの例
I	何らかの認知症を有するが、日常生活は家庭内及び社会的にはほぼ自立している。		在宅生活が基本であり、一人暮らしも可能である。相談、指導等を実施することにより、症状の改善や進行の阻止を図る。
II	日常生活に支障を来たすような症状・行動や意思疎通の困難さが多少見られても、誰かが注意していれば自立できる。		在宅生活が基本であるが、一人暮らしは困難な場合もあるので、日中の居宅サービスを利用することにより、在宅生活の支援と症状の改善及び進行の阻止を図る。
IIa	家庭外で上記IIの状態がみられる。	たびたび道に迷うとか、買物や事務、金銭管理等それまででできたことにミスが目立つ等	
IIb	家庭内でも上記IIの状態がみられる。	服薬管理ができない、電話の応対や訪問者との対応等一人で留守番ができない等	

Ⅲ	日常生活に支障を来たすような症状・行動や意思疎通の困難さが見られ、介護を必要とする。		日常生活に支障を来たすような行動や意思疎通の困難さがランクⅡより重度となり、介護が必要となる状態である。「ときどき」とはどのくらいの頻度を指すかについては、症状・行動の種類等により異なるので一概には決められないが、一時も目を離せない状態ではない。在宅生活が基本であるが、一人暮らしは困難であるので、夜間の利用も含めた居宅サービスを利用しこれらのサービスを組み合わせることによる在宅での対応を図る。
Ⅲa	日中を中心として上記Ⅲの状態が見られる。	着替え、食事、排便、排尿が上手にできない、時間がかかる。やたらに物を口に入れる、物を拾い集める、徘徊、失禁、大声、奇声をあげる、火の不始末、不潔行為、性的異常行為等	
Ⅲb	夜間を中心として上記Ⅲの状態が見られる。	ランクⅢaに同じ	
Ⅳ	日常生活に支障を来たすような症状・行動や意思疎通の困難さが頻繁に見られ、常に介護を必要とする。	ランクⅢに同じ	常に目を離すことができない状態である。症状・行動はランクⅢと同じであるが、頻度の違いにより区分される。家族の介護力や在宅基盤の強弱により居宅サービスを利用しながら在宅生活を続けるか、または特別養護老人ホーム・老人保健施設等の施設サービスを利用するかを選択する。施設サービスを選択する場合には、施設の特徴を踏まえた選択を行う。
M	著しい精神症状や周辺症状あるいは重篤な身体疾患が見られ、専門医療を必要とする。	せん妄、妄想、興奮、自傷・他害等の精神症状や精神症状に起因する周辺症状が継続する状態等	ランクⅠ～Ⅳと判定されていた高齢者が、精神病院や認知症専門棟を有する老人保健施設等での治療が必要となったり、重篤な身体疾患が見られ老人病院等での治療が必要となった状態である。専門医療機関を受診するよう勧める必要がある。

（2）認知症の中核症状

　　申請者に認められる認知症の中核症状の有無について、以下に記載されている判定基準に基づき、該当する□にレ印をつけてください。なお、認知症の中核症状として列挙していますが、その他の疾患で同様の状態が認められる場合も、該当する□にレ印をつけてください。

短期記憶

　　例えば、身近にある３つのものを見せて、一旦それをしまい、５分後に聞いてみる等の方法を用いて、申請者及び医師がともに一時的には記憶に残るような直前のことについて覚えているか否かを評価します。

　　記憶に問題がない場合には「□問題なし」に、覚えていないような場合には「□問題あり」にレ印をつけてください。

日常の意思決定を行うための認知能力

　　申請者の毎日の日課における判断能力を評価します。以下の各選択項目の状態例にあてはめ、該当する□にレ印をつけてください。

自立	日常生活において首尾一貫した判断ができる。毎日するべきことに対して予定を立てたり、状況を判断できる。
いくらか困難	日々繰り返される日課については判断できるが、新しい課題や状況に直面した時にのみ判断に多少の困難がある。
見守りが必要	判断力が低下し、毎日の日課をこなすためにも合図や見守りが必要になる。
判断できない	ほとんどまたは全く判断しないか、判断する能力が著しく低い。

自分の意思の伝達能力

　本人が要求や意思、緊急の問題等を表現したり伝えたりする能力を評価します。以下の各選択項目の状態例にあてはめ、該当する□にレ印をつけてください。会話に限らず、筆談・手話あるいはその組み合わせで表現される内容で評価しても差し支えありません。

伝えられる	自分の考えを容易に表現し、相手に理解させることができる。
いくらか困難	適当な言葉を選んだり、考えをまとめるのに多少の困難があるため、応対に時間がかかる。自分の意思を理解させるのに、多少、相手の促しを要することもある。
具体的要求に限られる	時々は自分の意思を伝えることができるが、基本的な要求（飲食、睡眠、トイレ等）に限られる。
伝えられない	ほとんど伝えられない、または、限られた者にのみ理解できるサイン（本人固有の音声あるいはジェスチャー）でしか自分の要求を伝えることができない。

（３）認知症の行動・心理症状（ＢＰＳＤ）

　申請者に認められる認知症の行動・心理症状の有無について、該当する□にレ印をつけてください。有の場合は、以下の定義を参考にして、該当する□にレ印をつけてください。複数の状態が認められる場合は、該当する□のすべてにレ印をつけてください。その他に該当する場合には、認められる具体的な状態について（　　　）内に記入してください。

　なお、認知症の行動・心理症状として列挙していますが、その他の疾患で同様の状態が認められる場合も、該当する□にレ印をつけてください。

幻視・幻聴	幻視とは、視覚に関する幻覚。外界に実在しないのに、物体、動物、人の顔や姿等が見えること。幻聴とは、聴覚領域の幻覚の一種。実際には何も聞こえないのに、音や声が聞こえると感じるもの。
妄想	病的状態から生じた判断の誤りで、実際にはあり得ない不合理な内容を、正常を超えた訂正不能な主観的確信をもって信じていること。これに対し、訂正可能である場合は錯覚という。
昼夜逆転	夜間不眠の状態が何日間か続いたり、明らかに昼夜が逆転し、日常生活に支障が生じている状態。
暴言	発語的暴力をいう。
暴行	物理的暴力をいう。
介護への抵抗	介護者の助言や介護に抵抗し、介護に支障がある状態。単に助言に従わない場合は含まない。
徘徊	客観的には、目的も当てもなく歩き回る状態。認知症だけでなく心因性の葛藤からの逃避的行為やその他急性精神病等でもみられる。
火の不始末	たばこの火、ガスコンロ等あらゆる火の始末や火元の管理ができない状態。
不潔行為	排泄物を弄んだり撒き散らす場合等をいう。体が清潔でないことは含まれない。
異食行動	食欲異常の一種。正常では忌避するような物体、味に対して特に異常な食欲や嗜好を示すこと。
性的問題行動	周囲が迷惑している行為と判断される性的な問題行動。

（4）その他の精神・神経症状
　　　認知症以外の精神・神経症状があれば、「□有」にレ印をつけ、その症状名を
　　記入してください。有の場合、専門医を受診している場合は「□有」にレ印をつ
　　け、（　　　）内に受診の科名を記入してください。
　　　また、申請者の状態から判断して、以下に挙げる定義の中からあてはまるもの
　　があれば、症状名に記入してください。

失語	正常な言語機能をいったん獲得した後、多くは大脳半球の限定された器質的病変により、言語（口頭言語と文字言語の両方）表象の理解・表出に障害をきたした状態。
構音障害	俗に“ろれつが回らない”という状態。構音器官（咽頭、軟口蓋、舌、口唇等）の麻痺による麻痺性構音障害と、筋相互の間の協調運動障害による協調運動障害性構音障害とがある。後者は運動失調によるものと、錐体外路性運動障害によるものがある。
せん妄	意識変容の一つ。軽度ないし中等度の意識混濁に妄想、錯覚、偽幻覚、幻覚、不安・恐怖、精神運動性の興奮を伴う。夜間に起こりやすい（夜間せん妄）。
傾眠傾向	意識の清明性の障害。意識混濁は軽度で、反復して強い刺激を与えればやや覚醒状態に回復するが、放置すればただちに入眠してしまうような状態。
失見当識	見当識の機能が失われた状態。多くの場合、意識障害がある際にみられる（意識障害性）ため、意識障害の有無をみる必要がある。その他、認知症等で記銘力障害のある場合（健忘性）、妄想によって周囲を正しく判断していない場合（妄想性）等にも認められる。
失認	局在性の大脳病変によって起こる後天性の知覚と認知の障害で、ある感覚を介する対象認知が障害されているが、その感覚自体の異常、また、知能低下、意識障害等に原因するとはいえず、また他の感覚を介すれば対象を正しく認知できるもの。視覚失認及び視空間失認、聴覚失認、触覚失認、身体失認等に大別される。
失行	随意的、合目的的、象徴的な熟練を要する運動行為を行うことができない状態で、麻痺、運動失調等の要素的運動障害、また失語、失認、精神症状等で説明できないもの。局在性の大脳病変で起こる後天性の行為障害。

（5）身体の状態

利き腕
　　利き腕について、該当する方の□にレ印をつけてください。

身長・体重
　　体重及び身長について、おおよその数値を記入してください。また、過去6ヶ
　月程度における体重の変化について、3％程度の増減を目途に、該当する□にレ
　印をつけてください。

麻痺・褥瘡等
　　麻痺・褥瘡等の状態について、該当するものがあれば□にレ印をつけてくださ
　い。介護の手間や生活機能を評価する観点から部位の記載が必要なものについて
　は具体的に記入してください。程度については、麻痺・褥瘡等の状態が介護にど
　の程度影響するのかという観点から、あてはまる程度の□にレ印をつけてくださ
　い。なお、麻痺については、訪問調査においても、同様の項目がありますが、訪

問調査員は必ずしも医療の専門家ではないことから、主治医意見書では、医学的観点からの麻痺の有無の記入をお願いするものです。

四肢欠損	腕、肢、指等について、欠損が生じている状態。
麻痺	主に神経系の異常によって起こった筋力低下あるいは随意運動の障害。
筋力の低下	麻痺以外の原因による随意運動に支障のある筋力の低下。
関節の拘縮	関節及び皮膚、筋肉等の関節構成体以外の軟部組織の変化によって生じる関節の可動域制限。
関節の痛み	日常生活に支障をきたす程度の関節の痛みがある状態
失調	運動の円滑な遂行には多くの筋肉の協調が必要であるが、その協調が失われた状態。個々の筋肉の力は正常でありながら運動が稚拙であることが特徴である。
不随意運動	意志や反射によらずに出現する、目的に添わない運動。多くは錐体外路系の病変によって生じる。
褥瘡	廃用症候群の代表的な症状。持続的圧迫及びずれ応力による局所の循環障害によって生じる阻血性壊死。
その他皮膚疾患	褥瘡以外で身体介助、入浴等に支障のある皮膚疾患がある状態。

4．生活機能とサービスに関する意見

（1）移動

屋外歩行

　日常生活での屋外歩行の状態について、以下の各選択項目の状態例にあてはめ、該当する□にレ印をつけて下さい。

自立	自分だけで屋外を歩いている状態。歩行補助具や装具・義足を用いている場合も含みます。外出するようには促しが必要でも、屋外は一人で歩いている場合も含みます。
介護があればしている	介護者と一緒に屋外を歩いている状態。直接介助されている場合だけでなく、そばで見守っている場合も含みます。
していない	屋外歩行をしていない状態。歩こうとすれば歩けるが実際は歩いていない場合や、訓練の時だけ屋外歩行をしている場合を含みます。また車いすで屋外を移動している場合等を含みます。

車いすの使用

　車いす（電動車いすも含む）を用いていることがある場合に、主に誰が操作（駆動）しているかについて、以下の各選択項目の状態例にあてはめ、該当する□にレ印をつけて下さい。車椅子を常時使っている場合だけでなく、例えば外出時だけの使用や、病院や通所施設等だけで使用している場合も含みます。

用いていない	全く使用していない状態
主に自分で操作	車いすを用いることがあり、その場合は主に自分だけで操作（駆動）している状態。 主に室内での状態で判断し、例えば室内は自分だけでこいでいるが、屋外は後ろから押してもらっている場合なども含みます。
主に他人が操作	車いすを用いていることがあり、その場合は主に他人に操作（押してもらう等）してもらっている状態。操作時に見守りを必要とする場合を含みます。

歩行補助具・装具の使用
　　日常生活での室内歩行や屋外歩行で、歩行補助具（杖等）や装具を用いている状態について、以下の各選択項目の状態例にあてはめ、該当する□にレ印をつけて下さい。屋内、屋外両方で使用している場合は両方の□にレ印をつけて下さい。
　　どちらか一方だけの使用の場合も含みますが、義足（切断の時に用いる）の使用は含めません。

使用していない	日常生活では、歩行補助具も装具も全く使用していない状態。訓練歩行の時だけは使っている場合も含みます。
屋外で使用	日頃の屋外歩行の時に使用している状態。例えば遠出の時だけの使用のように、時々使用している場合も含みます。
屋内で使用	日頃の室内歩行のときに使用している状態。例えば家事の時だけの使用のように、特定の生活行為を行う時のみ使用している場合も含みます。

（２）栄養・食生活

　　高齢者に多くみられる栄養問題は、慢性的なエネルギー、たんぱく質の補給不足、あるいは疾患によってエネルギー、たんぱく質の欠乏した状態（以下「低栄養」という。）です。要介護高齢者の「低栄養」は、内臓たんぱく質及び筋たんぱく質の低下をきたし、身体機能及び生活機能の低下をはじめ、感染症、褥瘡などの誘発に関わります。そこで、要介護状態の改善及び重度化の予防の観点から、「低栄養」に関連する要因として考えられる食事行為、総合的な栄養状態を評価します。医学的観点から栄養・食生活上の留意点を認める場合には具体的な内容を記載してください。

食事行為
　　日常生活行為のうち食事について、どの程度、どのように自分で行っているかを評価します。以下の各選択項目の状態例にあてはめ、該当する□にレ印をつけてください。

自立ないし何と	自分一人で、ないし、見守り・励まし、身体的援助によって、自分で食べるこ

284

か自分で食べられる	とができる。
全面介助	他の者の全面的な介助が必要である。

現在の栄養状態

　現在の栄養状態を評価します。以下の各選択項目の状態にあてはめ、該当する□にレ印をつけてください。また、医学的観点から、改善に向けた留意点について、（　　）内に記入してください。

良好	①過去６ヶ月程度の体重の維持（概ね３％未満）、②BMI（体重(kg)／身長²(㎡)）18.5以上、③血清アルブミン値が明らかである場合には、3.5g/dlを上回る、の３項目全てが該当する状態。 上記指標が入手できない場合には、食事行為、食事摂取量（概ね３／４以上）、食欲、顔色や全身状態（浮腫、脱水、褥瘡などがない状態）から総合的に栄養状態が良いと判断される状態。
不良	①過去６ヶ月程度の体重の減少（概ね３％以上）、②BMI（体重(kg)／身長²(㎡)）18.5未満、③血清アルブミン値がある場合には、3.5g/dl以下、の３項目のうち１つでも該当する状態。 上記指標が入手できない場合には、食事行為、食事摂取量（概ね３／４以下）、食欲、顔色や全身状態（浮腫、脱水、褥瘡などがある状態）から総合的に栄養が不良又は不良となる可能性が高いと判断される状態。

（３）現在あるかまたは今後発生の可能性の高い状態とその対処方針

　　日常の申請者の状態を勘案して、現在あるかまたは今後概ね６ヶ月以内に発生する可能性の高い状態があれば、該当する□にレ印をつけてください。また、具体的な状態とその際の対処方針（緊急時の対応を含む）について要点を記入してください。

（４）サービス利用による生活機能の維持・改善の見通し

　　現在の状態から、概ね３ヶ月から６ヶ月間、申請者が介護保険によるサービス（予防給付等によるサービスを含む）やその他の高齢者に対するサービスを利用した場合の、生活機能の維持・改善の見通しについて、該当する□にレ印をつけてください。

　　傷病の症状としての見通しではなく、生活機能の維持・改善がどの程度期待できるか、という観点であることに留意してください。

（５）医学的管理の必要性

　　医学的観点から、申請者が利用する必要があると考えられる医療系サービスについて、以下の各サービスの内容を参考に、該当するサービスの□にレ印をつけてください。各サービスについては、予防給付で提供されるサービスも含みます。

　　訪問歯科診療及び訪問歯科衛生指導については、口腔内の状態（例えば、歯の

崩壊や喪失状態、歯の動揺や歯肉からの出血の有無、義歯の不適合等）をもとに、口腔ケアの必要性に応じて該当する□にレ印をつけてください。

　また、特に必要性が高いと判断されるサービスについては、項目に下線を引いてください。

　なお、本項目の記入は、ここに記入されているサービスについての指示書に代わるものではありませんのでご注意ください。

訪問診療	通院することが困難な患者に対して、医師等が計画的に訪問して行う診療や居宅療養指導等。
訪問看護	訪問看護ステーション及び医療機関からの訪問看護等、保健師、看護師等が訪問して看護を行うことをいう。 なお、保健師等が地域支援事業の訪問型介護予防として訪問して指導する行為は含まない。
訪問リハビリテーション	病院、診療所及び訪問看護ステーションの理学療法士等が訪問して行うリハビリテーションをいう。なお、理学療法士、作業療法士あるいは言語療法士等が地域支援事業の訪問型介護予防として訪問して指導する行為は含まない。
通所リハビリテーション	病院、診療所、老人保健施設が提供するリハビリテーションをいう。なお、病院、診療所（医院）の外来でリハビリテーションを診療行為として受けた場合、保健所、市町村保健センター等で地域支援事業の機能訓練等を受けた場合はこれに含めない。
短期入所療養介護	病院、診療所及び介護老人保健施設に短期間入所させ、当該施設において、看護、医学的管理下における介護、機能訓練その他必要な医療及び日常生活上の世話を行うものをいう。
訪問歯科診療	居宅において療養を行っている患者であって、通院が困難なものに対して、患者の求めに応じ訪問して歯科診療を行った場合又は、当該歯科診療に基づき継続的な歯科治療が認められた患者に対してその同意を得て訪問して歯科診療を行うものをいう。
訪問歯科衛生指導	訪問歯科診療を行った歯科医師の指示に基づき、歯科衛生士、保健師、看護師等が訪問して療養上必要な指導として、患者の口腔内での清掃等に係わる指導を行うものをいう。
訪問薬剤管理指導	医師の診療に基づき計画的な医学的管理を継続して行い、かつ、薬剤師が訪問して薬学的管理指導を行うものをいう。
訪問栄養食事指導	医師の診療に基づき計画的な医学的管理を継続して行い、かつ、管理栄養士が訪問して具体的な献立等によって実技指導を行うものをいう。
その他の医療系サービス	上記以外の医学的管理をいう。地域支援事業の訪問型介護予防、機能訓練、保健所が実施する保健指導、入院等が必要とされる場合にその種類とともに記入する。

（6）サービス提供時における医学的観点からの留意事項

　　申請者がサービスを利用するにあたって、医学的観点から、特に留意する点があれば、「□あり」にレ印をつけ、サービスを提供する上で不安感を助長させないよう、（　　　）内に具体的な留意事項を記載してください。また、血圧・嚥下等の項目以外に医学的観点からの留意事項があれば、「その他」の（　　　）内に具体的な留意事項を記載してください。

血圧
　　血圧管理について、サービス提供時の留意事項があれば、具体的に記載してください。また、どの程度の運動負荷なら可能なのかという点等についても記入してください。

嚥下
　　嚥下運動機能（舌によって食塊を咽頭に移動する随意運動、食塊を咽頭から食道へ送るまでの反射運動、蠕動運動により食塊を胃に輸送する食道の反射運動）の障害について、サービス提供時の留意事項があれば、具体的に記載してください。
摂食
　　摂食について、サービス提供時の留意事項があれば、具体的に記載してください。

移動
　　移動（歩行に限らず、居室とトイレの移動や、ベッドと車椅子、車椅子と便座等への移乗等も含める）について、サービス提供時の留意事項があれば、具体的に記載してください。

運動
　　運動負荷を伴うサービスの提供時の留意事項があれば、具体的に記載してください。特に運動負荷を伴うサービス提供について、医学的観点からリスクが高いと判断される場合には、その状態を具体的に記載してください。

その他
　　その他、医学的観点からの留意事項があれば、（　　　）内に具体的に記載してください。

（7）感染症の有無
　　　　サービスの提供時に、二次感染を防ぐ観点から留意すべき感染症の有無について、該当する□にレ印をつけてください。有の場合には、具体的な症病名・症状等を（　　　）内に記入してください。

5．特記すべき事項

　　申請者の主治医として、要介護認定の審査判定上及び介護保険によるサービスを受ける上で、重要と考えられる事項があれば、要点を記入してください。特に、他の項目で記入しきれなかったことや選択式では表現できないことを簡潔に記入してください。口腔内の状況から口腔清潔に関して、特に留意事項があれば、要点を記載してください。
　　また、専門医に意見を求めた場合にはその結果、内容を簡潔に記入してください。

情報提供書や身体障害者申請診断書等の写しを添付していただいても構いません。なお、その場合は情報提供者の了解をとるようにしてください。

　なお、平成２１年度の要介護認定の見直しでは、調査員ごとのバラツキを減らすとともに、介護の不足等も適切に把握できるよう、認定調査の選択肢について、調査員の方に、できるだけ見たままを選んでいただき、介護認定審査会において、認定調査票の特記事項や主治医意見書の内容から、申請者に必要な介護の手間について総合的に把握し、判定することとしました。したがって、申請者にかかる介護の手間をより正確に反映するために、主治医意見書の重要性が増しており、主治医意見書の「５．特記すべき事項」に、申請者の状態やそのケアに係る手間、頻度等の具体的内容についても記載してください。

　その他、交通事故等の第三者による不法行為（以下「第三者行為」という。）による被害に係る求償事務の取組強化のため、平成２８年４月１日より、第三者行為により介護保険給付を受ける場合、第１号被保険者は保険者への届出が必要となりました。

　主治医意見書を端緒として保険者が被保険者に対し適切な届出を促す観点から、第１号被保険者について、負傷等の原因として第三者行為が疑われる場合は、主治医意見書の「５．特記すべき事項」に「第三者行為」といった旨の記載をお願いします。

■巻末資料５　通所介護計画書（例）

計画作成者氏名				作成年月日	今回　　　　年　　　　月　　　　日
					前回　　　　年　　　　月　　　　日

利用者 氏　名		性 別	男・女	住所		
					（電話番号　　　　－　　　　－　　　　）	
生年月日	年　　月　　日（　　才）	要介護 認定日	年　　月　　日	要介護度 等	要介護１・２・３・４・５ 要支援１・２	
主たる介護者	（続柄：　　）	連絡先	住　所： 電話番号：			
居宅介護支援事業所 （事業者番号）	（　　　　）	担当の介護 支援専門員				

【援助目標】

長		（期間）	（見直しの時期及び視点） 　　年　　　月　　　日
期		自：　　年　　月　　日 至：　　年　　月　　日 （　　　月間）	
		（期間）	（見直しの時期及び視点） 　　年　　　月　　　日
目		自：　　年　　月　　日 至：　　年　　月　　日 （　　　月間）	
		（期間）	（見直しの時期及び視点） 　　年　　　月　　　日
標		自：　　年　　月　　日 至：　　年　　月　　日 （　　　月間）	
短		（期間）	（見直しの時期及び視点） 　　年　　　月　　　日
		自：　　年　　月　　日 至：　　年　　月　　日 （　　　月間）	
期		（期間）	（見直しの時期及び視点） 　　年　　　月　　　日
目		自：　　年　　月　　日 至：　　年　　月　　日 （　　　月間）	
		（期間）	（見直しの時期及び視点） 　　年　　　月　　　日
標		自：　　年　　午　　月　　日 至：　　　　　月　　日 （　　　月間）	

【本人及び家族の意向・希望】

日常生活上に関すること（入浴及び食事に関することなど）
病状に関すること（治療中・既住症の疾病に関しての留意事項、禁忌など）
その他

【本人及びご家族様へのお願い】

【援助内容】

プログラム	
	迎え（　有　・　無　）
9:30	サービス提供開始
10:00	バイタルチェック
11:00	入　浴
12:00	
13:00	昼　食
14:00	レクリエーション
15:00	
16:00	機能訓練
16:30	サービス提供終了
	送り（　有　・　無　）

【個別援助内容】

項目	内　　容	留意事項

【選択的サービス】

サービス種別	サービス内容等		サービス従事者
個別機能訓練	サービス概要：（サービス内容の詳細は、別紙個別機能訓練計画書のとおり） 見直しの時期：〇〇年〇〇月〇〇日		資格 氏名
栄養マネジメントサービス	サービス概要：（サービス内容の詳細は、別紙栄養ケア計画書のとおり） 見直しの時期：〇〇年〇〇月〇〇日		資格 氏名
口腔機能向上サービス	サービス概要：（サービス内容の詳細は、別紙口腔機能向上計画書のとおり） 見直しの時期：〇〇年〇〇月〇〇日		資格 氏名
若年性認知症ケア	サービス概要：（サービス内容の詳細は、別紙若年性認知症ケア計画書のとおり） 見直しの時期：〇〇年〇〇月〇〇日		資格 氏名

【送迎方法等】

送迎方法：送迎車（○○コース）・車いす・その他（　　　　　　　　）送迎担当者：（氏名）

送迎の予定時間：（往路）○○時頃（復路）○○時頃

送迎に関する留意事項：（　　　　　　　　　　　　　　　　　　　　　　　　　）

【報酬算定及び週間予定表】

提供時間帯		報酬算定区分	個別機能訓練加算	入浴介助加算	選択的サービス等		
					栄養マネジメントサービス	口腔機能向上サービス	若年性認知症ケア
： ～ ： （　　時間）		○時間以上 ○時間未満	有・無	有・無	有・無	有・無	有・無

曜日別提供予定	月	火	水	木	金	土	日
	□ 利用 □ 食事 □ 入浴 □ 送迎 □ 個別訓練 □ 栄養マネジメント □ 口腔機能向上 □ 若年性認知症ケア	□ 利用 □ 食事 □ 入浴 □ 送迎 □ 個別訓練 □ 栄養マネジメント □ 口腔機能向上 □ 若年性認知症ケア	□ 利用 □ 食事 □ 入浴 □ 送迎 □ 個別訓練 □ 栄養マネジメント □ 口腔機能向上 □ 若年性認知症ケア	□ 利用 □ 食事 □ 入浴 □ 送迎 □ 個別訓練 □ 栄養マネジメント □ 口腔機能向上 □ 若年性認知症ケア	□ 利用 □ 食事 □ 入浴 □ 送迎 □ 個別訓練 □ 栄養マネジメント □ 口腔機能向上 □ 若年性認知症ケア	□ 利用 □ 食事 □ 入浴 □ 送迎 □ 個別訓練 □ 栄養マネジメント □ 口腔機能向上 □ 若年性認知症ケア	□ 利用 □ 食事 □ 入浴 □ 送迎 □ 個別訓練 □ 栄養マネジメント □ 口腔機能向上 □ 若年性認知症ケア

【サービス提供に関する評価】

（目標達成度）	評価を行った日 　　　年　　　月　　　日
（利用者満足度）	評価を行った日 　　　年　　　月　　　日
（計画見直の必要性）	評価を行った日 　　　年　　　月　　　日

上記の通所介護計画に基づきサービス提供を行います。

説明日	年　　月　　日	説明者	職・氏名

事業所名称：

事業者番号：

連　絡　先：（　　　）　　　－

利用者同意署名欄	

■巻末資料６　特定施設入居者生活介護業務日誌（例）

年 月 日	平成　　年　　月　　日（　）	日中供時間帯	：　～　：

担当職員	生活相談員		看護職員	
	計画作成担当者		機能訓練指導員	
	介護職員		（うち、夜勤・宿直者	）

入居者数	区　分	内　訳 ①+②+③	入居者の出入り等			備考
			前日入居者数①	本日入居者数②	要介護度等変更③	
	要介護者	名	名	名	名	
	要支援者	名	名	名	名	
	自立者	名	名	名	名	
	合　計	名	名	名	名	

外出等	外出時間帯	外出時間帯	付添者	外出時間帯	外出時間帯	付添者
		自〇〇：〇〇 至〇〇：〇〇			自〇〇：〇〇 至〇〇：〇〇	
		自〇〇：〇〇 至〇〇：〇〇			自〇〇：〇〇 至〇〇：〇〇	
		自〇〇：〇〇 至〇〇：〇〇			自〇〇：〇〇 至〇〇：〇〇	
		自〇〇：〇〇 至〇〇：〇〇			自〇〇：〇〇 至〇〇：〇〇	
		自〇〇：〇〇 至〇〇：〇〇			自〇〇：〇〇 至〇〇：〇〇	
		自〇〇：〇〇 至〇〇：〇〇			自〇〇：〇〇 至〇〇：〇〇	

主治医の 往診等	入居者氏名	主治医氏名	区分	薬剤の処方	療養上の留意事項等
			定期健診 訪問診療	有・無	
			定期健診 訪問診療	有・無	
			定期健診 訪問診療	有・無	
			定期健診 訪問診療	有・無	
			定期健診 訪問診療	有・無	
			定期健診 訪問診療	有・無	

入　浴	区　分	人　数	利用者名
	一般浴	名	
	特別浴	名	
	部分浴	名	
	清　拭	名	
	中　止	名	

食　事	区　分	朝食	昼食	おやつ	夕食	備考
	一般食	名	名	名	名	
	特別食	名	名	名	名	
	中　止	名	名	名	名	

【日中時間帯及び宿直・夜勤時間帯におけるサービス内容等】

時間帯		プログラム	具体内容
日中時間帯	7:00〜8:00	起　床	起床介助・整容・排せつ介助・口腔ケア等
		朝　食	献立（　　　　　　　　　　　　　　　　　　）・食事介助
	9:00	服　薬	服薬指導・服薬介助
		健康チェック	体温・血圧・脈拍測定
	10:00	集団レクリエーション	内容（　　　　　　　　　　　　　　　　　　　　）
	11:00	休憩・自由時間	
	12:00	昼　食	献立（　　　　　　　　　　　　　　　　　　）・食事介助
	13:00	服　薬	服薬指導・服薬介助
		機能訓練	内容
	15:00	クラブ活動・自由時間	クラブ名／活動内容／参加者数
	17:00	おやつ（適宜）	
		入　浴	入浴介助
	18:00	夕　食	献立（　　　　　　　　　　　　　　　　　　）・食事介助
	19:30	服　薬	服薬指導・服薬介助
		休憩・自由時間	
	22:00	就　寝	就寝介助・整容・排せつ介助・口腔ケア等
宿直・夜勤時間帯	(23:00)〜(6:00)	夜間見守り・排せつ介助等	巡回時間（①異状なし・②異状あり） ○○：○○〜○○：○○　②の場合の採った処置
			巡回時間（①異状なし・②異状あり） ○○：○○〜○○：○○　②の場合の採った処置
			巡回時間（①異状なし・②異状あり） ○○：○○〜○○：○○　②の場合の採った処置
			巡回時間（①異状なし・②異状あり） ○○：○○〜○○：○○　②の場合の採った処置

【その他の事項】

○ 入・退居等の状況

入居者氏名	要介護度等	入居前の状況	特 記 事 項
	要介護1・2・3・4・5 要支援1・2	在宅・介護保険施設・医療機関・その他	
	要介護1・2・3・4・5 要支援1・2	在宅・介護保険施設・医療機関・その他	
	要介護1・2・3・4・5 要支援1・2	在宅・介護保険施設・医療機関・その他	
	要介護1・2・3・4・5 要支援1・2	在宅・介護保険施設・医療機関・その他	
	要介護1・2・3・4・5 要支援1・2	在宅・介護保険施設・医療機関・その他	
	要介護1・2・3・4・5 要支援1・2	在宅・介護保険施設・医療機関・その他	
	要介護1・2・3・4・5 要支援1・2	在宅・介護保険施設・医療機関・その他	
	要介護1・2・3・4・5 要支援1・2	在宅・介護保険施設・医療機関・その他	

退居者氏名	要介護度等	退居先	特 記 事 項
	要介護1・2・3・4・5 要支援1・2	在宅・介護保険施設・医療機関・死亡・その他	
	要介護1・2・3・4・5 要支援1・2	在宅・介護保険施設・医療機関・死亡・その他	
	要介護1・2・3・4・5 要支援1・2	在宅・介護保険施設・医療機関・死亡・その他	
	要介護1・2・3・4・5 要支援1・2	在宅・介護保険施設・医療機関・死亡・その他	
	要介護1・2・3・4・5 要支援1・2	在宅・介護保険施設・医療機関・死亡・その他	
	要介護1・2・3・4・5 要支援1・2	在宅・介護保険施設・医療機関・死亡・その他	
	要介護1・2・3・4・5 要支援1・2	在宅・介護保険施設・医療機関・死亡・その他	
	要介護1・2・3・4・5 要支援1・2	在宅・介護保険施設・医療機関・死亡・その他	

○ 特記事項

記録者	（職種・氏名）

管理者コメント		確認印

294

■巻末資料7　改訂　長谷川式簡易知能評価スケール（HDS-R）の使い方

東北福祉大学総合福祉学部福祉心理学科・教授
認知症介護研究・研修仙台センター・センター長

加　藤　伸　司

Ⅰ．改訂長谷川式簡易知能評価スケール（HDS-R）について

　1974年に作成された長谷川式簡易知能評価スケールは，幅広く臨床の領域で使用されてきたが，その後質問項目と採点基準等の見直しが行われ，1991年に改訂長谷川式簡易知能評価スケール（HDS-R）として改訂された。

Ⅱ．使用目的と特徴

　一般の高齢者から認知症高齢者をスクリーニングすることを目的に作成されたものであり，記憶を中心とした高齢者の大まかな認知機能障害の有無をとらえることを目的としている。質問項目は9問と少なく，本人の生年月日さえ確認できればおよそ5分〜10分程度で施行できる。

Ⅲ．検査内容と質問の仕方，採点法

（設問1）年齢

　「お歳はおいくつですか？」と問い，満年齢が正確にいえれば1点を与え，2年までの誤差は正答とみなす。

（設問2）日時の見当識

　年・月・日・曜日について問う設問。「今日は何月何日ですか？何曜日ですか？今年は何年でしょう」というように順不同に尋ねてもよい。各正答に対してそれぞれ1点を与える。

（設問3）場所の見当識

　「私たちが今いる場所はどこですか？」と問い，現在いる場所がどこなのかが本質的にとらえられていれば正答とみなし，自発的に答えられれば2点を与える。病院名や施設名，住所などが答えられなくてもよい。もし正答が出てこない場合には，5秒程度待ち，「ここは病院ですか？施設ですか？家ですか」のように問いかけ，正しく選択できれば1点を与える。

（設問4）3つの言葉の記銘

　「これからいう3つの言葉をいってみてください。後でまた聞きますので

よく覚えておいてください」と教示する。「桜・猫・電車」あるいは「梅・犬・自動車」のどちらかを使う。一つの言葉に対して1点を与える。

（設問5）計算問題

「100引く7はいくつですか？」と問い，答えが出たら「それからまた7を引くといくつでしょう」と問う。正答に対して各1点を与えるが，最初の計算に失敗したら打ち切り，次の設問に進む。

（設問6）数字の逆唱

「これからいう数字を逆からいってください」と教示する。正答に対して各1点を与えるが，最初の逆唱に失敗したら打ち切り，次の設問に進む。

（設問7）3つの言葉の遅延再生

「先ほど覚えてもらった言葉をもう一度いってください」と教示する。自発的に答えられたものには2点を与え，出てこなかった言葉に対して，それぞれ別々にヒントを与え，ヒントによって答えられたものには1点を与える。

（設問8）5つの物品記銘

「これから5つの品物をお見せします。それを隠しますから，ここに何があったかをいってください。順番はどうでもかまいません」と教示する。物品は相互に無関係なものを名前をいいながら一つずつ並べる。各正答に対してそれぞれ1点を与える。

（設問9）言葉の流ちょう性（野菜の名前）

「知っている野菜の名前をできるだけたくさんいってください」と教示する。5個までは採点せず，6個以上に1点ずつを加算していく。重複してもかまわないが，それは採点しない。途中で言葉に詰まり，約10秒たっても出てこないときにはそこで打ち切る。

Ⅳ．判定方法

最高得点は30点満点であり，20点以下を認知症の疑い，21点以上を正常と判定した場合にもっとも高い弁別性を示す（sensitivity 0.93 specificity 0.86）。HDS-R は，認知症のスクリーニングを目的に作成されたものであり，得点による重症度分類は行わない。

【参考文献】

1）加藤伸司，長谷川和夫，ほか：改訂長谷川式簡易知能評価スケール

（HDS-R）の作成，老年精神医学雑誌，2：1339-1347（1991）。

2）大塚俊男，本間　昭監修：高齢者のための知的機能検査の手引き。ワールドプランニング，東京（1991）。

改訂 長谷川式簡易知能評価スケール（HDS-R）

（検査日： 　　年　　月　　日）				（検査者：　　　　　　　）
氏名：		生年月日：　　年　　月　　日		年齢：　　　　歳
性別：男 ／ 女	教育年数（年数で記入）：　　　　年		検査場所	
DIAG：		（備考）		

1	お歳はいくつですか？ 　（2年までの誤差は正解）			0　　1
2	今日は何年の何月何日ですか？ 何曜日ですか？ (年月日，曜日が正解でそれぞれ1点ずつ)	年 月 日 曜日		0　　1 0　　1 0　　1 0　　1
3	私たちがいまいるところはどこですか？ (自発的にでれば2点，5秒おいて家ですか？ 病院ですか？ 施設ですか？ のなかから正しい選択をすれば1点)			0　　1　　2
4	これから言う3つの言葉を言ってみてください．あとでまた聞きますのでよ く覚えておいてください． (以下の系列のいずれか1つで，採用した系列に〇印をつけておく) 1：a) 桜　b) 猫　c) 電車　　2：a) 梅　b) 犬　c) 自動車			0　　1 0　　1 0　　1
5	100から7を順番に引いてください．(100-7は？，それからま た7を引くと？　　と質問する．最初の答えが不正解の場合，打 ち切る)	(93) (86)		0　　1 0　　1
6	私がこれから言う数字を逆から言ってください．(6-8-2, 3-5-2-9 を逆に言ってもらう，3桁逆唱に失敗したら，打ち切る)	2-8-6 9-2-5-3		0　　1 0　　1
7	先ほど覚えてもらった言葉をもう一度言ってみてください． (自発的に回答があれば各2点，もし回答がない場合以下のヒントを与え正 解であれば1点)　a) 植物　b) 動物　c) 乗り物		a：0　1　2 b：0　1　2 c：0　1　2	
8	これから5つの品物を見せます．それを隠しますのでなにがあったか言って ください． (時計，鍵，タバコ，ペン，硬貨など必ず相互に無関係なもの)			0　　1　　2 3　　4　　5
9	知っている野菜の名前をできるだけ多く言ってくだ さい．(答えた野菜の名前を右欄に記入する．途中で 詰まり，約10秒間待ってもでない場合にはそこで打 ち切る)　0 ～ 5=0点，6=1点，7=2点，8=3点， 9=4点，10=5点			0　　1　　2 3　　4　　5
			合計得点	

出典：加藤伸司，長谷川和夫他「改訂　長谷川式簡易知能評価スケール（HDS-R）の作成」老年
　　　精神医学雑誌，2（11）：1342（1991）

改訂　長谷川式簡易知能評価スケール（HDS-R）

よくある質問　ワンポイントアドバイス

Ⅰ．設問1〜9について

（設問1）年齢

（Q）　年齢を聞く設問で，2年までの誤差を正解としているのはなぜか？

（A）　数え年で答える人もおり，誕生日を迎えているかどうかで誤差が生まれる可能性もあるため。ちなみに生年月日を言うことができても，年齢がいえなければ0点となる。

（設問2）今日の年月日，曜日の質問（時間の見当識）

（Q）　何年の何月，何日，何曜日と順番に聞いていかなければならないのか？

（A）　この設問は，時間の見当識に関する質問なので，どの順番で聞いてもよい。たとえば，「今日は何曜日ですか？」「今日は何月何日でしたか？」「今年は何年になりましたか？」というように逆から聞いた方がうまくいく場合も多い。

（設問3）今いる場所（場所の見当識）

（Q）　病院で検査をするような場合，その病院名が言えなければ正解とはしないのか？

（A）　病院名を答える必要はなく，自分が今いる場所が，本質的に理解できていれば，正解とする。

（Q）　自発的に答えられなかった場合，ヒントの与え方はマニュアルどおり「家ですか？」「病院ですか？」「施設ですか？」の3つを使わなければならないのか？

（A）　この3つのヒントは，1つの例であり，「家ですか？」「デイサービスですか？」「公民館ですか？」のように変えてもかまわない。

（設問4） 3つの言葉（3つの言葉の記銘）

（Q） 3つの言葉を覚えやすい他の言葉に置き換えてもよいのか？

（A） 他の言葉に置き換えてはいけない。この3つの言葉は，検査を作成するときに「植物の名前」「動物の名前」「乗り物の名前」から連想する言葉として，認知症の人も，健常高齢者も共通して連想する言葉の上位2つから選んで作成している。また3つの言葉同士に関係性のないものを使用しているので，この3つの言葉を使うことにしてある。

（Q） 3つのうち2つしか覚えられないときには，どうすればよいのか？

（A） 3つの言葉のうち，2つしか覚えられないときには，2点と採点する。この3つの言葉は，設問7でもう一度尋ねる設問であるため，採点した後もう一度3つの言葉を覚えてもらう。これを3回まで繰り返し，3つ覚えられたときに設問7で3つの言葉をもう一度思い出してもらう。もし3回繰り返しても2つしか覚えられないときには，設問7で，「2つの言葉がありましたね」というように聞く。

（設問5） 引き算（計算問題）

（Q） 100引く7の答えをたとえば92と答えたとき，「92引く7はいくつですか？」と聞いてもよいのか？

（A） 最初の引き算に失敗したら，そこで打ち切る。ちなみに「100引く7はいくつですか？」と設問し，「93」という正答が得られた場合，「それからまた7を引くと？」と設問するものであり，「93引く7は？」といってはならない。100から7を引くと93になるが，その93という数を覚えていてもらってさらに7を引くという作業記憶の課題でもあるため，93という数を検査者は言ってはならない。

（設問6） 数字を逆からいう問題（数字の逆唱）

（Q） 数字を提示するときには，どのくらいの早さで言えばよいのか？

（A） 数字はゆっくりと，1秒間隔くらいのスピードで提示する。できれば，「これからいう数字を反対から言ってみてください。たとえば，1　2　3　を反対から言うと？」というように練習問題を入れるとよい。

この設問は，単なる数の操作の問いではなく，「2　8　6」という
数を頭で覚えておきながらそれを逆にして回答するという作業記憶の
課題でもある。

（Q）　3桁の逆唱に失敗しても4桁の逆唱を行うのか？

（A）　3桁で失敗したら，そこで打ち切る。

（設問7）　3つの言葉の想起（3つの言葉の遅延再生）

（Q）　3つのうち1つしか答えられなかったときのヒントの与え方はどうす
るのか？　またそのタイミングはどう考えればいいのか？

（A）　ヒントは1つずつ与えるようにする。たとえば「桜」という答えがで
た場合には，「動物もありましたね」というヒントを与え，それに対
する回答を待ってみる。そして正答であっても誤答であっても，また
は「分からない」と答えた場合であっても，何らかの回答が返ってき
たら，「乗り物もありましたね」というようにヒントを与える。ヒン
トを与えるときに「動物と乗り物がありましたね」と一度に言っては
ならない。自発的に答えるのを待つつもりで設問すべきであり，「桜」
という答えしかでないときにすぐにヒントを与えようとせず，「他に
もありましたね」というように，少し時間を与えるようにする。

（設問8）　5つの物の名前の想起（物品記銘）

（Q）　提示する物は，どんな物でもよいのか？

（A）　5つの品物は何でもよいか，携帯電話のように本人にとってなじみの
ない物は避けるべきである。5つの品物は，相互に無関係の物にする
ことが重要であり，たとえば「鉛筆」「消しゴム」のように関連性の
ある物はさけなければならない。

（Q）　5つの品物の提示の仕方でどんな点に気をつけるべきなのか？

（A）　物品は1つずつ名前を言いながら目の前に置くようにする。実際には
「これは時計ですね」といって目の前に置き，「これは鍵ですね」とい
うように1つずつ確認しながら置いていく。5つ並べ終わったときに
1つずつ確認し，「これは？」と聞いて「時計」と反応したら，次に

「これは？」と聞いて「鍵」と答えてもらうようにする。そしてその5つを見せたまま，「これからこれを隠しますから，何があったか言ってください。順番はどうでもいいですから，思い出した物から言ってみてください」と教示する。また最後の1つがでてこないような場合であっても，すぐに終わりにするのではなく，なるべく本人に思い出してもらうように少し待ってみるくらいの余裕をもって検査を行う。

（設問9）野菜の名前（言語の流ちょう性）

（Q）　この設問は，野菜の名前をどのくらい知っているかという知識の設問なのか？

（A）　この設問は，知識を調べる設問ではなく，言葉がどのくらいスラスラでてくるかという言語の流ちょう性の設問である。また同じ野菜の名前がでてきても「それは先ほど言いましたね」と遮ることはせず，重複してもそのまま記録用紙に記載し，重複した物をあとで減点していく。

（Q）　なぜ5つめまでを採点せず，6つめから1点と採点するのか？

（A）　検査を作成したときに，認知症高齢者の平均出現個数が約5個，健常高齢者の平均出現個数が約10個であったためである。

（Q）　なぜ野菜の名前なのか？女性の方が有利な設問ではないのか？

（A）　検査を作成するとき，すべての設問に地域差や性差がないものということで作成してある。野菜の名前についても，地域差，性差は認められていない。

Ⅱ．検査全般について

（設問の順番について）

（Q）　この検査は，1から順番に行っていかなければならないのか？

（A）　順番はどうでもよく，日常会話に織り交ぜながら聞きやすいものから聞いていってもよい。

ただし，設問4〜7の4つの問は順番どおり，続けて行わなければな

らない。

（検査の導入にあたっての注意）

（Q）　検査を始めるときに，どのように導入していけばいいのか？

（A）　いきなり「もの忘れの検査をする」というのではなく，「最近もの忘れが気になったりしませんか？」というような切り出し方をする。能力を試されると言うことは，だれでも苦手なことなので，テストに導入するときには，いきなり始めるのではなく，しばらく世間話などをして本人にリラックスしてもらってから始める。

（検査を終了した後の注意点）

（Q）　検査が終わった後に注意すべき点は何か？

（A）　検査終了後のアフターケアは非常に重要である。「疲れましたか？」という言葉をかけたり，最後の設問の「野菜」をテーマにした話をしたりするなど，嫌な気分のまま検査を終わらせないようにする注意が必要である。

■巻末資料8　DASC-21 アセスメントシート

The Dementia Assessment Sheet for Community-based Integrated Care System-21 items (DASC-21)

記入日　　年　　月　　日

ご本人の氏名：

生年月日：　　年　　月　　日（　　歳）　男・女　独居・同居

記入者氏名：

本人以外の情報提供者氏名：　（本人との続柄：　　）（所属・職種：　　）

No.	質問項目	1点	2点	3点	4点	評価項目 （導入の質問）	備考欄
A	もの忘れが多いと感じますか	1. 感じない	2. 少し感じる	3. 感じる	4. とても感じる	導入の質問 （採点せず）	
B	1年前と比べて、もの忘れが増えたと感じますか	1. 感じない	2. 少し感じる	3. 感じる	4. とても感じる		
1	財布や鍵など、物を置いた場所がわからなくなることがありますか	1. まったくない	2. ときどきある	3. 頻繁にある	4. いつもそうだ	近時記憶	記憶
2	5分前に聞いた話を思い出せないことがありますか	1. まったくない	2. ときどきある	3. 頻繁にある	4. いつもそうだ	近時記憶	
3	自分の生年月日がわからなくなることがありますか	1. まったくない	2. ときどきある	3. 頻繁にある	4. いつもそうだ	遠隔記憶	
4	今日が何月何日かわからないときがありますか	1. まったくない	2. ときどきある	3. 頻繁にある	4. いつもそうだ	時間	
5	自分のいる場所がどこだかわからなくなることはありますか	1. まったくない	2. ときどきある	3. 頻繁にある	4. いつもそうだ	場所	見当識
6	道に迷って家に帰ってこられなくなることはありますか	1. まったくない	2. ときどきある	3. 頻繁にある	4. いつもそうだ	道順	
7	電気やガスや水道が止まってしまったときに、自分で適切に対処できますか	1. 問題なくできる	2. だいたいできる	3. あまりできない	4. まったくできない	問題解決	問題解決 判断力
8	一日の計画を自分で立てることができますか	1. 問題なくできる	2. だいたいできる	3. あまりできない	4. まったくできない	社会的判断力	
9	季節や状況に合った服を自分で選ぶことができますか	1. 問題なくできる	2. だいたいできる	3. あまりできない	4. まったくできない		
10	一人で買い物はできますか	1. 問題なくできる	2. だいたいできる	3. あまりできない	4. まったくできない	買い物	
11	バスや電車、自家用車などを使って一人で外出できますか	1. 問題なくできる	2. だいたいできる	3. あまりできない	4. まったくできない	交通機関	家庭外の IADL
12	貯金の出し入れや、家賃や公共料金の支払いは一人でできますか	1. 問題なくできる	2. だいたいできる	3. あまりできない	4. まったくできない	金銭管理	
13	電話をかけることができますか	1. 問題なくできる	2. だいたいできる	3. あまりできない	4. まったくできない	電話	
14	自分で食事の準備はできますか	1. 問題なくできる	2. だいたいできる	3. あまりできない	4. まったくできない	食事の準備	家庭内の IADL
15	自分で、薬を決まった時間に決まった分量を飲むことはできますか	1. 問題なくできる	2. だいたいできる	3. あまりできない	4. まったくできない	服薬管理	
16	入浴は一人でできますか	1. 問題なくできる	2. 見守りや声がけを要する	3. 一部介助を要する	4. 全介助を要する	入浴	身体的 ADL①
17	着替えは一人でできますか	1. 問題なくできる	2. 見守りや声がけを要する	3. 一部介助を要する	4. 全介助を要する	着替え	
18	トイレは一人でできますか	1. 問題なくできる	2. 見守りや声がけを要する	3. 一部介助を要する	4. 全介助を要する	排泄	
19	身だしなみを整えることは一人でできますか	1. 問題なくできる	2. 見守りや声がけを要する	3. 一部介助を要する	4. 全介助を要する	整容	身体的 ADL②
20	食事は一人でできますか	1. 問題なくできる	2. 見守りや声がけを要する	3. 一部介助を要する	4. 全介助を要する	食事	
21	家のなかでの移動は一人でできますか	1. 問題なくできる	2. 見守りや声がけを要する	3. 一部介助を要する	4. 全介助を要する	移動	

DASC-21：（1～21項目まで）の合計点　　点/84点

＊注：DASC-21 の評価は訓練を受けた専門職によるものとし，それ以外の者による評価データは参考値に留める。

■巻末資料9　Japanese Version of The MONTREAL COGNITIVE ASSESSMENT

Japanese Version of
The MONTREAL COGNITIVE ASSESSMENT (MOCA-J)

氏名：
教育年数：
性別：
生年月日：
検査実施日：

視空間／実行系			図形模写	時計描画（11時10分）（3点）	/5

（お）おわり　（あ）　⑤　（い）（2）　①はじめ　（え）　④　（3）　（う）

[ ]　　　　　　　　[ ]　　[ ]　[ ]　[ ]
輪郭　数字　針

命　名			/3

[ ]　　　　　[ ]　　　　　[ ]

記　憶	単語リストを読み上げ，対象者に復唱するよう求める。2試行実施する。5分後に遅延再生を行う。		かお 顔	きぬ 絹	じんじゃ 神社	ゆり 百合	あか 赤	配点なし
		第1試行						
		第2試行						

注　意	数唱課題（数字を1秒につき1つのペースで読み上げる）	順唱 [ ] 21854	/2
		逆唱 [ ] 742	

ひらがなのリストを読み上げる。対象者には"あ"の時に手もしくは机を叩くよう求める。2回以上間違えた場合には得点なし。　[ ] きいあうしすあああくせこいあきあけえおあああくあしせきあああい　/1

対象者に100から7を順に引くよう求める。[ ] 93　[ ] 86　[ ] 79　[ ] 72　[ ] 65　/3
4間・5間正答：3点、2間・3間正答：2点、1間正答：1点、正答0間：0点

言　語	復唱課題	太郎が今日手伝うことしか知りません。 [ ] 犬が部屋にいるときに、猫はいつもイスの下にかくれていました。[ ]	/2

語想起課題 ／ 対象者に"か"で始まる言葉を1分間に出来るだけ多く挙げるよう求める。　[ ] ＿＿＿＿ 11個以上で得点　/1

抽象概念	類似課題	例：バナナ・ミカン＝果物　[ ] 電車・自転車　[ ] ものさし-時計	/2

遅延再生	自由再生（手がかりなし）	顔 [ ]	絹 [ ]	神社 [ ]	百合 [ ]	赤 [ ]	自由再生のみ得点の対象	/5
参考項目	手がかり（カテゴリ）							
	手がかり（多肢選択）							

見当識	[ ]年　[ ]月　[ ]日　[ ]曜日　[ ]市（区・町）[ ]場所	/6

© Z.Nasreddine MD
MoCA-J 作成：鈴木宏幸　監修：藤原佳典
version 2.2

www.mocatest.org

健常 ≧ 26/30

合計得点	/30

教育年数 12 年以下なら 1 点追加

検査実施者＿＿＿＿＿＿＿＿＿＿＿＿＿＿＿＿

出典：鈴木宏幸，藤原佳典「Montreal Cognitive Assessment（MoCA）の日本語版作成とその有効性について」老年精神医学雑誌，21（2）：198-202（2010）

（家庭裁判所提出用）

診　断　書（成年後見制度用）

1　氏名	男・女 　　　　　年　　　月　　　日生（　　　歳） 　住所

2　医学的診断

　診断名（※判断能力に影響するものを記載してください。）

　所見（現病歴，現在症，重症度，現在の精神状態と関連する既往症・合併症など）

　各種検査
　　長谷川式認知症スケール　　　　　（□　　　　点（　　　　年　　　月　　　日実施）　□　実施不可）
　　ＭＭＳＥ　　　　　　　　　　　　（□　　　　点（　　　　年　　　月　　　日実施）　□　実施不可）
　　脳の萎縮または損傷の有無
　　　□　あり　⇒（□　部分的にみられる　　□　全体的にみられる　　□　著しい　　□　未実施）
　　　□　なし
　　知能検査

　　その他

　短期間内に回復する可能性
　□　回復する可能性は高い　　　　□　回復する可能性は低い　　　□　分からない
　　（特記事項）

3　判断能力についての意見
　□　契約等の意味・内容を自ら理解し，判断することができる。
　□　支援を受けなければ，契約等の意味・内容を自ら理解し，判断することが難しい場合がある。
　□　支援を受けなければ，契約等の意味・内容を自ら理解し，判断することができない。
　□　支援を受けても，契約等の意味・内容を自ら理解し，判断することができない。

（意見）※　慎重な検討を要する事情等があれば，記載してください。

裏面に続く

（家庭裁判所提出用） | （裏　面）

判定の根拠

(1) 見当識の障害の有無
- □　あり　⇒（□　まれに障害がみられる　□　障害がみられるときが多い　□　障害が高度）
- □　なし

〔　　　　　　　　　　　　　　　　　　　　　　　　　　　　　　　　　　　　　　　〕

(2) 他人との意思疎通の障害の有無
- □　あり　⇒（□　意思疎通ができないときもある　□　意思疎通ができないときが多い
　　　　　　　　□　意思疎通ができない）
- □　なし

〔　　　　　　　　　　　　　　　　　　　　　　　　　　　　　　　　　　　　　　　〕

(3) 理解力・判断力の障害の有無
- □　あり　⇒（□　問題はあるが程度は軽い　□　問題があり程度は重い　□　問題が顕著）
- □　なし

〔　　　　　　　　　　　　　　　　　　　　　　　　　　　　　　　　　　　　　　　〕

(4) 記憶力の障害の有無
- □　あり　⇒（□　問題はあるが程度は軽い　□　問題があり程度は重い　□　問題が顕著）
- □　なし

〔　　　　　　　　　　　　　　　　　　　　　　　　　　　　　　　　　　　　　　　〕

(5) その他（※上記以外にも判断能力に関して判定の根拠となる事項等があれば記載してください。）

〔　　　　　　　　　　　　　　　　　　　　　　　　　　　　　　　　　　　　　　　〕

参考となる事項（本人の心身の状態，日常的・社会的な生活状況等）

※　「本人情報シート」の提供を　□　受けた　　□　受けなかった
（受けた場合には，その考慮の有無，考慮した事項等についても記載してください。）

以上のとおり診断します。　　　　　　　　　　　　　　　　年　　　月　　　日

　病院又は診療所の名称・所在地

　担当診療科名

　担当医師氏名　　　　　　　　　　　　　　　　　　　印

【医師の方へ】

※　診断書の記載例等については，後見ポータルサイト（http://www.courts.go.jp/koukenp/）からダウンロードできます。
※　参考となる事項欄にある「本人情報シート」とは，本人の判断能力等に関する診断を行う際の補助資料として，本人の介護・福祉担当者が作成するシートです。提供があった場合は，診断への活用を御検討ください。
※　家庭裁判所は，診断書を含む申立人からの提出書類等に基づき，本人の判断能力について判断します（事案によって医師による鑑定を実施することがあります。）。

■巻末資料11 本人情報シート（成年後見制度用）

本人情報シート（成年後見制度用）

※ この書面は，本人の判断能力等に関して医師が診断を行う際の補助資料として活用するとともに，家庭裁判所における審理のために提出していただくことを想定しています。
※ この書面は，本人を支える福祉関係者の方によって作成されることを想定しています。
※ 本人情報シートの内容についてさらに確認したい点がある場合には，医師や家庭裁判所から問合せがされることもあります。

作成日 _____ 年 ____ 月 ____ 日

本人	作成者
氏　　名：_____	氏　　名：_____ 印
生年月日：____ 年 __ 月 __ 日	職業(資格)：_____
	連　絡　先：_____
	本人との関係：_____

1　本人の生活場所について
- □　自宅　（自宅での福祉サービスの利用　□　あり　□　なし）
- □　施設・病院

　　　→　施設・病院の名称 _____

　　　　　住所 _____

2　福祉に関する認定の有無等について
- □　介護認定　（認定日：　　　年　　　月）
  - □　要支援（1・2）　　□　要介護（1・2・3・4・5）
  - □　非該当
- □　障害支援区分（認定日：　　　年　　　月）
  - □　区分（1・2・3・4・5・6）　　□　非該当
- □　療育手帳・愛の手帳など　（手帳の名称　　　　）（判定　　　　）
- □　精神障害者保健福祉手帳　　（1・2・3　級）

3　本人の日常・社会生活の状況について
(1) 身体機能・生活機能について
　　□　支援の必要はない　　　□　一部について支援が必要　　　□　全面的に支援が必要
　　（今後，支援等に関する体制の変更や追加的対応が必要な場合は，その内容等）

```



```

(2) 認知機能について
　　日によって変動することがあるか：□　あり　□　なし
　　（※　ありの場合は，良い状態を念頭に以下のアからエまでチェックしてください。エの項目は裏面にあります。）
　ア　日常的な行為に関する意思の伝達について
　　　□　意思を他者に伝達できる　　□　伝達できない場合がある
　　　□　ほとんど伝達できない　　　□　できない
　イ　日常的な行為に関する理解について
　　　□　理解できる　　　　　　　　□　理解できない場合がある
　　　□　ほとんど理解できない　　　□　理解できない
　ウ　日常的な行為に関する短期的な記憶について
　　　□　記憶できる　　　　　　　　□　記憶していない場合がある
　　　□　ほとんど記憶できない　　　□　記憶できない

　エ　本人が家族等を認識できているかについて
　　　□　正しく認識している　　　□　認識できていないところがある
　　　□　ほとんど認識できていない　□　認識できていない

(3) 日常・社会生活上支障となる精神・行動障害について
　　　□　支障となる行動はない　　　　　□　支障となる行動はほとんどない
　　　□　支障となる行動がときどきある　□　支障となる行動がある
　　　（精神・行動障害に関して支援を必要とする場面があれば，その内容，頻度等）

（記入欄）

(4) 社会・地域との交流頻度について
　　　□　週１回以上　　　□　月１回以上　　　□　月１回未満

(5) 日常の意思決定について
　　　□　できる　　　　□　特別な場合を除いてできる　　　□　日常的に困難　　　□　できない

(6) 金銭の管理について
　　　□　本人が管理している　　　□　親族又は第三者の支援を受けて本人が管理している
　　　□　親族又は第三者が管理している
　　　（支援（管理）を受けている場合には，その内容・支援者（管理者）の氏名等）

（記入欄）

4　本人にとって重要な意思決定が必要となる日常・社会生活上の課題
　　（※　課題については，現に生じているものに加え，今後生じ得る課題も記載してください。）

（記入欄）

5　家庭裁判所に成年後見制度の利用について申立てをすることに関する本人の認識
　□　申立てをすることを説明しており，知っている。
　□　申立てをすることを説明したが，理解できていない。
　□　申立てをすることを説明しておらず，知らない。
　□　その他
　　　（上記チェックボックスを選択した理由や背景事情等）

（記入欄）

6　本人にとって望ましいと考えられる日常・社会生活上の課題への対応策
　　（※御意見があれば記載してください。）

（記入欄）

2/2

309

事項索引

後見開始申立て……………………56
後見監督人……………………82
公示価格……………………70
公証人……………………14
公証役場……………………93
公正証書………91, 92, 126, 130, 131, 132, 139
公正証書遺言…………31, 32, 102, 104
厚生労働省……………………46, 50
行動記録……………………54
抗認知症薬……………………78
抗弁……………………103
高齢者のうつ……………………89
国際裁判管轄……………………101
国税庁……………………19
個人情報保護法……………………49, 50
固定資産課税台帳……………………73
固定資産税評価額……………………70, 71, 91
個別的遺留分……………………114
固有必要的共同訴訟……………………97, 98

【さ】
サービス提供記録………3, 46, 84, **85**, 86, 125
再抗弁……………………104
再々抗弁……………………105
財産管理契約……………………81
財産管理能力……………………69
在船者遺言……………………31

【し】
事業承継……………………81, 114
時効期間……………………25
自己決定権……………………127
死後事務委任契約……………………81
失語症……………………181
失踪宣告……………………118
辞任……………………27
自筆証書遺言……………………2,
　31, 35, 102, 104, 137, 138, 141, 148, 150, 153
自筆証書遺言書保管制度……………………43
事物管轄……………………100
死亡危急者遺言……………………31
受遺者……………………5
周辺症状………88, 162, 168, 174
受益の相続人……………………5
主治医意見書……48, 56～62, 78, 80, 85, 130, 133
手術記録……………………45
取得金額……………………30
受任通知……………………4
準拠法……………………101
小規模宅地等の特例……………………29

証券保管振替機構（ほふり）……………………73
証拠保全申立書……………………51
情報提供書……………………132
職分管轄……………………101, 107
職務執行……………………26
職務停止の仮処分……………………26
処分禁止の仮処分……………………6, 28
処方箋……………………45
書面尋問……………………106, 158
所有権移転登記手続請求訴訟……………………6
事理弁識能力………2, 54, 94, 125
資料収集……………………44, 45, 73
真意形成……………………128
人身保護請求……………………223
身体拘束……………………54
信託協会……………………27
信託銀行………27, 42, 120, 121, 126
信託制度……………………129
診断書……………………45, 57, 105
診断書（成年後見用）……………………40, 56
審判……………………4
診療記録………14, 45, 54, 66, **84**, 85, 125
診療情報提供書……………………41, 58
診療情報の提供等に関する指針……………………46, 50

【す】
推定相続人……………………33
スクリーニング検査……………………77, 86

【せ】
税額控除……………………30
生活自立度……………………78
請求原因……………………103
正常圧水頭症……………………175
精神鑑定……………………106
精神鑑定の鑑定書……………………69
生前処分……………………35
成年後見………105, 117, 150, 153, 233
成年後見制度……………………80
成年後見制度用診断書……………………105
成年後見等開始審判……………………80
成年後見人……………………56, 238
成年後見用診断書……………………69, 237
成年被後見人………2, 105, 106, 125, 130, 131
税務調査……………………109
税理士報酬……………………109
専属管轄……………………107
前頭側頭型認知症……………………88
船舶遭難者遺言……………………31
せん妄……………………62,
　84, **88**, 129, 144, 165, 171, 231, 248, 250

313

ストーリーと裁判例から知る
遺言無効主張の相談を受けたときの留意点

2020年12月4日　初版発行

		藤	井	伸	介
		志	和	謙	祐
著　者		尾	﨑	由	香
		山	田	和	哉
		岡	村	峰	子
発 行 者		和	田		裕

発行所　日 本 加 除 出 版 株 式 会 社

本　　　社　郵便番号 171-8516
　　　　　　東京都豊島区南長崎 3 丁目 16 番 6 号
　　　　　　ＴＥＬ（03）3953-5757〔代表〕
　　　　　　　　　（03）3952-5759〔編集〕
　　　　　　ＦＡＸ（03）3953-5772
　　　　　　ＵＲＬ www.kajo.co.jp

営 業 部　郵便番号 171-8516
　　　　　　東京都豊島区南長崎 3 丁目 16 番 6 号
　　　　　　ＴＥＬ（03）3953-5642
　　　　　　ＦＡＸ（03）3953-2061

組版・印刷　㈱亨有堂印刷所 ／ 製本　牧製本印刷㈱

法務局に預けて安心！
遺言書保管制度の利用の仕方

碓井孝介 著

2020年7月刊 A5判 132頁 本体1,400円＋税 978-4-8178-4659-4

● 新制度の全体像から遺言書の作成、保管申請書類の記入の仕方・添付書類の揃え方、保管後の活用の仕方までを平易に解説。相談対応にも実務にも活用できる便利な一冊。本制度では受付不可とされている遺言書の形式についても明示。改正相続法、遺言書保管法とその関係法令に完全対応。

| 商品番号：40826 |
| 略　　号：遺言保管 |

弁護士のための
遺産相続実務のポイント
遺産分割・遺言無効・使途不明金ほか遺産分割の付随問題

森公任・森元みのり 著

2019年6月刊 A5判 456頁 本体4,500円＋税 978-4-8178-4565-8

● 著者が実際に扱った事案等をもとに、要件事実や立証書類等、代理人としての主張立証活動に重点をおいて解説。預金の無断引き出しに関連する使途不明金訴訟、遺言無効のほか、葬儀費用、相続後の建物利用関係、事業承継等、遺産分割の関連問題を幅広く収録。

| 商品番号：40761 |
| 略　　号：遺産ポ |

日本加除出版

〒171-8516 東京都豊島区南長崎 3 丁目16番 6 号
TEL（03）3953-5642　FAX（03）3953-2061（営業部）
www.kajo.co.jp